高齡者健康促進系列叢書

高齡者社會參與

Social Participation of the Elderly

葉至誠◎著

謝董事長推薦序

依據行政院主計處的統計，至民國一〇〇年臺灣地區65歲以上的老人已達2,487,893人，占總人口的10.74%。依行政院經建會二〇〇九年推估，民國一〇六年我國高齡人口將達14%，約331萬人，進入高齡社會（aged society），我國將成為全世界老化速度最快的國家，如何協助其準備及適應老年期，將是社會教育之重要使命。

國際組織與先進國家為因應高齡社會的來臨，相繼將老年政策列為國家發展的重點策略之一，並陸續投注心力與資源。一九七一年美國老化研討會強調要重視高齡者的需求；一九七四年聯合國發表老年問題專家會議報告，建議重視高齡者的差異性，所有國家都應制訂提高高齡者生活品質的國家政策；一九八六年日本提出「長壽社會對策大綱」，一九九五年進一步頒布「高齡社會基本法」，更加重視有關老人的相關措施；一九九六年國際老人會議重提「老人人權宣言」；因應這股高齡化的國際潮流，聯合國遂將一九九九年訂為「國際老人年」，希冀各國同心協力共同創造一個「不分年齡、人人共享的社會」。

相對於世界各國對高齡社會的關注及高齡者問題的多元因應政策，迄今，我國對高齡者有關政策仍以社會福利、醫療照護居多；教育部民國九十五年進一步提出「老人教育政策白皮書」，以期藉教育的力量，使民眾瞭解社會正面臨快速老化的嚴厲考驗，能夠抱持正確的態度來看待老化現象，並具備適應高齡化社會的能力。

世界衛生組織在「活躍老化：政策架構」報告書中，將健康（hcalth）、社會參與（participation）和安全（security）視為活躍老化政策架構的三大支柱。如何長期維持活絡的身心機能、樂活養生、過著身心愉悅的老年生活，創造生命的另一個高峰，是高齡者人生重要的課題。總體來看，我國面對高齡社會與高齡者議題已著手因應。

近年來，產、官、學相繼提出老人年金、高齡健保政策，足見社會對老人議題極為重視與關注。作為一位醫界的成員，筆者主張人無法迴避老化現象，但卻可以「活躍老化」；就此，多年來倡議「三養生活」以作為高齡者生活的重心：

1. 營養：能關注飲食的適量。
2. 保養：能適時的維持運動。
3. 修養：能以善心善行自修。

果能如此，當可達到「老有所養」、「老有所學」、「老有所尊」、「老有所樂」的體現，而我國傳統文化所追求的「老吾老以及人之老」將可獲得具體實踐。爰此，本系列叢書在本校許義雄榮譽教授的主持下，邀請多位學者專家分別就：醫療照護、養生保健、運動介入、休閒旅遊、社會參與、照顧政策及價值重塑等面向，共同編撰一系列高齡者健康促進叢書，從宏觀的角度，整合多面向的概念，提供高齡者健康促進更前瞻、務實且具體的策略與方案，亦是對「三養生活」最佳的闡釋。

本校民生學院於民國九十年成立「老人生活保健研究中心」強調結合學術理論與落實生活實踐，提供科技人文整合之老人生活保健研究、社會教育、產業合作、社區服務等專業發展。於近年內完成多項就業學程之申請（「老人社會工作就業學程」、

「銀髮族全人照顧就業學程」）、舉辦「樂齡大學」、每學期辦理校園內老人相關專業講座及活動多達十餘場；包括老人生活、食、衣、住、育、樂、醫療保健、照顧服務、長期照顧等，讓學生、參與學員及長者，除了獲得老人相關專業知識外，並培養學生對長者關懷與服務之精神。而編撰此系列高齡者健康促進叢書，亦是秉持本校貢獻專業，關懷長者的用心，更是落實「教育即生活，生活即教育」之教育理念的體現。為表達對參與學者利用課餘時間投入撰述表達深切的敬意，謹以為序。

實踐大學董事長

謝孟雄　謹識

陳校長推薦序

隨著醫藥科技與公共衛生的長足進步，以及生活環境的大幅改善，致使全球人口結構逐漸高齡化，高齡人口的比例上升，平均壽命逐年延長。已開發國家中，65歲以上人口比例多數已超過7%以上，甚至達到15%，而且仍在持續成長中。從內政部人口結構變遷資料顯示，民國八十三年我國65歲以上高齡人口總數，占總人口數的7%，已符合聯合國衛生組織所訂定之高齡化國家標準；推估時至民國一三〇年，我國人口結構中，高齡人口比例將高達22%；也就是說，不到5個人中就有1人是高齡者，顯示一個以高齡人口為主要結構的高齡社會即將來臨，這是一個必須嚴肅面對的課題。

有鑑於臺灣人口高齡化之發展，需要大量的高齡社會專業人力，本校於九十九學年在謝孟雄董事長及許義雄榮譽教授的大力推動下，成立「高齡健康促進委員會」。結合校外有效資源，共同朝建置高齡健康促進叢書，倡議高齡健康促進服務方案新模式，進行高齡體適能檢測常模及老人健康促進行為，進行培育體育健康促進之種子師資，推廣有效及正確之中高齡長者運動健康促進方案，提升全國樂齡大學及樂齡學習中心，希望透過學術資源促進高齡者的運動健康。同時，本校民生學院設有「老人生活保健研究中心」推廣老人學學分學程、老人相關就業學程及產學合作案，並設有「高齡家庭服務事業碩士在職專班」，推廣部設有「老人保健學分班」。本校於九十七學年度承辦教育部「大學

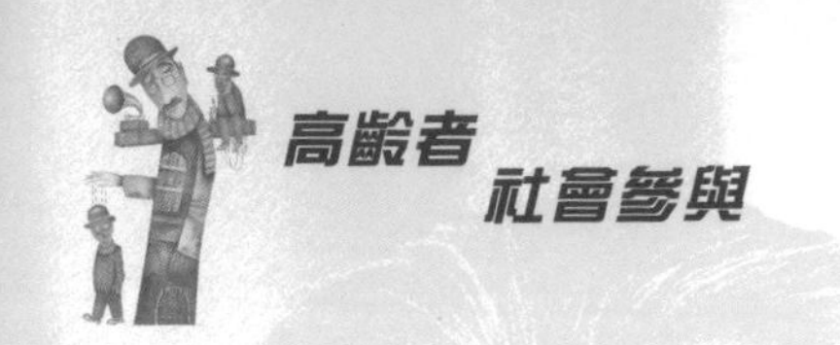

院校開設老人短期學習計畫」，舉辦「優活人生——實踐銀髮元氣體驗營」，旨在以「優活人生」為核心，透過「健康人生」、「美麗人生」、「元氣人生」、「和樂人生」、「精彩人生」等五大主軸課程設計，規劃多元學習模式，如「代間學習」、「住宿學習」、「旅遊學習」、「小組討論」、「專題講座」、「經驗分享」、「體驗學習」、「成果展演」等，協助高齡者成為終身學習、獨立自主、自信尊嚴、健康快樂的活躍老人。該活動也招募大學生擔任樂齡志工，協助高齡長者認識校園並融入校園，讓學生與高齡者能共聚一堂一起上課，促進世代交流與共教共學之機會。參與該活動之長者，皆給予該活動高度肯定，對於能深入校園一圓當大學生之夢想深表感謝與感動。

為落實對高齡者的健康促進，於彰化縣二水鄉的家政推廣實驗中心進行推廣。四十年來，在實踐大學辦學理念、專業規劃及師資支援下，拓展成唯一一所兼具「老人大學」、「社區大學」、「生活美學」、「媽媽教室」的社會教育重鎮。老人大學的成立，係以貫徹「活到老、學到老、玩到老、樂到老、活得好」的精神，希望藉著各項研習課程，讓中老年人在課程當中交誼、在課程當中擴增視野，在課程當中活絡筋骨，在課程當中增進身心的健康，並且在生活當中享受優質、活力的智慧人生。教學深入各社區，除了有助於社區老人研修外，更有利於各地區的文化深耕運動。

我國在面對高齡社會與高齡者議題已然積極著手因應，為求整合性作為，是以在本校許義雄榮譽教授的主持下，邀請多位學者專家分別就：醫療照護、養生保健、運動介入、休閒旅遊、社會參與、照顧政策及價值重塑等面向，共同編撰一系列高齡者健

康促進叢書，從宏觀的角度，整合多面向的概念，提供高齡者健康促進更前瞻、務實且具體的策略與方案。在對所參與學者表達敬意時，謹以為序。

實踐大學校長

陳振貴 謹識

總策劃序

高齡者的問題，不只是國際問題，更是社會問題。一是家庭形態改變，核心小家庭，經濟負擔加劇，高齡者的生活照顧頓成沉重負擔；二是價值觀丕變，現實功利主義盛行，從敬老尊賢，到老而不死是為賊的隱喻，徒使高齡社會面臨窘境；三是生命的有限性，生、老、病、死，終究是人生宿命，健康走完生命旅程，成為人類共同面臨的重要挑戰。

因此，自聯合國始，至各國政府，莫不竭盡所能，研擬適當因應策略，期使舉世高齡者，能在告老返鄉之餘，安享天年，無憾人生。其中，從高齡者的食、衣、住、行到育、樂措施，從醫療、照護到運動、休閒，無一不是以高齡者之健康促進為考量。

具體而言，從一九七八年世界衛生組織（WHO）發表「人人健康」宣言，力主「健康是權利」以來，各國莫不採取相應對策，保障人民健康權利。特別是一九八二年，「聯合國維也納世界老人大會」在通過「維也納老人問題國際行動方案」之後，陸續推出「健康城市計畫」（1988），「聯合國老人綱領及老人之權利與責任」（1991）、「聯合國老人原則」（1992）、「健康促進策略」（1998）、「老人日的訂定」（1999）、「馬德里老化國際行動方案」（2002）、「飲食、身體活動與健康全球戰略」（2004），及「飲食、身體活動與健康全球戰略：『國家監控和評價實施情況的框架』」（2009）、「關於身體活動有益健康的全球建議」（2010）、「為健康的未來做改革」（2012）等。可以說，聯合國作為火車頭，帶領著各國建立：(1) 健康的公共政策；(2) 創造支持健康的環境；(3) 強化健康社區運動；(4) 發

展個人健康技能；(5) 調整衛生保健服務取向等政策；讓老人能有獨立、參與、照護、自我實現與有尊嚴的晚年。

因此，各國或立法，或研訂行動方案，落實全球老人健康之維護。如「日本老人保健法」推動「老人保健事業」（1982），訂定「健康日本21」（2000）；韓國「敬老堂」政策之推進（1991）；美國「健康國民2000」（1994）；中國「全民健身計畫一國民健康整建計畫：健康人民2000」（1994）；德國「老人摔倒預防計畫」及「獨居老人監控系統」（2012）等等；其中，尤以芬蘭的「臨終前兩週才臥床」的策略，最為世人所稱道。

近年來，臺灣積極推動「老人健康促進計畫」（2009-2012），公布邁向高齡社會「高齡教育政策白皮書」，提倡預防養生醫學、推動「樂齡大學」、舉辦「社區老人大學」，實施「老人體能檢測計畫」等，充分顯示政府對老人健康促進之重視。

實踐大學作為配合政府政策，培育人才之機關，旋即於二〇〇二年成立「老人生活保健研究中心」，同年並率風氣之先，開設二年制「老人生活保健研究所學分班」，二〇一〇年成立「高齡者健康促進委員會」，整合校內外資源，研擬高齡者運動健康促進系列叢書之編撰、高齡者體能檢測工具之研發、高齡者運動保健師證照之規劃、高齡者簡易運動器材之製作、高齡者健康促進推廣與輔導等，以理論與實際交融，學科與術科並濟，彙整志同道合之先進賢達，眾志成城，共同為社會略盡棉薄，翼期有助於促進國內高齡者之健康，成功老化，樂活善終。

本叢書以高齡者日常生活之議題為基礎，配合食、衣、住、行、育、樂之實際需要，如高齡者食品與營養、服飾設計、空間規劃、觀光旅遊、運動處方、身心靈活動設計等，約近十數冊，分門別類，內容力求簡明扼要，實用易行，形式臻於圖文並茂，

應可契合產官學界選用。尤其，撰述者皆服務大學校院相關系所之碩學俊彥，學有專精，堪稱一時之選，著書立說，當為學界所敬重。

本叢書之問世，感謝實踐大學謝董事長孟雄之鼎力相助，陳校長振貴之全力支持，撰述同仁之勞心勞力，焚膏繼晷，尤其揚智文化事業公司之慨然應允出版，一併深致謝忱。惟因叢書編撰，費神費事，錯漏在所難免，尚祈方家不吝指正。是為序。

實踐大學榮譽教授
臺灣師範大學名譽教授
許義雄 謹識

作者序

人口快速老化與平均餘命的延長，使我們越來越重視老年生活，加上高齡者健康、經濟資源的提升，與家庭支持系統轉弱等現代社會特性，鼓勵高齡者從事社會參與乃成為老人福利中的重要課題。隨著生命發展週期的變遷，大多數退休的中、老年人都需要面對家庭、經濟或個人健康問題，老化程度是影響老人階段生活品質的主要關鍵，唯有成功老化才能確保良好的生活品質。成功的老化包括以下四個要素：第一、較少的疾病；第二，較高的認知和身體功能；第三、積極生活；以及第四、經濟獨立和財富自由運用。而老人社會參與的目的，即在於擴增老年人知識與技能，以增進其應付問題與適應社會的能力。

老人社會參與的實施，可以結合老人的五種基本教育需求，促使老人自我實現，改善生活的品質，這五種需求包括：(1) 應付需求；(2) 表現需求；(3) 貢獻需求；(4) 影響需求；(5) 超越需求。而退休人士必須面對老化與生命等課題，若能有效開發退休人力資源，必能為高齡化社會注入一股強大的力量，有助於個人及整體社會生活品質的提升。參酌「聯合國關懷老人原則」及其與高齡者教育的關係，可歸納為以下五大層面：

1. 獨立：獲得精神、物質、參與、決定、獲得、教育、居所如願……的自主性。
2. 參與：能有參與相關政策討論，並積極推動、分享知識技能、提供服務社會的機會與能力。
3. 照料：在安心的環境中，無論身心、健康、情緒、社會、法

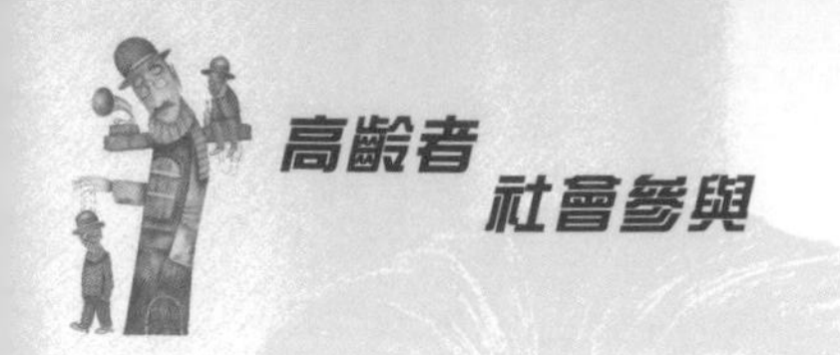

律、人權、自由的生活品質都獲得照顧。
4. 自我實現：能獲得教育、文化、精神與休閒各項社會資源，並擁有充分增進發展潛力的機會。
5. 尊嚴：無論任何等級的人一律平等被對待，讓老人生活在尊嚴與安全中，自由發展個人身心。

其中，尤以社會參與具有重要的社會意義，政府過去對於高齡者的福利照顧，傳統上多重視高齡者的住宅政策、保健照護、居家服務以及生活環境的提升等。然而隨著高齡者人口特性的改變以及需求的變化，亦逐漸的擴及高齡者的社會參與以及教育文化的服務。

根據我國國民健康局公布的「臺灣地區中老年身心社會生活狀況長期追蹤調查系列」顯示：

1. 高齡者具有社會參與的需求。
2. 參加「老人團體」是高齡者社會參與的最愛。
3. 意向障礙是阻礙高齡者社會參與的主因。
4. 高齡者的社會參與和生活滿意度有關。
5. 社會參與面向中，影響生活滿意度最關鍵的因素為「參與程度」。
6. 影響高齡者社會參與的因素為：性別、年齡、教育程度、經濟狀況、健康狀況、居住地。

爰此，為辦理老人社會參與，宜朝向生活品質的提升努力，內容含括：(1) 生理安適感；(2) 功能安適感；(3) 經濟安適感；(4) 社會安適感；(5) 心理安適感；(6) 心靈與哲學安適感等六個層面的安適目標。是以：

1. 對政府機關之建議：
   (1) 健全老人經濟及健康之福利服務。
   (2) 透過社會教育的方式，向老人宣導社會參與對老化調適的好處。
   (3) 廣設老人活動中心，鼓勵並協助老人組成社團。
   (4) 營造高齡者社會參與的無障礙環境。
2. 對辦理老人社會參與相關機構之建議：
   (1) 排除機構障礙，增加高齡者社會參與的機會。
   (2) 提供多元的社會參與類型，並注重活動進行的品質。
3. 對高齡者本身之建議：
   (1) 破除意向障礙，積極從事社會參與。
   (2) 從事退休準備，以擁有健康、滿意的老年生活。

高齡者或退休者可以根據其需求與興趣，參與活動或方案的規劃與執行，並在參與過程中，由機構內的工作團隊或志工陪伴，讓他們親身體驗休閒和學習活動的規劃與執行，及其需求得到滿足的過程。

面臨高齡少子化的臺灣社會，如何提升高齡者社會參與，將是臺灣未來高齡社會重要的發展任務。我國社會的老年人口明顯呈現快速成長的現象，因此關懷老人、重視老人亦明顯地成為當前我國社會發展的重要目標之一。值此聯合國大力提倡對老人的關懷與重視之際，宜響應此項運動加強老人社會的參與。老人在很多社會中，經常扮演著傳遞訊息、知識、傳統和精神價值的角色。這種重要傳統，仍應繼續存在於人類社會中；所以老人社會參與是一種基本人權。

筆者任教大學院校已逾二十載，常期許能體現韓愈所言「化當世莫若口，傳來世莫若書」，將此專業知識擴及教室之外的社

會大眾，期能對社會教育略盡棉薄的貢獻。盱衡我國社會進入人口老化已逾十七年，凡有志者皆可以一同朝向未來應建構的方向共同努力，為能讓學習者瞭解老人社會參與的最新現況與趨勢。以使我國高齡福祉政策及產業發展，能提供一個「老有所養、老有所安、老有所尊」的敬老尊賢和諧社會。就此專業領域的引介，感謝揚智出版公司的玉成，方能完成這本著作。知識分子常以「金石之業」、「擲地有聲」以形容對論著的期許，本書距離該目標不知凡幾。唯因忝列杏壇，雖自忖所學有限，腹笥甚儉，然常以先進師長之著作等身為效尤典範，乃不辭揣陋，敝帚呈現，尚祈教育先進及諸讀者不吝賜正。

葉至誠　謹識

目 錄

第一篇

概論篇

第1章　高齡參與的背景

壹、高齡社會參與的意涵

貳、高齡者社會工作理論

參、高齡者社會參與需求

肆、促進高齡者社會參與

前言

依據內政部人口統計資料顯示，至民國一一五年時，我國老年人口將占總人口數之20%以上，人口老化速度高於歐美國家。可見臺灣即將邁入一個人口結構老化的社會，伴隨老年人口遽增而來的高齡化相關需求之滿足、老人經濟生活安全保障，勢將成為社會發展的重要課題。

人口高齡化已是當今全球重大的趨勢與議題，歐、美、日先進國家已對推展社會福祉觀念的提升十分重視，對高齡化社會之生活設計與問題的解決更是不遺餘力。聯合國國際衛生組織（WHO）早於二〇〇二年即已對高齡社會來臨提出一個「活躍老化」（active ageing）的政策框架（參見**表1-1**），內容強調：

1. 健康（health）
2. 參與（participation）
3. 安全（security）

隨著時代的變遷，醫療衛生科技的進步，國人壽命延長，加上嬰兒潮世代逐步邁入高齡，少子化的來臨，各年齡層人口比例的變化，導致國內人口高齡化。高齡化社會所衍生的各項問題遂而浮現，尤其高齡化人口對生活適應及社會整體的發展影響甚大，人力、物力、財力的投入及社會福祉工作的考量，自不能置於度外。由於未來我國高齡人口將持續增加，建構適合高齡者持續保持健康生活的多元化社會環境，將有助提升高齡者的生活品質。

表1-1 「活躍老化」的政策

項 目	目 標	內 涵
健康（health）	身心健康環境的形成	1. 施行預防檢測。 2. 建立無障礙空間、創造親老而安全的社會氛圍。 3. 降低造成疾病的危險因子，如煙、酒、檳榔等。 4. 各類照顧體系的建立及照顧者的專業訓練等。
參與（participation）	社會參與管道的建立	1. 終身學習系統的建立。 2. 肯定並促成年長者參與正式或非正式的工作及義工活動。 3. 鼓勵年長者積極參與家庭活動。 4. 重塑高齡者的社會形象。 5. 支援高齡者互動組織的活動需求等。
安全（security）	社會、經濟及生命安全的確保	1. 社會安全體系的建立。 2. 老年消費者的保護。 3. 老年虐待行爲的預防。 4. 確保退休財務無虞等。

（資料來源：作者整理。）

壹、高齡社會參與的意涵

對現代人而言，長壽不是遙不可及的理想。在一九五〇年時，60歲以上的世界人口有2億，而根據目前人口結構發展的趨勢，預估至二〇二〇年將增為10億，二〇二五年將達到12億。對人類而言，人口結構的老化是一種成就，也是另一種挑戰。聯合國為關懷高齡者的生活境況與生命品質，一九八二年於維也納舉行的「高齡問題世界大會」制定了「國際老化行動計畫」（International Plan of Action Ageing），作為老人人權的重要內涵。

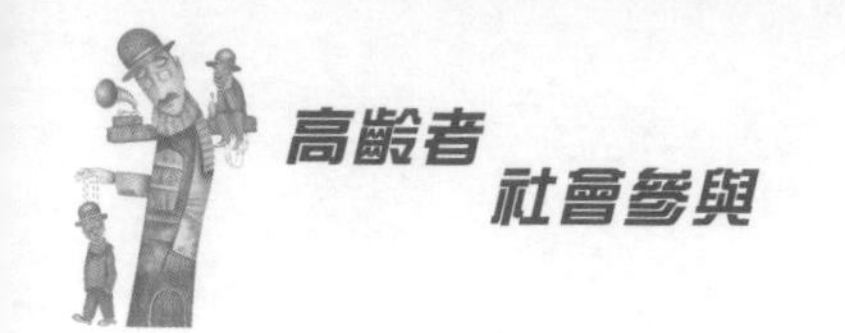

一九九〇年時聯合國大會通過一項重要決議，將每年的十月一日定為「國際老人節」（International Day for the Elderly），充分顯示對老人的尊敬與重視。隨後在一九九一年頒布了「聯合國關懷老人原則」（United Nations Principles for older Persons），接著在一九九二年所召開的第四十七屆聯合國大會更通過「關懷老人的十年行動策略」（llinois Department on Aging, 1999; Nolte, 1997），將一九九九年定為人類史上的第一個「國際老人年」（International Year of Older Persons, IYOP）。強調高齡者社會參與的重要性，具體目標有三：

1. 提供老人生命歷程的教育與學習機會：如透過生命歷程的健康教育提供，讓老人有健康促進的知識與理念，也教導老人如何照顧自己與他人，並透過教育與充權，使老人有效的選擇與使用健康和社區服務。
2. 認知並促進老人的社會貢獻：使老人能根據其個人需求、偏好與能力，積極參與經濟發展活動、正式與非正式工作以及志願服務活動。
3. 鼓勵老人充分參與家庭與社區生活：如在鄉村與都市地區提供就近的、可負擔的公共交通服務，使老人能充分參與家庭生活與社區活動。

聯合國的「一九九九國際老人年」除了希望落實「國際老化行動計畫」及「聯合國關懷老人原則」中的精神與內涵外，更期望透過政治、教育、經濟、社會與文化的力量，促進國際社區對於高齡者的重視與關懷以及各世代間的和諧，進而為人類建立一個理想的社會。

高齡者社會參與活動的主要類型包括休閒活動、志願服務與

終身學習等。就近程來說，高齡者社會參與活動應考慮老人的體能限制，並增加老人對各項休閒活動與娛樂設施運用的可近性。在休閒活動硬體建設方面，老人福利政策應改善社區型公園與文化教育等無障礙設施。在休閒活動軟體方面，則應與民間團體合作，針對特殊需求老人，例如低收入老人與體弱老人等，提供必要的休閒活動方案。

達成高齡者社會參與具有四種主要意義（如表1-2）：

1. 滿足老人適應的需要。
2. 滿足老人表現的需要。
3. 滿足老人貢獻的需要。
4. 滿足發揮影響的需要。

由於我國人口結構也將逐步邁入高齡化，政府為因應高齡社會來臨，已陸續針對高齡者需求規劃推動各項因應政策及計畫或方案，所提策略則主要聚焦在「健康老化」層面，在現行政策基礎下再加入新的思維，以「建立健康、安全及友善的社會參與環境」的目標，主要內容如表1-3所示。

表1-2　高齡者社會參與的意義

意　義	內　涵
滿足老人適應的需要	延續中年時期的社會活動與社會關係。
滿足老人表現的需要	讓老人參與自己喜歡的活動，表現自己的能力，也覺得生活有樂趣、生命有意義。
滿足老人貢獻的需要	將寶貴生活經驗貢獻社會，體會生命存在的價值。
滿足發揮影響的需要	讓老人的智慧與專長可發揮影響力量，並獲得他人的肯定與尊重。

（資料來源：作者整理。）

表1-3　老人福利需求

項目	意義	內涵
健康面	持續維持高齡者身心健康，保有社會參與的活力。	1. 提倡健康生活概念，促進高齡者成功老化。 2. 結合少子化後閒置空間，建構高齡者「可近性」終身學習環境。 3. 建立高齡者「人力資源中心」，活絡人力再運用。 4. 建構高齡者休閒參與環境，透過參與維持其心理健康。
安全面	因應高齡者不同健康程度的需求，提供安全的家庭生活及社會參與環境。	1. 建構適合高齡者的智慧型永續居住環境。 2. 以通用設計原則，打造無障礙的行動空間。
友善面	營造社會悅齡親老的觀念，形塑認同高齡者的社會參與空間。	1. 高齡化知識納入全民教育，營造悅齡親老社會。 2. 除去年齡歧視，消除世代間的衝突。

（資料來源：作者整理。）

老人福利除了考慮老人福利需求外，也要注重其福利權利的維護。高齡者社會參與的方式是：考慮到使能（enablement）或充權（empowerment）的可能性。換言之，它是恢復機能並擴展老人在社會各層面的參與。活躍老化的福利取向如**表1-4**所示。

這種福利取向是從「需求取向」（needs-based）的策略規劃轉向「權利導向」（rights-based）的政策發展。前者假設老人是被動的標的，後者則認為老人有權利參與和其相關的政治過程以及社會生活的各個層面。活躍老化的老人福利政策強調善待老人的福利政策（age-friendly welfare polices）是需要跨部門的共同努力，因為它們可預防身心障礙，甚至使身心障礙老人充分參與社

表1-4　活躍老化的福利取向

項　目	內　涵
取　向	立基於肯定或承認老人的人權，並且遵循聯合國所強調的獨立、參與、尊嚴、照顧與自我實現的原則。
原　則	從「需求取向」（needs-based）的策略規劃，積極朝向「權利導向」（rights-based）的方向發展。前者強調老人是被動的標的，而後者則肯定老人有權利與其他公民一樣，可平等的取得所有生活層面的機會與待遇。
導　向	致力於老人的社會參與責任，並支持他們參與和其相關的政策過程與社區生活的其他各層面。
作　爲	1. 使老人減少患有與慢性病有關的身心障礙。 2. 讓更多老人可享有積極的生活品質。 3. 鼓勵更多老人積極參與社會、經濟、文化與政治層面的活動，也較可能參與有給、無給角色，以及家務、家庭與社區生活。 4 降低與醫療處置和照顧服務相關的費用。 5. 建立自我照顧的個人責任、創造善待老人的環境。

（資料來源：作者整理。）

區生活。譬如說，政府提供安全的人行道與適當的交通系統，休閒服務單位可提供休閒活動計畫方案幫助老人維持或恢復其行動能力；教育部門可提供終身學習環境方案；社會服務單位可提供助聽器或教導手語使老人能持續的溝通；而健康部門則可提供復健計畫方案與符合成本效益的疾病預防措施。透過傳統社會、老人團體、志願服務、鄰里互助、同輩互動、家庭照顧提供、世代計畫方案與擴展或延伸服務之支持，老人福利政策決策者、非營利組織、私人企業，以及健康和社會服務專業者可以國家與公民社會的夥伴關係之建立，共同促進老人的社會資本或社會網絡的運作。

貳、高齡者社會工作理論

鼓勵高齡者參與社會及自主活動是世界衛生組織近年推行「活躍老化政策綱領」中的重要倡導議題之一，在建立正向老人形象的策略中，強調營造使高齡者參與社會活動的機會與環境，提升老人生命價值，將老人角色從社會負擔的刻版印象中，轉而視老人為具生產力的社會資產之正向觀點。由於高齡者參與社會活動有助於個人生活調適及成功老化，因此需要被鼓勵參與推動。這些作為可自老人社會工作理論得到啟示。

一、活動理論

活動理論在老年學領域中是一項重要的理論（參見表1-5）。

二、社會撤離理論

社會撤離理論又稱脫離理論或休閒理論，是一九六一年由卡明（Cumming）和亨利（Henry）合著的《逐漸衰老》（*Crowing Old*）一書中提出。老年人身衰體弱，形成了撤離社會的生理基礎。老年為一個時間點，係老人本身與社會雙方面感到要從事於互相分離之動作。老年人年事已高、身心衰弱，不適合繼續擔任社會角色而應該撤離社會，這種撤退過程被假設為正常的社會功能，對社會與個人的服務是正面有益的；這既有利於老年人，也有利於社會。老年人的撤離過程具有普遍性和不可避免性。該理

表1-5　活動理論的內涵

項　目	內　涵
提　出	美國學者羅伯特·哈維格斯特（R. Havighurst）與艾玉白（R. Albrecht）合撰的《老年人》（*Older People*）。
假　設	認爲老人們如何想像自己，基於各種社會角色或所從事之活動考慮自己的社會參與。社會如何界定我們？如何界定老人？就是根據我們所從事之活動，根據老人們所參與之活動（We are what we do）。
觀　點	老年人應積極參與社會。只有參與，才能使老年人重新認識自我，保持生命的活力。如果老人們更積極地參與社會活動，他們的生活將過得更令人滿意。
要　點	1. 老年期角色與成年期不同，老年期的角色屬非強制性的，更符合個人意願。 2. 非強制性角色有益於改善老年人的精神狀態。 3. 非強制性角色的數量與老年人精神狀態呈正相關。 4. 生活滿意度源於清晰的自我認識，自我認識源於新的角色，新的角色源於參與社會的程度。
基　礎	1. 老年人的角色喪失越多，參與的活動越少。 2. 老年人的自我認識需要在社會活動中形成和證明。 3. 自我認識的穩定性源於角色的穩定性。 4. 自我認識越清楚，生活滿度越高。

（資料來源：作者整理。）

論的確在一定程度上反映了老齡化社會的一些事實，但並不全面。該理論總體基調是消極、被動，呈現出一種「無可奈何花落去」、「近黃昏」的心理。社會撤離理論是最早的社會老年學理論，主要源自結構功能論觀點。該理論的具體觀點有：

1. 老年人心理較為消極，經常想到死亡，甚至期盼死亡，其心理不適合不斷進取發展的社會。
2. 老年人的撤離過程可能由老年人啟動，也有可能由社會啟動。老年人主動退怯，減少活動和社會聯繫，是老年人啟動的撤離過程；社會對老年人的排擠、歧視和強制性退休制度，則是社會啟動的撤離過程。

3. 老年人的撤離狀態有利於老年人晚年生活，也可以擺脫職業角色的負擔，另一方面可以進入比工作角色更令人愉快的家庭關係。社會發展需要世代交替。當老年人無法履行職業角色所規範的權利、責任與義務時，年輕人要成為老年人的接替者，取代老年人所擔任的職業角色。

三、連續性理論

連續性理論為美國學者賴卡德（Reichard）、利夫森（Livos）和彼德森（Peterson）所提出，他們認為中年期的生活方式將會延續到老年期。即老年期的生活方式在很大程度上會受到中年期生活方式的影響。人們在老邁時，照樣傾向於維持他們原先之生活方式，要盡可能、盡量的保持相同習慣、人格特徵、生活方式，這些都是他們在早年就已養成的（Costa & McCrae, 1980）。連續性理論是以對個性的研究為基礎，認為一個人在年邁時趨向於繼續維持一種一致的行為模式，為了取代失去之社會角色，人們會去尋找相似之角色，以因應社會環境之變化與維持標準式之適應。換言之，一個人在其老邁時不會產生戲劇化之改變，其人格特質照樣維持跟成年生活時相類似，一個人生活之滿意度與人生價值之一致性與其一生之生活方式與經驗息息相關。所謂個性，是指個體特有的感知方式和生活方式，而個性在適應衰老時有著重要的作用。

老年人的調適情況區分為五種主要性格結構如表1-6所示。

表1-6　老年人的性格結構類型

類　型	內　涵
坦然型	能正確認識自己和社會，既看到年齡增加的強處和弱處，又看到退休的不可避免性，坦然面對各種問題。
冷漠型	消極依賴，滿足於既成事實，不為工作煩惱，也不為退休煩惱，對於社會活動漠然置之。
防衛型	性格剛毅，有獨立見解，一般依賴於活動以顯示自己仍具有獨立性。
抱怨型	時常感到年齡的消極威脅，始終處於一種不穩定的狀態，對人對己對社會都是滿腹怨言。
怨懟型	認為自己是個淒涼的失敗者，生活於一種自我怨恨、壓抑不舒展的心境中。

（資料來源：作者整理。）

四、相互作用理論

相互作用理論又被稱為符號互動理論，主要探討環境、個體及其相互作用對老齡化的影響。該理論包括象徵互動理論、標誌理論和社會損害理論等部分（如表1-7所示）。

五、年齡分層理論

美國學者賴利（M. W. Riley）和福納（A. Foner）提出了年齡分層理論（age stratification theory）。以社會學創立的角色、地位、規範和社會文化為基礎，分析了年齡群體的地位以及年齡在一個特定社會背景下的涵義，試圖形成一個理解老年人社會地位的框架和包括整個人生的老齡化概念（如表1-8所示）。

表1-7　相互作用理論的類型

理　論	內　涵
象徵互動理論	在老齡化過程中，環境、個體以及個體與環境結合等因素的相互作用具有重要意義。尊老敬老的社會環境與積極參與的態度所構成的社會氛圍，有利於提高晚年生活質量，延緩機體老齡化。
標誌理論	由於人際交往是以個體擁有的資源量爲基礎。相對於老年人資源減少，社會聯繫相對減弱。年邁與無用是對老年人的基本評價，老年人則將自己置於順從的角色，因爲「溫和的姿態」是取得社會接納和支持的唯一交換禮物。
社會重建理論	社會損害綜合症是指已有心理問題的個人所產生的消極反饋。循環一旦開始，便會強化無能意識，從而引起更多的問題。針對社會損害，社會重建理論認爲，經由向老年人提供機會，讓他們生活在不受社會總體價值觀念影響和結構適當的環境中，以增加其自信心和獨立意識，可以中斷進行性的損害。

（資料來源：作者整理。）

表1-8　年齡分層理論內涵

項　目	內　涵
觀　點	年齡不是個人特徵，而是一個帶有普遍性的標準，也就是說，年齡是現代社會各方面的一個動態成分。當人們的年齡從一個層次轉到另一個層次時，社會賦予人們的角色與責任也會發生相應變化。這種角色與年齡之間的關係，可以稱爲角色的年齡參數，或者社會年齡參數。
特　徵	年齡分層理論四個要素實際上體現了生理人（年齡、能力）與社會人（角色、期望）之間的關係。作爲一般規律，年齡、能力、角色和期望應是一致的，但在實際的運作過程中，差異性與不協調性仍然非常明顯。
要　素	年齡分層理論具有四個要素： 1. 有一個由不同人組成的群體。 2. 各個年齡層對於社會的貢獻或反應能力。 3. 年齡層的社會形成可透過社會作用表現出來。 4. 與年齡有關的期望，包含在人們對所扮演角色的反應中。

（資料來源：作者整理。）

六、老年次文化群理論

由美國學者羅斯（Rose）提出。揭示老年群體的共同特徵，並認為老年亞文化群是老年人重新融入社會的最好方式。

根據羅斯的觀點，只要同一領域成員之間的交往超出和其他領域成員的交往，就會形成一個亞文化群，老年人群體正是符合這個特徵的一種亞文化群體。

老年次文化群的形成有客觀背景和主觀背景。在客觀背景中，法定的退休制度是開始老年期的主要指標。老年公寓、老年服務設施和老年活動場所的興建，加強了老年人之間的接觸。在主觀方面，相同背景、問題和利益發展出老年人之間的關係，使他們彼此之間交往多於社會其他成員的交往。主觀的吸引和客觀的推動，共同促進老年亞文化群體的形成。

由於構成老年次文化群體的客觀背景和主觀背景，在很大程度上是非意志所能左右的，所以該群體中重要的是身體健康和活動能力，而職業、教育或經濟特徵不如中年期那樣重要。

七、角色理論

角色理論（role theory）強調角色是一個在整體結構中，亦即在規範制約下，參與一種社會互動的過程，而與特定的夥伴建立交互關係。每個人一生中都要扮演多種角色。角色是個人與社會相互接納的一種形式。自我概念指的是社會互動下所發展出來的，個人的認同則被看做是透過不同的社會情境進行角色扮演。個體透過角色形成自我概念，獲取相應的社會地位和社會回報；社會透過角色賦予個人相應的權利、義務、責任和社會期望。可

以說，角色是個人以自身對社會的貢獻來滿足自身物質需求和精神需求的一種形式，滿足程度隨角色變動而提高。

老年人的角色變化與中年人不同，它不是角色的變化或連續，而是一種不可逆轉的角色喪失或中斷。使得回報減少、地位下降、無人理睬。因此，角色理論認為，從社會學角度來說，老年人適應衰老的途徑，一是正確認識角色變化的客觀必然性；二是積極參與社會，尋求新的次級角色。

八、交換理論

美國社會學家埃默遜（R. Emerson）和布勞（Z. Blau）提出交換理論，用以說明存在於年齡層中的結構性不平等，從而揭示出老年人地位下降的原因。

交換理論認為，人與人之間的社會互動，是一種理性的，會計算得失的資源交換，「公平分配」、「互惠」是理論的主要規範及法則，公平分配係指成本與酬賞的平衡，即個人所付出的成本或代價與所獲得的酬賞利益應是相等的，付出越多，酬賞也應越多，酬賞包括具體的物品，也包括抽象的聲望、喜愛、協助、贊同等，其價值因人而異；互惠規範則指個人在人際互動中所期望的禮尚往來的回饋。每一個人都有不同於他人的自我需求和資源資本，社會互動就是透過資源交換以滿足自我需求的行為。在互動的過程中，以最小成本換取最大報酬，不做無利潤的支出。由此觀點來看，老年人地位之所以下降，其根本原因是缺少可交換的資源和價值。因此，如何保持現有的資本，是提高老年人地位的根本。

九、現代化理論

由美國學者考吉爾（D. Cowgill）和赫爾姆斯（L. Holmes）提出。該理論認為現代社會與老年人的關係具有雙重性：一方面推進了人口老齡化和老年人數的增加；另一方面又削弱了老年人的社會地位。因此，如何既保持現代化社會的水平，又有效地保護老年人利益，值得繼續研究。

根據實證調查，老人參加越多學習活動，越能融入社區生活，也對健康與福祉有重要的幫助（楊國德，1999）。事實上，老人不只是學習型社區的消費者與享受者，也可以成為共同生產者與規劃者。在此參與過程中，老人也可獲得實質的學習與成長。在學習型社區的工作項目或活動上，老人可參與的類型主要有三（林振春，1999）：

1. 組織社區終身學習志工團體：除鼓勵社區高齡者參與終身學習志工團體外，也應針對老人的學習需求提供相關的服務。
2. 培訓社區終身學習推動種子人才：成立社區老人學習種子班，由高齡者參與籌劃和培訓工作，也使老人成為社區終身學習種子人才。
3. 創立銀髮族人力銀行：藉由種子人才、社區學苑與志工團體等方案建立人力銀行，透過終身學習資源與資訊中心傳播人力銀行的供需情形，並鼓勵高齡者參與銀髮族人力銀行的事務推動。

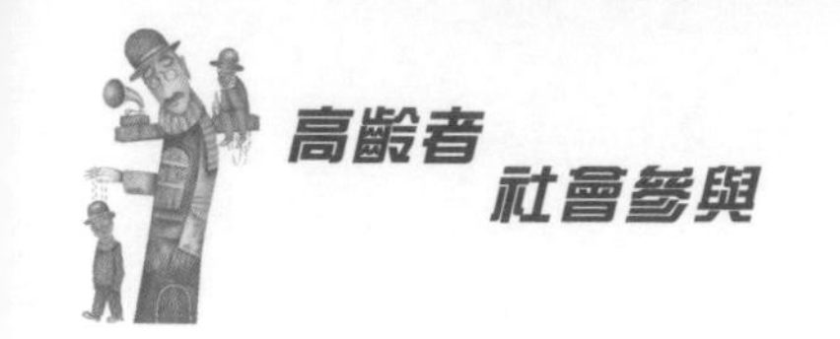

參、高齡者社會參與需求

社會參與過程可提供老年人生活調適成功的元素，此外，在社區發展工作的推動實務上，也可將老人視為參與社區發展的重要人力，並依高齡者參與社會的行為模式，設計可行的活動或工作內容，以協助社區營造的推動，也可提高老人的自我效益性。超高齡老人需要經常得到家人及社會的關懷與幫助，政府完善的社區照護服務與福利政策將有助於老人高品質的度過其人生的最後階段。

隨著老年人口快速成長，社會面臨高齡化的問題益形重要，在當前資訊科技醫療蓬勃發展的社會中，老人形象及健康已有所轉變；同時，面對未來高齡少子化的時代，若能從高齡者社會參與的活動脈絡中，找出具社會價值的角色，即能開創出老人另類的生產力；而由於每位老人的生命歷程均不同，為突破以往對老人刻板之形象迷思，針對超高齡者，參採艾利克森（E. Erikson）的心理社會發展論，協助老人自我統整及尋找生命意義之角色任務、高齡化的社會需求適應、社會福祉、身心發展狀況、認知歷程與認知設計、高齡化的產品設計、通用設計，進而展現其社會參與歷程及價值。

老人壽命延長，人數增加，如何使高齡者活出生命意義，實為重大課題。在「歲月不饒人」的傳統思維下，一個人到老年期，當然在動作和體力上會逐漸衰退，甚至因而被排除在社會的生產行列之外，令人心生今不如昔之嘆。當然進入高齡期，為期能夠繼續享有自我實現的空間，可以透過各種社會活動的積極參與以獲得自我滿足，諸如置身於休閒，或參與社會性、宗教性的

活動，或志願服務，或遊山玩水，或含飴弄孫，各依個人本身的意願、價值觀念，以促使人生價值的展現及生命意義的宏揚。

只是，促使高齡者享有「天生我材必有用」，不使心理滋生「老而無用」的念頭，持續就業也是一項選擇。諸多學派多持正面看法，茲列述如下：

1. 「功能論者」認為高齡者的就業，經由職務的獲得，除有收入之外，尚可使高齡者重拾喪失之角色，重獲社會地位；「活動論者」認為凡人均有積極參與活動的動機取向，不會因年紀大而改變，高齡者只是活動能量因體力漸衰而減緩，但仍有此興致，故高齡者仍宜繼續就業。
2. 「衝突論者」主張高齡者欲就業，必須本身積極聯合眾人之力，主動爭取資源，而非消極的等待，否則已喪失主宰社會資源權力分配的高齡者，將很難如願獲得照顧。
3. 「發展論」者認為高齡者宜做心理調適，降低身段，承認年華老去的事實，唯有坦然面對，藉由不同屬性的工作才能融入不同年齡層，使就業之路走得平順。
4. 另從「個人生命週期」而言，逢退休之齡亦正是人生空巢期，為免除空寂心靈，藉由工作之參與亦可堪告慰。

隨著龐大的戰後嬰兒潮即將退休，加上醫療科技的進步，未來眾多的退休人口可能有長達二十至三十年的生活需要規劃，如何創建一個更有品質、充滿活力及滿懷希望的高齡社會，是大家對新政府的期待，也唯有高齡者能享有尊嚴而被重視的生活，持續地對社會產生貢獻，未來社會所要投入的照顧資源才能有效的被控制。欲有助於高齡者就業，必須由工作單位提供合於高齡者的職務，否則高齡者就業理想終不可實現。因此，新近的一項理念為「職務再設計」的做法，值得推廣。職務再設計係指「經由工作方法的重行設計與安排，使高齡者因年齡增加所導致的機能喪失，對工作所造成的不良影響降到最低，另一方面，為使年齡增加所帶來的人生經驗等優點積極發揮，所採取之工具、機械、工作程序、設計方法等有形生產現場的改變，以及軟體方面，包括價值的變革、用人制度的改變等，所有促進高齡者易於作業之作為均屬職務再設計之範疇」。

有滿足喜樂的心靈，加上健康有活力的身體，是人類共同追求的生活質素。「樂齡生活」即建基於提倡和促進這個目標而誕生的。「樂齡生活」的內涵在於滿足喜樂的心靈，是與擁有正確的價值觀和生活智慧息息相關的，而高齡者既進入了人生更成熟的階段，將更能理解和認同「樂齡生活」的價值觀和生活智慧。

肆、促進高齡者社會參與

近年來德國、日本等國都開始有新的福利思維出現，美國也在二〇〇九年的振興經濟方案中看到了這樣的思維，什麼思維呢？就是強化銀髮族的健康壽命，縮短被照顧的時間，那麼照顧的負擔自然會降低。當健康無法延長時，照顧需求會拖垮財政，而延長健康壽命的方法，除了醫療，就是高齡者的社會參與力。

從「疾病壓縮論」的觀點，在生活品質、醫療健康水準提升的條件下，一個人活過65歲之後其實還很健康，疾病、失能並不一定會隨著年齡的增加而隨之逐次呈現，而是壓縮在生命的最後一段時間。根據世界衛生組織（WHO）二〇〇四年的推估，長期照顧的潛在需求約七至九年之久；以臺灣為例，國人一生中平

均需要七・三年的長期照顧，而臺灣老人照顧發生的年齡平均約在70歲左右，醫療的進步讓疾病轉型成為慢性病，讓平均壽命延長，但我們如果能進一步讓照顧發生的年齡有效往後遞延，如果能夠讓長期照顧的時間從七・三年壓縮為五年，那麼照顧費用將降低三成，不僅財務負擔能獲得有效控制，因此而產生的社會價值與經濟價值更是值得期待。

那麼疾病要如何壓縮呢？德國於二○○○年開始的一項計畫中發現，加強老人的「社會參與」，能夠延長老人的健康壽命，而且社會參與力越強的老人，經濟活動力也越強，這種自發性消費力的產生，對經濟的效果比政府投入大筆資金發展「銀髮產業」或是「促進消費」還要來得更有效益；《預防醫學雜誌》在二○○八年的一項研究證實，社交能力越好的老人，身心機能均比同年齡的老人來得健康；能關心他人、參與社會或是學習成長的老人，致病、致殘疾病產生的時間也較其他老人來得慢；這些研究驗證了傳統的俗諺與觀念裡面常說的一句話：「活動活動，要活就要動」。越常出外活動、參與社會、關心他人、能長保學習心境的老人，活得健康的時間比別人還要更長，醫療與照顧的使用也能夠比別人少。

我們將這個觀點應用在政策的制定與推動上，如果能夠積極投入促進高齡者社會參與力的提升，有效運用高齡人力價值，消除高齡者參與力的障礙，平均一個老人多健康一年，照顧負擔將減少近15%，這在愈趨高齡的社會，是一個治本的政策。

健康且可自行活動的老人不需要高密度的照顧，但需要好的活動空間。因為高齡者與其他年齡層的民眾一樣，都需要學習性、豐富性、趣味性的休閒場地，這樣的場地只要有適當的交通規劃，並且有良好的經營管理，服務品質好，自然會吸引人使用。是以宜朝向：

1. 改善交通與公共空間等基礎設施之通用性設計，建構高齡者友善城市：規劃特定交通路線，設置無障礙公車，連結醫療、購物、休閒、活動等高齡者生活空間。改善所有公共空間以符合通用設計，包含路標設計、進出口步道規劃、輔助行走設施規劃、空間動線規劃等等，消除行走障礙。推廣友善服務認證，鼓勵營業單位、公司行號等投入高齡者友善服務。
2. 建構多元化照顧設施，普及照顧服務，提高照顧服務的便捷性：推動創新科技服務，裝置遠距照顧系統，結合醫療、社區照顧單位，提升居家慢性病照顧服務。普及設置失能日間照顧中心。
3. 連結高齡者社區高頻率場所：如醫院、農會、老人會、機構等等，規劃設置日間複合式服務設施。
4. 運用擴大公共建設經費、投入高齡者基礎建設：參照日本一九九八年國土規劃與產業發展計畫中，將「熟齡世代與熟齡經濟」納入三大發展方向之一。美國二〇〇九年振興經濟方案中，「發展高齡者基礎建設」是重點項目；當先進國家不僅將高齡者議題視為對人民的照顧，更規劃為經濟未來的發展的重點時，可以透過擴大高齡者基礎建設，包含「建構銀髮示範生活園區」、「改善交通與公共空間等基礎設施之通用性設計」以及「建構多元化照顧設施」，不僅能適切符合社會的現況，更可以藉此提升整體生活品質，強化國家競爭力。
5. 鼓勵創新模式與解決方案之應用與整體輸出：參考借鑑福利先進社會高齡者參與的模式，日本國東北的仙台市在二十年前是一個老化、人口外移、即將沒落的城市，在其後的創新作為中是全世界銀髮族照顧的創新源頭，每年從世界各國參

訪取經的人潮不斷，每年移住仙台市長住（long stay）的日本老人為仙台市創造了超過四百億日圓的產值，仙台市改變的契機在於觀念的改變——「將高齡當資產」，運用產學合作以建構高齡生活天堂的方向，每年至少有五個創新服務方案，包含了福祉科技、醫療、健康、照顧等等；基礎建設小至排水溝、路燈、人行道，都先以當地人能住得舒服為出發點，將在地需求與在地服務發揮到極致，自然成為其他地區競相學習與進住的地方。

高齡者社會參與強調及落實的是「在地老化」（aging in place），在地老化是指需要機構收容的老人不必全靠老人機構收容照顧，除了盡量把這些當地老人延長留在家裡與社區中，由家族、社區居民、在宅服務人員或社區日間照顧中心，共同來照顧外，還包括當地出生一直生活在當地或雖非當地出生，但卻長年生活在該地區，並希望繼續住在當地的老人，訂定在地老化政策與措施等，由公、民營非營利團體組織或社區全體居民一起來協助老人或照顧老人，使老人過著美滿快樂自主而且尊嚴的生活，有意義的營造一生。

結語

社會上對年長者和年長生活存有偏差的觀念，認為年長人士對退休後的生活需要和品質不會有什麼要求；認為退休有退休的好處，能夠讓出機會給年輕人，所以退休是義務；認為脫離社會上的勞動群體，跟身體機能低下有必然的關係；認為高齡者因為生理機能減退會增加對家人和親友的依賴；認為未來的生活素質會無可避免地被大打折扣，但只能無奈忍受。這些認為高齡者是社會中的弱者、需要受他人照顧的錯誤看法，以及高齡人士對未來生活的傳統觀感，是造成高齡人士的社會地位低落和心境壓力的主要原因。

人口結構高齡化已成為全球趨勢，世界衛生組織（WHO）在二〇〇二年即已提出「活躍老化」政策框架，以促進高齡者「健康、參與及安全」的生活；經濟合作發展組織（OECD）亦於二〇〇九年提出「健康老化」報告，建議各國高齡化政策應針對維持高齡者生理、心理及社會各方面最適化，使高齡者可以在無歧視環境中積極參與社會。「成功老化」是能落實高齡者社會參與的作為，結合生活、經濟、社會的自立與福利措施之外，也能重視老人居住環境與安全、老人就業、老人文康活動、老人照顧以及老人宗教活動等。

問題與討論

1. 請說明「建立健康、安全及友善的社會參與環境」的政策內涵。
2. 請說明高齡者社會參與的意涵。
3. 請說明高齡者社會工作理論的內容。
4. 請說明高齡者社會參與需求的內涵。
5. 請說明如何促進高齡者的社會參與。

第2章　高齡參與的內涵

壹、人口老化的社會挑戰

貳、高齡社會的發展機遇

參、高齡參與的相應內涵

肆、高齡參與的社會對應

前言

隨著人口老化的發展，老年人口比率的增加勢將成為社會事實。審視社會面對老人的態度，以及老人所展現的生活風格或社會支持實況，將發現社會的確需要改變對待老人的態度與行為。許多老人在過了65歲的傳統退休年齡後，依然還是家庭的照顧者、社區的志工，甚至是職場的員工。較佳的健康與收入可使許多老人持續享有運動、娛樂、旅遊與藝術等休閒活動；可預期的是，在這些領域裡，老人都將逐漸成為社會的重要主體。

在人口統計上，65歲以上者一直被列為被扶養的依賴人口，是以老年人口增多將是社會未來沉重負擔。殊不知老人不一定不事生產，不事生產者也不一定是老人。老人不事生產實際上是一種制度的設計，例如強迫退休或就業的年齡設限，無關能力。在生命發展的週期，大多數退休的中老年人都需要面對家庭、經濟或個人健康問題，老化程度是影響老人階段生活品質的主要關鍵，唯有成功老化才能確保良好的生活品質。成功的老化包括以下四個要素：較少的疾病、較高認知和身體的功能、積極生活及經濟獨立和財富自由運用（徐慧娟，2003）。

壹、人口老化的社會挑戰

二十一世紀，隨著生活水準和醫療技術的進步，許多先進國家均面臨「高齡社會」的問題。因此，為了因應社會人口結構的

改變，迎接高齡社會時代的來臨，重視高齡者的需求及相關規劃至為重要。事實上，人口老化已是世界先進國家普遍發生的一個社會現象，根據聯合國的定義，65歲以上的人口占總人口比例7%以上的社會，是為「高齡化社會」；超過14%，即為「高齡社會」；而達到20%以上，則為「超高齡社會」。

人類平均壽命延長和老年人口比率增加，是近代世界的普遍現象；而已開發國家的生育率快速下降，則是近數十年來的新興趨勢。臺灣的情況又發展得特別快速，更顯極端。臺灣的出生率僅僅在過去二十年之內，已經從一九九○年的16.5‰，一路下滑至二○一○年的8.9‰，遠低於全球平均出生率的21‰，也比已開發國家的11‰為低。二○一○年全臺灣的新生兒僅16萬人。少子化的結果，已經對小學入學人數、相關消費市場，乃至婦產科醫師行業等產生立即影響。從依賴人口比例來看，在二○○○年，未滿15歲的幼齡依賴人口比例為20.5%，至二○一○年，減為17.2%，到了二○五○年將更減為13%。二○○○年，幼齡人口與老年人口的相對比為1：0.4，二○五○年，將達到1：2.2。這顯示臺灣地區未來人口結構將步上先進工業國家人口轉變的結果，社會也將逐年面臨高齡化加深的情況（葉至誠，2010）。

人口老化是兩種對應人口模式的結果：壽命延長與生育率下降。當人們壽命延長，而孩子的出生人數又減少時，老人必然變成較高比率的人口群。人口老化成為社會發展的現象。退休者必須要去面對一個已活過大半人生週期，以期在日後剩餘的人生活出更美好的未來。人口老化之所以被看做是一種問題，主要有個人生活、社會衝突、經濟發展、資源分配、世代移轉等原因（如表2-1所示）。

將老人視為是一種成本、負擔或利益獲取者的說法，這種探究取向忽略了老人在生命歷程早期的貢獻，以及老人在晚年時的

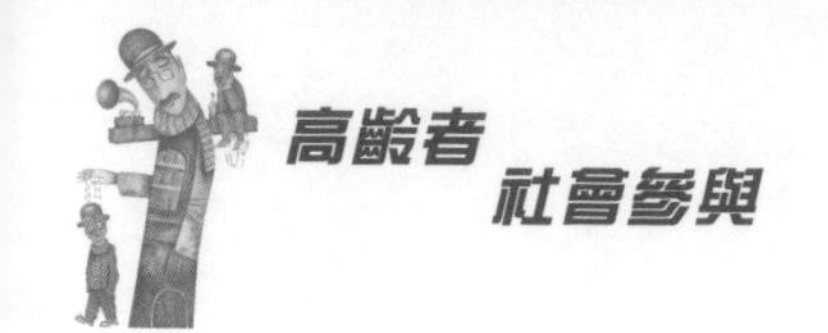

表2-1　人口老化形成的社會問題

原　因	內　涵
個人生活	1. 角色的變化：從有工作到退休，剝奪了工作角色、職場責任、人際社交，導致個體易怒、抑鬱、心身症等。 2. 收入減少：許多人反對早退休，是因爲害怕將來沒有足夠的錢度過餘生；退休後影響到家人對他的態度，並增加適應上的困難。 3. 餘暇增加：若無事先安排，將無法從中獲得樂趣，而使健康不良及精力衰退致使狀況惡化。
社會衝突	因人口老化而來的財政緊張對於世代公平與跨世代連帶具有重要的影響。可預期的是：跨世代競爭與衝突將會出現。在過去，所謂「世代契約」（generational contract）強調，社會普遍接受年輕與活躍的世代將提供並滿足老人的需求。在現代，人口老化即意味著「有限資源的無限競爭」，可預期的是：年齡極化的加深與年齡團體意識的增強，將造成世代間的衝突。
經濟發展	人口老化需付出經濟成本的主要理由來自老人的更大財政依賴，以及政府必須擔負這些成本。老年人口依賴比例的增加是政府普遍考量的重點，因爲它可能造成政府與納稅人支付醫療保健與收入支持費用的財政負擔增加，以致影響總體經濟發展。
資源分配	隨著人口老化，兩種重要發展趨勢加重社會的負擔。首先，是老人勞動參與的下降。其次，是政府在未明顯增加課稅的情況下，造成政府必須抑制經費支出，以致影響資源的公平分配。
世代移轉	人口老化被視爲一種成本或負擔。在社會資源有限的脈絡下，人口老化被視爲日益的毀損世代公平。

（資料來源：作者整理。）

持續貢獻（Marshall & Mueller, 2002）。其實，透過一系列的活動，包括志願服務與照顧供給等，老人將能持續的對社會做出重要貢獻。若要體現與高齡者社會參與的實踐，那麼國家與公民社會的合作或政府、企業與社區的夥伴關係之建立是必要的作為。

貳、高齡社會的發展機遇

面對高齡化社會的發展，社會對於老人應有正面或積極的老年意象。我們不僅要瞭解他們的多樣性，也要認知到他們可持續扮演許多角色，並對社區與整體經濟做出貢獻。是以，老年現象會益加明顯：

1. 無論族群、階級、性別關係或生理、心理、社會的特質為何，老人的異質性將逐漸提高。
2. 未來老人將累積更多的經濟、文化和社會資本，因而更有能力照顧自己。
3. 當代公民權的主張與運用，改變了現代福利國家的理論基礎，在老人年金與社會保險政策上，更強調個人責任和民間機構的服務。
4. 科學與科技的進步，特別在生物醫學和資訊科技的發展，將對生命的「自然界限」或「預設極限」造成新的挑戰，有活力及創意的長者並非遙不可及。

因此，未來我們將可發現老人的生活世界愈來愈豐富、多元。（如表2-2）

趨勢大師彼得·杜拉克（P. Drucker）在《下一個社會》（*Managing in the Next Society*）就特別強調因應人口老化的必要性，並指出許多國家現行的退休金給付制度終將窮於應付未來情勢。比臺灣更早進入高齡化社會的日本，已經認知十年後勞動力短缺可能高達四百萬人以上的事實，如今正在進行人力搶救計

表2-2 高齡者生活類型

類型	特色
經濟謀生型	靠傳授知識參與專業以維生，作爲肯定自我的呈現。
休閒度日型	以閒雲野鶴的方式度日，他們多數每天在長青中心消磨時間，看報、下棋、唱歌或上課，極願意安排時間參加不同的活動。
被動協助型	基於請託而出來貢獻所長，所以需要工作人員不斷地關心、鼓勵和協助。
創造價值型	具有生活的熱情，因此極樂意有傳授機會，在同儕中有領導地位，或是有自我實現的感覺。
社會交際型	喜歡藉此結交志同道合的好友，或是與三五好友藉此相聚、談天說地，喜歡表達意見，並且不忘給其他成員「耳提面命」。
胸懷使命型	對人生價值有極度的使命感，不計較代價及回饋，只要能讓別人多一份瞭解，多會熱心參與。
不問世事型	有「多一事不如少一事」的心態，本身就屬社會退縮或不喜歡參與活動的長輩，對相關議題不關心也不願參與。

（資料來源：作者整理。）

畫，要將銀髮人力、家庭主婦、打工族這些仍具勞動潛力的族群拉回就業行列。換句話說，有遠見的國家都將人口結構問題當成嚴肅的國家發展議題來迎戰。透過仔細審視高齡化社會中的老人，我們可對其老化過程產生較清楚與精確的瞭解與描繪。WHO（2002）所提出之「活躍老化」（active ageing）的觀念強調：「使健康、參與和安全達到最適化機會的過程，以便促進民眾老年時的生活品質。」排除可能引起的限制會影響未來健康與活躍老化的老年生活規劃，以及認知並掌握生命延長後的各種生活機會。藉由社會與經濟條件的輸送，使老人終身有完善其生理、社會與心理福祉之機會。提供社區與消費者參與更多地方層次的行動，藉以支持和促進健康老化。活躍（active）指的是持續地參與社會、經濟、文化、靈性與公民事務，不只是沒有身體活動能力

或有勞動力參與。退休的老年人以及失能老人仍可能維持活躍，只要他們仍能積極參與家庭、同儕、社區，甚至國家的活動。

其實，「老化」經驗本身也正在改變。高齡化社會必須面對的主要挑戰是：克服老年或人口老化的刻板印象之難題，並且進一步鼓勵老人更積極的貢獻社會，對於提升社會經濟與社區福祉而言，人口老化等於提供了另一種機會。這種機會不僅讓我們重新認識與瞭解老人對社會的可能貢獻，高齡化社會的到來也可能帶來正面的、積極的好處和創新的機會。

一、重新肯定老人的社會貢獻

WHO 的活躍老化提供了追求健康的方向，活躍成功的老年生活，應追求身體、心理、社會等多方面的健康，進而使老年維持自主與獨立，亦能參與社會經濟文化等事務，提高生活品質，才是老年生活應追求的目標。與大多數西方工業國家相同的是，臺灣也面臨一連串與人口老化有關的挑戰。然而，這些挑戰卻經常被視為一種社會與經濟危機，將造成未來世代的負擔。換言之，關注老年人口所帶來健康成本的增加與收入支持需要的增加將造成過度負面的、問題取向的人口老化看法，相對忽視老人對整個國家的社會與經濟福祉之貢獻。其實，這種負面的看法是把老人當做一種社會負擔而非社會資產。這種貶低老人的貢獻非常類似貶低婦女離開職場而撫養子女，或持續工作且撫養子女的無給工作之貢獻。

如何創造新的就業機會，亦即活躍老化是一個重點。老人並不是一個同質性團體，而是具有不同選擇、需求、生活風格與家庭情況的個人。無論增進其成就或鼓勵其貢獻社區，均將有助於匡正社區看待老人的負面態度。透過社區生活創業產業、各地發

展特色產業、乃至於照顧服務產業的推動，都有助於創造新的就業機會，一方面增加就業機會，另一方面亦有助於生活品質與社區總體營造及區域更新。

二、老人以各種方式貢獻社會

老人以從事有給工作者、家庭成員、志工和照顧者等各種方式來貢獻社會，並對社區與社會資本做出普遍貢獻。為了凸顯許多老人所扮演的重要角色，研究也開始關注老人有給工作之外的貢獻。高齡化的現象是近年來社會重視的議題，如何健康老化、迎向積極、正面的生活，是社會至為關注的焦點。然而，健康的老人並非等到65歲才開始學習如何創造有價值的健康人生，宜以創造的、服務的、參與的、領導的學習理念推動退休人力的規劃，培養更多健康、正面、積極、富行動力的長者，重建自我的生命價值，健全自我的生命內涵，並進一步創造多元的高齡者社群。

高齡社會就業政策的推動，實質上涉及國家、事業單位與就業者三方權利與義務的調和。因此，有必要讓全民對於高齡社會對人類的生活與需求所可能產生的衝擊，有全面性的瞭解與凝聚全民共識，進而透過相對應的基本法與策略大綱，結合促進高齡者就業的專法，並結合產、官、學、勞、資、政等社會對話機制與委員會形成，才易達成完善有效的對應策略。對於老人而言，生活品質的好壞往往取決於家人關係的力量，與廣泛社區連結的程度，以及他們覺得作為社會成員受到他人重視與尊重的情形。隨著老年人口規模的增加，他們貢獻的總值也將增加。譬如說，志願服務日益被認為是一種生產活動，而且可歸屬成一種經濟價值。無論是高齡者教育、社會福利、社會安全或其他相關的老人

政策與措施，均應在高齡化的現代社會中獲得重視與完善發展。

三、老人貢獻是重要的社會資本

隨著時代的進步，國內社會經濟快速發展，生活趨於安定及富足，人們在物質充裕之餘卻反應出精神層面的匱乏，因而有更多人進而追求心靈的成長；家庭居住型態改變，老年人能否自理生活將影響老年人的生活品質；同時民眾也慢慢能接受退休後持續工作、參與義工或社會團體是值得鼓勵的生活。因此除了能夠自我照顧之外，老年人尚能夠自理生活所需，以及積極參與社會生活，是活躍的老年生活的表現。志願服務是個人本著濟世胸懷，以其有餘助人不足，對社會提供精神或物質，致力於改造或促進的服務，人們在實際行動的志願服務中獲得快樂與成就，並達到自我的滿足與自我肯定，在「施比受更有福」中領略到服務的精神、真諦及創造生命的價值。其中志願服務與照顧活動對經濟體制顯然是重要的，志願服務與照顧活動的經濟利益不僅是實質的，也具有超越其立即成果的價值，志願服務活動的經濟利益也凸顯出老人帶給社會的其他利益。志願服務的附加價值超出經濟層面，志願服務所帶來的利益是難以量化的，志願服務可說是一種價值附加的活動。

隨著人口老化的發展，政府、社區與個人的重要公共議題包括確保老人獲得更多支持，不會變成社區邊緣人，自一九八二年起聯合國積極展開一系列的關懷老人措施，而高齡者教育始終是一項重要的議題。「國際老人年」的概念與行動係以「國際老化行動計畫」及「聯合國關懷老人原則」為基本架構。聯合國的這項方案提供了一個良好的機會，讓全球社區對於「老化是一種自然現象且存在於人生價值之中」，有了更深層的體認，同時亦鼓

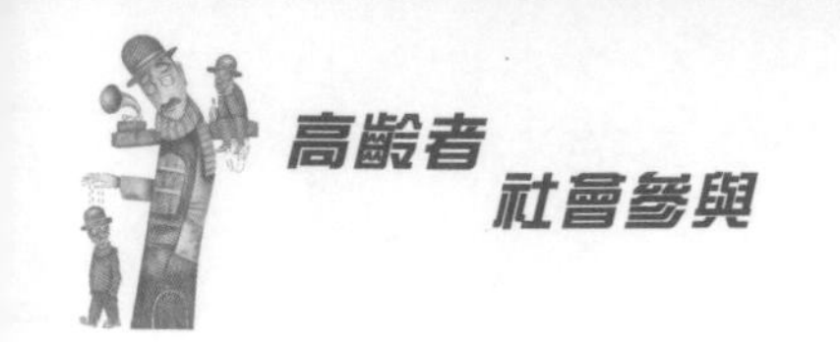

勵及促進老人積極而有意義的從事社會參與，為建立一個不分年齡人人共享的社會而努力。

參、高齡參與的相應內涵

人口結構快速老化是世界各國普遍面臨的問題。老化經常伴隨著能力、健康的衰退，以及經濟和社會資源的喪失，許多先進國家人口老化過程所引發的各種問題已經顯現，包括生產力降低、醫療和照顧費用提高等經濟面問題，以及老人安養、國民年金等社會福利問題，高齡族群的快速成長所伴隨的生活支援與健康照護的需求，在少子化的趨勢下已經無法單純由增加照護者人數來達成，此外高齡者的社會參與、休閒、終身學習等需求，也都應該予以關注；它逐漸地被視為有效達成個人與社會發展的一種基本條件，而且有助於其經濟與社會福祉。

當前與未來老年世代享有的一個共同目標是繼續與社會保持關聯，並且肯定其過去與現在的社會貢獻與經濟功能。他們也想持續保有積極與獨立的生活風格，如此才可參與家庭和社區生活。隨著人類壽命的延長，以及成功的邁向健康老化，這使更多老人可以持續的參與社區，也是較早世代的人所無法想像的。高齡者參與家庭和社區生活，並繼續與社會關聯的能力受到許多因素的影響。譬如說，適當的住宅需求、交通運用與通訊科技等，可幫助高齡者參與社會生活。健康科技的使用可擴展老人健康生活與獨立的年數，而社會正面的看待老人與老化過程的態度也可能影響老人投入或參與社會的程度。老人與其家人、朋友和廣泛社區的連結關係不僅決定社區可提供給他們的支持，也影響他們

對於社區與社會的貢獻。老人以各種方式參與社區，他們可能貢獻其家人、朋友、鄰里與社區。老人經常活躍於其地方社區，而且根據的是一種長期的地方感情。許多老人也成為非營利組織的志工，雖然他們的人數通常不及中年志工，但他們卻較可能是高度投入的志工；花更多時間從事志願服務，或有較長的時間待在組織裡。同時，透過社區生活創意產業、各地發展特色產業，乃至於照顧服務產業的推動，都有助於為高齡者創造新的就業機會，一方面增加就業，另一方面亦有助於生活品質與社區總體營造的發展。

隨著人類壽命的延長，以及成功的邁向健康老化，這使更多老人可以持續的參與社區，世界衛生組織對健康的定義為：「身體、心理、社會三方面的安寧美好狀態，以及著重基層健康照護的做法。」因此促進心理健康與社會連結的政策或計畫，與促進身體健康同等重要，並且維持老年人自主獨立生活，皆是當前的目標與方向。高齡者社會參與的相應內涵反映在下述幾個層面上。

一、社區參與

社區是每個人生活的基本單位，而安全與安心的社區生活對老人來說又特別重要。雖然取得可近性與適當性的社區參與機會是影響老人生活品質與福祉的主要因素，但另一個重要因素是：住宅是社區與鄰里網絡的一環，它可支持老人依然成為積極的社區居民。再者，不同的生命歷程普遍都有相當不同的居住安排方式，它們可能影響老人所需的住宅類型。譬如說，他們可能是較少子女或無子女家庭、健康狀況下降，或開始身心障礙，或伴侶死亡、有更大需求想要更接近友人與家人，以及想獲得各種設施的需求增加。這些變遷可能使老人所找的住宅是較小型的、較安

全的、較安心的，以及地域上更接近家人、交通、服務與休閒活動的地方。

二、行動連繫

對於維持老人獨立與生活品質而言，人際互動是重要的關鍵。如果老人沒有能力取得互動，可能造成老人的社會孤立，以及身體健康與福祉的惡化。為使個人能取得服務、接近家庭與朋友，甚至支持更密切的社會互動，交通運用就顯得非常重要。當前的交通選擇包括政府、企業或社區組織所提供的汽車、公共交通與私人交通工具。對於這些老人來說，缺乏適當的交通工具可能造成社區參與、休閒活動，甚至取得必要服務的障礙。

三、資訊科技

資訊科技的主要方式包括：(1) 人際溝通：面對面、電話、傳真與電子郵件等；(2) 媒體通訊：報紙、雜誌、電視、廣播以及網際網路等。對於老人而言，各種通訊形式是他們獲得資訊、彼此溝通、消除距離障礙、帶來與人接觸互動的一種重要管道。再者，它們也是商業活動、維持社會關係的重要組成，以及老人娛樂、休閒活動的一種來源。對於個人與社區來說，藉由參與是非常重要的。一方面，可擴大老人的認同感，特別是透過新科技的使用，對所有老人都有正面的意義；另一方面，許多老人均有很好的經驗與豐富的知識，因此可透過良好安排而讓他們薪火相傳，傳遞給各年齡層的成員。

四、終身學習

「終身學習」（lifelong learning）概念的發皇，與世界各國體認到「知識經濟」時代的來臨息息相關，伴隨著二十世紀末以來的「全球化」浪潮，聯合國教科文組織（UNESCO）、經濟合作暨發展組織（OECD）大力提倡終身學習的必要性與迫切性。共列舉了六項重點，分別是：

1. 保障獲取更新知識社會所需技能的機會。
2. 將人視為主要資產並提升對人力資源的投資。
3. 革新教學方法形塑終身學習與全面學習的環境。
4. 增進對參與非正規、非正式學習之認知及學習成果的認證。
5. 提供人人高品質的學習機會與學習諮詢。
6. 將終身學習盡可能的提供到學習者面前。

老化是一種終生持續進行的過程。個人的發展涵蓋各個生命階段，同時需要個體的積極開創與環境的促進。個體發展可視為個人與社會交互作用且彼此受益的一種過程，此意味著個體的獨立與參與行為的結合。自我發展須透過終生教育，以提升個人技能與生活品質。終身教育與訓練被視為有效達成個人與社會發展的一種基本條件，而且有助於其經濟與社會福祉，強化世代間連繫，以及提供年輕人獲得老人重要技能與經驗的方式。終身學習為「具有各種目的的學習，在持續的基礎上進行，以提升知識、技術與能力」，另外也強調終身學習「對於促進受雇能力、達成公民意識與排除社會分化」應能有所貢獻。

人到中老年之後，家庭、工作角色逐漸定型，生活圈和交友圈也日益縮小，因此對於許多新事物的接觸較少，無法開展自己的生活。透過終身學習活動，可以讓他們走出家庭、走出職場，接觸到以前沒有接觸過的人、事、物，並且透過學習活動，豐富生命，因此也可以擴大退休中老年人的社會角色，藉以回饋社會。基於終身學習之社會發展趨勢與世界潮流，培養退休者自助、互助以及積極參與社會之知能，並提升退休者建康、快樂、自主與尊嚴之生活品質，是因應高齡化社會之重要工作與目標。這些目標可以透過有系統的學習活動來達成。

五、休閒活動

隨著退休者的自由時間增加，也可以選擇對自己有興趣的活動做深度的投入。休閒投入者不僅能在追求的過程中獲得充實有趣的經驗，並且還能展現技巧與技能。況且，邊旅遊邊學習是最佳的成長方式，透過休閒投入過程中的學習經驗，將有助於退休者在個人、家庭、人際互動與社會中的發展。

六、文藝活動

與其他年齡團體一樣，老人也有文藝需求。對於老人而言，文藝活動可能受到個人的不同生活經驗、教育、環境、技能、健康情形與特殊需求的影響。老人不僅有參與這些活動的機會，也可能在這些藝術與相關文化活動領域上，例如圖書館、博物館、美術館、歷史古蹟地點，以及文史工作室等單位擔任志工。透過藝術、歷史與其他慈善活動，老人可貢獻社會。在傳遞社區文化知識與技能上，老人因具有豐富經驗與寶貴智慧而扮演重要角色。

七、志願參與

志願服務者一直是第三部門重要的人力資源，志願服務者參與各項服務工作是一種社會參與，是實現「公民社會」的重要途徑，公民參與對社會帶來的正面影響，被認為是一種重要的「社會資本」（social capital），而對於社區以及具有不同社會背景者而言，事實更是如此。它們為所有老人提供最佳機會，可以參與地方社區內的活動。志願服務者帶著熱誠、體力，發揮本身的智能、專業，在非營利組織中發揮重要的影響力。

八、老年消費

在高齡化社會裡，老人是一種潛在強勢的購買力。對於許多老年消費者而言，由於孩子已長大離開家庭，貸款大多已償還。因此，最明顯的事例之一就是老年消費者將成為全國最大的零售成長市場。當前老年消費團體偏好購物的商店是他們熟知的、在地的與高聲望的，而非價格較好的或特殊名牌的商店。隨著人口老化，老人將形成一個較大的團體，可能會有不同貨物類型與服務層次的需求。老人越來越意識到他們擁有經濟力，並逐漸要求他們的需求應該與其他年齡者一樣被滿足。

美國發展心理學家紐加頓（B. Neugarten）曾說：「個體的生命就如同一把逐漸開展的扇子，當活著越久，彼此間的差異就越大。」社會參與的層面很廣，包括政治、經濟、文化、社會及教育等公共事務。老人透過參與社會的機會與權利的擁有，以一個動態的概念和行動，有組織的投入社會上各類型的活動形式。在二〇〇二年第二次老齡問題世界大會的報告書中，其針對老人人

力資源的議題提出的目標有：(1)促使公眾意識到老年人的權威、智慧、生產力和其他重要貢獻；(2)為所有想要工作的老年人提供參與機會。

肆、高齡參與的社會對應

聯合國曾在二〇〇二年提出全球性的高齡化行動國際策略，呼籲不論任何地區的國家，都應以老年政策為行動政策的優先考量，並應針對全球人口老化過程加以整合；期望由更廣泛的生命過程發展觀點及更寬廣的社會觀視野來看老年人的問題；此外尚應再仔細審查老年政策，以確保其能安全及有尊嚴地變好；而老人亦能持續參與社會，享有所有國民應有的權利。許多老人會花更多時間與家人相處，有更多時間從事休閒活動和參與志工服務。對於老人而言，生活品質的好壞往往取決於家人關係的力量、與廣泛社區連結的程度，以及他們覺得作為社會成員受到他人重視與尊重的情形。面對人口老化的趨勢，我們必須瞭解這些因素對老人福祉的重要性。我們也必須認知，持續的社會變遷會對老人所能利用的某些傳統支持網絡造成衝擊。譬如說，由於離婚率、維持單身與無子女者的增加，以及家庭成員更高的流動性與更多的地理擴展等社會因素影響，家人關係也在改變。工作生涯與現代生活的需要也意味著人們與社區的關聯可能較過去變得更薄弱。

隨著人口老化的發展，政府、社區與個人的重要公共議題是媒體、教育機構、政府、非政府組織，及老人本身應該努力克服老人總是被認為身心能力不足、缺乏獨立能力，不具社會角色與

地位的刻板形象。當長者的健康程度良好、社會關係不孤立、經濟狀況佳、教育程度高，並且年齡不會太大的狀況下，才對於休閒服務、社會參與及再教育的服務需求較高。為建立一個年齡統合的社會（age-integrated society），人類必須在這方面多做努力，以確保老人獲得更多支持，不會變成社區邊緣人，保障弱勢老人的處境，並避免他們因社會孤立而造成生活品質的下降。

為了達到成功適應老年化社會，聯合國建議三項行動方針：「高齡化社會的發展」、「增進老年期的健康與幸福安寧」、「充能與支持的環境」。為了達成這些目標，需要採取多重的行動或策略。

一、服務供給機會策略

老人的生命不是只有養護和照顧，老人需要的是機會和空間。有效的運用社會資源，使資源與需求能順利連結成一個網絡，可以正確的瞭解長者對社會資源的需求，並且讓政府瞭解並無閒置社會資源，所以更積極的老年政策應該是引導社會如何看待老人的政策，塑造老人認同的有利條件。藉由社會與經濟條件的輸送，使老人終身有完善其生理、社會與心理福祉之機會。提供社區與消費者參與更多地方層次的行動，藉以支持和促進健康老化。

二、強化疾病預防策略

「活躍老化」的定義為老人同時符合以下六項指標：(1) 日常生活功能正常；(2) 工具性日常生活活動正常；(3) 認知功能正

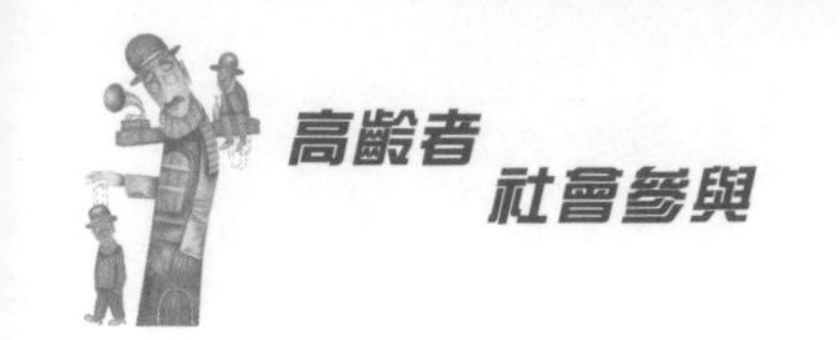

常；(4) 無憂鬱症狀；(5) 良好社會支持；(6) 投入老年生產力活動。老年人也是社會中的一分子，縱使老年人自工作角色中撤退，但仍視自己為社會的一分子，應有均等參與社會的機會與權力。也因此，更應該鼓勵高齡者參與社會的行列，不僅可以從中認識新朋友，擴展人際關係，更可以加強對自己的自我實現。是以，持續重視疾病預防、早期偵查，以及人口不健康和身心障礙的要因管理，並強化醫療保健體系的預防角色。對於疾病與身心障礙預防和管理，能夠發展出較協調、策略性與終身的取向。提升老人及其正式與非正式照顧者均能注意到健康促進行為對健康與機能的好處。鼓勵人口健康策略的發展，是融入老人的健康策略。建構一種結構健全與分配的醫療保健康體系，才能使其具有支持健康老化的能力與技能。

三、提供健康資訊策略

奠定穩固的研究基礎，便於告知並推動健康老化。提供健康資訊使老人能判斷被告知的資訊，也鼓勵個人將採取行動來維持或改善其健康。

四、建立社會資本觀念

就形成與維持強勢或密切的家庭和社區關係來說，許多老人都有豐富的經驗。鄰里間的接觸、地方團體的參與，以及社區居民的交談等，都是人們維繫目的感、認同感與關聯性的主要方式，也是促進個人健康與福祉的重要關鍵。作為一個社會公民，我們必須關注許多老人所累積的「社會資本」之利用，以充實或豐富社區生活資源的可能性。這種參與社會活動的積極面與

獲得，可稱為社會資本的建構。社會資本是一種「由下而上」（bottom-up）的現象，它指涉透過人際間的互動而建立的社會網絡、規範與信任，並且促進互惠性的協調與合作。其實，社會資本是一個用來描繪社會基礎或社會凝聚力舊概念的新名詞，它與社會成員如何參與社會活動以帶來信任和互惠性合作有關。再者，社會資本的概念是一種多面向的概念，用以描繪該概念的主要措詞是：互惠性、信任、助人、具有安全網、友情與家人、享有美好時光、夥伴關係，且是一位好公民。無論向誰請求幫忙，社會資本的最基本面向即互惠性。

身為社會成員，我們必須認知並重視老人的豐富生活經驗。對於想要持續參與或投入社區活動以幫助或支持他人的老人而言，給予適當的機會與支持是很重要的。人們參與社區活動與團體的主要理由是互惠性與共同利益的考量，社會資本的最重要因素是信任與共同努力。對於想要幫助老人成長團體的其他社會成員，也應該受到鼓勵，並肯定他們對於創造更好社會的努力與貢獻。在較小型的社區裡，如果人們投入的時間相互衝突且人數日益減少，可能會影響社區維繫社會資本的能力。若是某社區被認知到高犯罪、高歧視或覺得沒有安全感，社會資本即可能迅速的腐蝕。貧乏或低度社會資本可能造成社會孤立與社會排除感，而重要的生命歷程事件也可能影響個人成為社區居民成員的能力。

在人口老化的脈絡中，我們可進一步考量的工作是：如何增加並開啟社會資本的可能性。社會孤立可透過三種方式來克服：

1. 以社區發展來增加社會機會。
2. 以預防策略來降低社會風險因素。
3. 透過社會支持方式提供更徹底或密集的援助，將貧困或危難降至最低程度。

關懷老人的心理健康，就應透過國家的相關策略來維持。就社會資本建構來說，預防老人憂鬱、自殺與維持心理健康是必須加以探討的。譬如說，公共衛生的探討是初級預防，強調社會資本建構；次級預防是對特定條件（例如憂鬱）採取早期介入方式，仍屬社區層次的預防；第三級預防關注的是個人，其介入被證明是值得做的預防。

五、擴大志願服務策略

志願服務代表積極的社會生活承諾，以良好社會支持與投入生產力活動測量。現今，大多數老人透過廣泛的社區工作或志願服務參與，包括照顧其孫子女，以及提供其成年子女實際援助支持，而有利於社會發展。對於大多數人來說，家庭是最親密與最直接的生活領域，在此脈絡下，老人不僅是照顧的接受者，也是照顧的提供者。

雖然老人經常透過有組織的志願服務活動而成為熱心的志工，動員居民特別是老年人為社區提供志願服務，積極為人們排憂解難，引導人們做好事、存好心、當好人，廣泛普及志願理念、弘揚志願精神，培育「老吾老以及人之老」的道德風尚。老人從事志願服務的主要理由是個人滿足、社會接觸、幫助他人或其社區，以及做自己認為值得做的事。事實顯示老年志工有兩個主要團體，其一為終身從事志願服務者，另一個則是將志願服務當作個人專業工作退休後的一種新經驗。在許多志願服務部門中，老人均有豐富的經驗。

六、參與社區服務策略

在促進老人的獨立與參與上，社區支持是對家庭角色的重要補充。特別重要的是政府、企業與社區可透過資訊、喘息服務與補助服務的提供來支持家庭角色。未來，我們應推動家庭政策並促進家庭成為支持老人的寶貴來源，也成為一種重要的社會資本或社會網絡。同時我們也應鼓勵因空間距離而被分開的家庭與老人有更多的接觸與互動。顯然，為確保老人與照顧者能找到可利用的社會資源與支持，政府、企業與社區均扮演著重要角色。

在強制退休規定方面，勞動基準法第五十四條規定：「勞工非有左列情形之一者，雇主不得強制其退休：一、年滿65歲者。二、心神喪失或身體殘廢不堪勝任工作者。」參酌國際目前的改革經驗，長期而言，朝向取消強制退休年齡，創造沒有年齡障礙與年齡歧視的就業環境（age-free employment），是高齡社會宜努力的方向。

在臺灣人口持續老化之際，世界各國業已積極扭轉提早退休，並推動延後退休與提高勞動參與。人口老化已是臺灣不可迴避的問題，如何使得人口老化可以成為國家發展的資源、經濟發展的助力、社會發展的契機，有賴於我們能及時掌握趨勢、進行必要、相關的準備與因應。所謂追求「活躍老化」與「有生產力的老化」（productive ageing）理想的實現意即：如果老化（ageing）是一個正面的經驗，則壽命的延長將意味著在健康、參與和安全三方面有更多的發展機會。國際世界衛生組織採用積極的老化此一概念來描繪上述願景的達成。WHO（2002）更將「活躍老化」定義為使健康、參與和安全達到最適化機會的過程，以便促進民眾老年時的生活品質。讓個人在生命歷程中發揮身體、

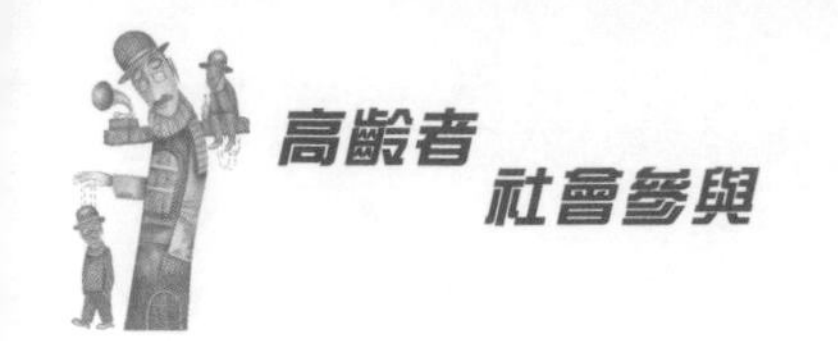

社會、心理的潛能；讓個人依照個人的需求、期待與能力參與社會；並在需要協助時，能獲得適當的保障、安全與照顧。

活躍老化強調鼓勵與平衡個人責任（自我照顧）、年齡友善環境、代間團結之間的重要性。期待老人家持續地參與社會、經濟、文化、靈性與公民事務，維持活躍，積極參與家庭、同儕、社區甚至國家的活動。先進國家亦正積極從政治、經濟、文化、社會與教育等層面，發展關懷老人的政策、制度與計畫。例如芬蘭訂定了「邁向二〇〇一年國家老化政策」（National Ageing Policy to 2001），澳大利亞則實施了「澳大利亞國家老化策略」（National Strategy for an Ageing Australia）。透過社會的參與、社會安全的保障，讓高齡者自主與獨立，當高齡者能繼續參與勞動，進而維持健康，以追求自我實現。

成功的老化是透過積極參與經濟與社會生活的生活型態，讓高齡者在社會可以扮演貢獻社會的角色，提供產品或服務的活動，無論是有酬或無酬。人口老化的來臨，成功的老化採取不同的典範（paradigm），對社會所帶來的將是契機（opportunities）、轉機（turning point）與人力資源（human resource）。成功老化所包含的內容與形式非常多元，至少包括就業、志工、照顧參與、健康促進、教育訓練的投入、社會與宗教活動的參與，這些不同類型的活動對於社會與經濟發展將產生直接與間接效益，直接將對於國家經濟發展有所貢獻，間接的也將減少國家的相關健康與福利支出；而對於個人將可獲得有形與無形報酬，包括個人的薪資與心中的滿足與生活品質。透過就業延長、退休延後、退休後依然活躍、並致力於維持健康與終生學習，才能讓高齡者透過不同型式的社會參與、提高生活品質、維持社會互動，促成個人自主、參與和尊嚴的落實；而社會也會因為熟齡者持續的勞動投入，增加稅收來源、並減輕國家年金與社

會福利支出，進而透過所得維持與健康促進，迎接銀色經濟的來臨，形成全體國民與社會永續發展的條件與機會。

結語

全球人口正快速的老化，已成為各國重視的議題，依據聯合國報告指出，西元二〇〇〇年全球老年人口已達6億人，占全部人口之10%，預估至二〇五〇年將增至20億人，老年人口比例將達21%，而未來五十年老年人口增加將近四倍，尤其是80歲以上老人增加的速度更快，則可能將近五倍。

人口老化影響到了就業人數、社會安全、社會福利、教育方式、稅收來源與健康照顧，而投資、消費與儲蓄的方式，亦需要重新做一調整。在已開發國家及開發中國家，因國家結構與情況的不同，在因應人口老化所引發諸項挑戰的做法與措施上亦應有所差異。整體而言，他們比先前的老年世代享有較佳的健康，他們的收入也使許多老人可享有休閒、運動、文藝、旅遊等活動。高齡化社會必須面對的主要機制是「成功老化」── 克服老年或人口老化的刻板印象，鼓勵老人更積極的貢獻社會。面對高齡化社會的發展，社會對於老人應抱持正面或積極的社會老化現象。我們不僅要瞭解高齡者的多樣性，也要認知到高齡者可持續扮演許多角色，並對社區與整體經濟做出貢獻。

問題與討論

1. 請說明人口老化的社會挑戰內涵。
2. 請說明高齡社會的發展機遇為何？
3. 請說明高齡參與的相應內涵為何？
4. 請說明高齡參與的社會對應措施為何？
5. 請說明如何達成高齡社會參與的目標？

第二篇

規劃篇

第3章　高齡者教育政策

壹、高齡者教育的意義

貳、高齡者教育的理論

參、高齡者教育的功能

肆、高齡者教育的目標

前言

隨著高齡人口占總人口數比例的增加及高齡化社會的來臨，老人的相關議題日益受到重視，而高齡者的教育逐漸受到重視，一九七二年聯合國「國際教育發展委員會」（The International Commission on the Development of Education），將終身教育視為未來教育改革的方向，達成學習社會的主要策略，以「協助個人的完全實現」（complete fulfillment of man）。先進國家援引該主張，美國於一九七六年訂頒「終身學習法」（Lifelong Learning Act）。日本一九九〇年也訂頒「終身學習振興法」。歐盟亦於一九九五年發表白皮書，名為「教與學：邁向學習社會」（Teaching and Leaming: Towards the Learning Society），並將一九九六年訂為歐洲的「終身學習年」（European Year of Lifelong Learning Society）。終身學習深受各先進國家的重視，並成為教育發展的主流，其目的是要建立一個終身學習的社會，高齡者教育在高齡者參與中已成為一個重要且必要的課題。

壹、高齡者教育的意義

隨著科技及醫學的發達，人類平均壽命逐漸延長，使得老年期幾乎占滿了個體生命全程的三分之一。高齡者隨著年齡的增加，因為老化而引起的生理、心理、社會等層面的變化，使得高齡者逐漸喪失健康、心智、社會地位，以及權力和經濟上的優

勢，使高齡者成為社會中的弱勢族群，高齡者教育是落實終身教育的理念，終身教育已成為當前先進國家教育發展的主流，各項教育改革措施，均以建立學習社會為基本方向。高齡者教育的意義如表3-1所示。

伯哲溫（Bergevin, 1967）指出，學習的需求應包括以下三類：

表3-1　高齡者教育的意義

意　義	內　涵
回應人口結構的現象	在高齡化社會中提供高齡者教育，可以使逐漸高升的高齡人口有教育及學習的機會，使其可以適應變遷急速的社會，並學會解決自己的生活問題。
拓展生命餘年的視野	依據臺灣的平均餘年水準，65歲的高齡者約有十五年的餘命，故提供高齡者教育可以使高齡者不斷地發展自我、擴展視野，瞭解社會並具有適應變遷、與時俱進之能力；透過學習，有助於老人重新確認個體生命的意義與價值，並對高齡期的生涯發展有重大幫助、有助於高齡者完成在成年晚期應有的發展任務。
提高國家整體生產力	老年人口對我國的生產力有重大的影響，而高齡者已成爲社會負擔的現象，因此提供高齡者教育，經由學習的過程使高齡者學習各種不同的技巧，使其創造及發展事業第二春，並提升高齡者再度參與社會的能力，並開發高齡者的人力資源，藉此提升高齡者在社會上的生產力及重要性。
提升高齡者生活能力	長久以來，教育的投資和最主要的對象是兒童及青少年，學習著眼於年輕人，高齡者教育反而被忽略，使得高齡人口，不但缺乏教育及學習機會，更使其必要性被忽視。

（資料來源：作者整理。）

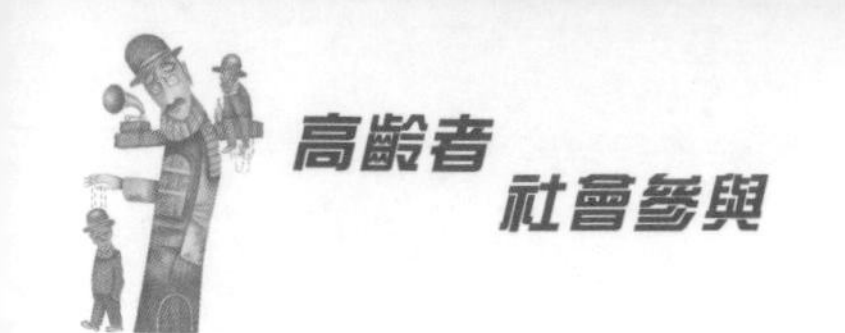

1. 表徵的教育需求（symptomatic needs）：個人認為是天生、真正的需求，實則可能代表其他意義的事物。
2. 感受的教育需求（felt educational needs）：個人認為必要的需求，且對個人教育發展所必須的需求，但可能為真或假。
3. 真正的教育需求（real educationalneeds）：學習者真正欠缺的，且能自學習經驗中獲得者。

終身教育的理念，在聯合國教科文組織（UNESCO）的大力倡導之下廣為流行，不但對先進國家的教育產生衝擊，而且對我國的教育發展也有深遠的影響。爰此，教育部乃採取計畫性、整體性及全面性的作為來推動終身教育，並於民國八十六年訂定「推展終身教育，建立學習社會」的計畫，其主要目標，在於培育全人，並支持各種終身學習活動，使社會形成學習社會，學習成為日常生活重要的一部分；學校除提供日間部學生學習，也應於夜間、週末、週日提供成人參與學習的機會。社會教育機構亦應充分辦理研習、講座、參觀、展覽等活動，提供全民參與。開拓各種就學機會，改進高等教育學府及中等學校入學條件，採取彈性多元方式入學。依據終身學習理念，學校教育目標應調整為培養學生自我學習的能力，具備發現及解決問題的能力。建構橫向流動及轉換的管道，突破目前封閉的體系，加強互通協調，以提供全民參與學習，並促進個人成長、社會和諧及國家發展。爰將政策目標，臚陳如表3-2。

高齡者教育應該讓高齡者學習如何解決老化的問題，透過學習，老人得以從中不斷獲得知識成長的喜悅；透過學習，老人更得以重新確立個體生命的認同與尊重；透過學習，有助於高齡者重新確認個體生命的意義與價值；並對高齡期的生涯發展有重大幫助、有助於高齡者完成在成年晚期應有的發展任務，提升其規

表3-2　我國終身教育政策

策　略	內　涵
培養終身學習理念	國民具有終身學習理念，是建立學習社會的關鍵。因此應從小培養國人具有終身學習的理念，養成參與學習的習慣，使學習與生活相結合。
增進終身學習機會	由政府結合民間力量，將各種教育資源作妥善應用，提供多樣化及多管道的學習機會。
配合改革學校教育	應調整課程內容及形式，與當地社區作充分交流，才能使教育更活潑，更有創意，以培養有致用能力的學生。
建立回流教育制度	規劃以工作年資及工作成就代替入學考試的方式，提供在職人員回校再參與學習的機會。
建立終身教育體系	統整正規、非正規、非正式教育，形成有機的教育體制。將正規的學校教育、非正規的各種有組織的教育活動，以及非正式的在日常生活所獲得的知能加以統整。

（資料來源：作者整理。）

劃晚年生涯及生活的能力，使高齡者不至於與社會脫節，並可以適應變遷的社會。

貳、高齡者教育的理論

終生學習已蔚為當前世界的一項重要教育潮流。當終生學習已成為個人生活中的一項重要經歷，高齡者的教育需求自應受到重視與保障；當繼續學習已成為個人生涯中不可或缺的一項重要資產，高齡者教育的制度及措施，更應完善的規劃與推展。民國八十五年「教育改革總諮議報告書」中具體建議以「推動終身教育，建立學習社會，落實學校教育改革」為主軸，提出教育改革建議，並倡議終生學習文化的建立，有賴全民的共同參與及努力。因此，建立學習社會有五大方向，包括終身教育理念的推廣、終身教育體系的統整、學校教育改革的配合、回流教育制的建立及行政措施的配合等。

終身學習的理念是當代教育改革的重點，隨著資訊化、科技化和知識化的時代演進，人類必須不斷地學習才能因應社會的變遷。終身學習強調學習不是一種前端結束的模式（front-end model），而是指人必須透過教育與學習的手段，終其一生的學習過程。這種學習過程當然也涵蓋了高齡者的學習。不少先進國家針對高齡社會的對策，其中之一就是要提供高齡者教育與學習的機會，以加強建構終身學習的體系，因應學習與社會參與的需求，創造全新的價值與社會風貌（楊國德，2006:34）。所以，高齡者唯有選擇再教育，朝向「終身學習」，才能滿足個人的成長需求，發展自我，實現自我。綜上所述，高齡者面對壽命不斷延長的事實，必須靠教育與學習的手段，來充實自我與實現自我。就未來人口結構的變化趨勢來看，透過高等教育機構辦理高齡者的回流教育的確有其必要性。

在高齡化的現代社會中，老人繼續學習被先進國家視為一項不可或缺的社會福利，透過學習，老人得以繼續適應迅速變遷的生活環境，論述高齡者教育理論時需瞭解高齡者的學習特性與內涵（如表3-3所示）（陳清美，民90）。

高齡教育是指65歲以上的人所進行有系統、持續的學習活動，其目的在促進知識、態度、價值和技巧上的改變。教學者應瞭解高齡學習者的特性。高齡學習者的特性包括：

1. 生理的特性：視覺、聽覺、肌肉的退化。
2. 心理的特性：自尊心強，但缺乏學習的信心；具自主與獨立的需求；注意力與記憶力退化。

表3-3　高齡者的學習特性與內涵

特　性	內　涵
具有較高自尊心	高齡者在參與學習活動時，常顯現出自尊心強，而學習信心低落的現象。主要原因是他們對自己的學習能力抱持懷疑的態度，當再度參加學習活動時，心理就會顯得有所負擔。
爲完成發展任務	個體在每一階段均有關鍵任務要完成，故高齡者的學習，常以完成發展任務爲其目的。而同儕的發展任務大致相同，當學習時同齡者一起學習，有助於發展任務的完成。
著眼於社會互動	高齡者的學習動機，主要在於認知興趣與社交關係。這種動機取向，與成人以職業爲取向的學習動機有相當大的不同。做決定時，有較多的考慮，對反應的要求，是準確度高於速度，故需反應的時間較長。
追求著人生價值	高齡者由於自尊心較強，故對學習活動的反應，要求正確、安全，沒有不良後果，因此對決定往往產生猶豫。此外，老年人由於年紀增加，已累積相當多的經驗，面對刺激時，往往有較多的選擇。
主動參與及學習	主動參與學習活動，是高齡者學習的重要學習特徵。高齡者的學習可藉由外在的激發，而且這種外在的動機驅力，在參與學習活動之後，可能會迅速減低，而形成中途輟學。對於高齡者主動、自發的學習行爲，宜以激發方式使其對學習內容產生興趣與熱情，才能獲致比較理想的效果。

（資料來源：作者整理。）

3. 社會的特性：角色改變及教育經驗。

接著，教學者宜採用多元化的教學策略，以符合高齡者異質化的特質。由於具備上述的特質，因此高齡者的學習經由學理與實務歸納，產生如下理論，其中哈維格斯特（R. J. Havighurst）的「發展任務論」、艾利克森（E. Erikson）的「社會發展論」屬於「發展任務階段說」；「生命週期理論」、「活動理論」、「撤退理論」、「持續理論」則屬於「老化理論」。由理論模式我們可以很清楚地看到老年生活在身體與心理層面的改變，甚至於角色的改變，而這些改變也常會帶給高齡者許多衝擊，所以高齡者心理上的建設也就變得異常重要。其內涵列於表3-4。

表3-4　高齡者的學習型理論

理　論	內　涵
哈維格斯特的發展任務論	認爲每一年齡的人能適度的做好該年齡應該做的事，以完成發展任務，而老年應有的社會任務爲： 1. 能夠調適逐漸老化的身體和健康。 2. 能夠適應退休和減少收入的生活。 3. 能夠適應喪偶後的獨居自理生活。 4. 參與具有親和氛圍的高齡者團體。 5. 以彈性方式調適自己的社會角色。 6. 安排具身心健康社會參與的生活。
艾利克森的社會發展論	將個體的發展分爲八個連續的發展階段，後三個階段著重於成年期的發展，包括成年早期、成年中期與成年晚期。成年晚期的發展任務在於解決自我統整與悲觀絕望的心理社會危機，當成人進入生命發展的最後階段，應認爲他們的生活是統整與一致的，且必須接受自己的生活，並從中發覺意義。強調持續參與社會或學習活動，乃是晚年生活充滿活力的重要關鍵，因爲藉由這些活動的參與，能讓高齡者有連貫性與整體性的感覺。凸顯高齡者參與高齡者教育的意義與價值。
生命週期理論	高齡者教育是一種高齡化過程中所獲得的身心健康與社會活動的能力，以期老人在社會化有良好適應。生命週期理論中強調老化過程是人類生命中的一個階段，就如同青少年時期與壯年時期般，每個階段都只是一個必經的過程，老化是在完成生命的階段所顯現出來的生理機能變化。
活動理論	活動力對於老年人的影響是很大的，活動力大的老年人可以透過社會活動的參與而獲得較大的幸福感與滿足感，相對的身心上也會覺得較爲年輕化與健康，特別是社交活動與老年人所表現的活力，有很高的相關性。

（續）表3-4　高齡者的學習型理論

理　論	內　涵
撤退理論	人們步入老年階段，將會逐漸地退出過去的職業生涯，也會相對減少以往所參與的活動，此一重大轉變也意味著權威地位以及家庭重責大任的轉移，高齡者能在有生之年將終生的棒子交給年輕的一代，因此避免了老年人因永久的撤退──死亡，而影響到家庭甚至社會秩序的運作。老化的另一個社會目的是爲了維持家庭及社會秩序的運作，以期增加世代交替的機會。
持續理論	高齡者對於已經失去的社會角色，會想要以類似的角色型態去取代，持續地去維持與現行社會適應的模式。高齡者的生活及角色的確會改變，但是高齡者本身會企圖以替代的活動去穩定心理上的需求，以求得心靈上的肯定。

（資料來源：作者整理。）

高齡者教育的目的在擴增與應用有關高齡者以及教育領域既有的研究成果，以擴充老人的生活領域，提升高齡者生活品質。高齡教育是成人教育的一部分。老人的終生學習權是未來教育所面臨的一大挑戰。基於人類壽命的延長、良好的健康狀況及現代社會中老人較高的教育期望等因素，今後老人的繼續教育參與率勢必明顯增加。故對高齡者教育需求的迫切性，也需有所回應，進而提升高齡者學習的動機，並達成「不分年齡，人人共享社會」的實現。

參、高齡者教育的功能

教育是進入勞動市場或有給就業的一個重要管道，也是社會參與的一種重要形式。從社會凝聚力與公平正義的角度來看，終

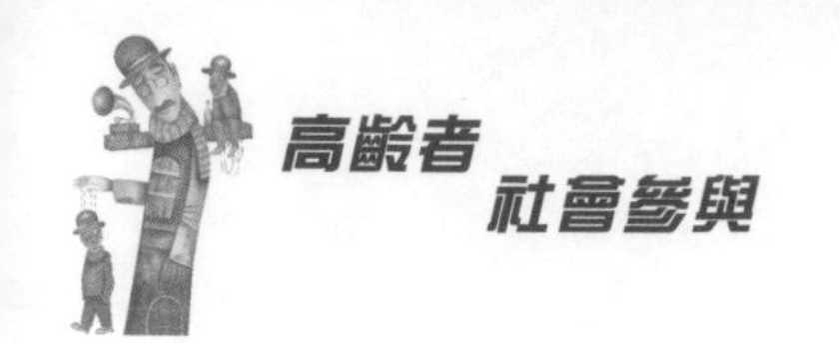

身學習具有重要的影響與意涵。一個經濟極化或貧富差距很大的社會，往往會帶來負面的影響而毀損社會基礎。終身學習將賦與個人權力以做出建設性的回應，也將有助於臺灣社會的自由與民主傳統。在最低限度上，老人的終身學習應包括幾個基本特徵：

1. 就時間、成本與地點而言，終身學習要有高水準的可近性。
2. 友善使用者，對於老年學習者應注意適當的速度。
3. 調整或調節，應注意教育組成要素間的互動與彼此的連結。
4. 終身學習是地方取向的，並認知優先順位的學習。
5. 關注特殊勞動市場需求與廣泛的個人和社會利益。
6. 強調終身學習取向、管道、方法與內容的多樣性和差異性。
7. 鼓勵與協助老人適當的使用新科技。

隨著出生率降低，人口壽命的延長，社會人口結構遽變，人口老化的現象成為人類進入二十一世紀後最大的挑戰之一。人口老化所帶來的影響是全面性的，從家庭、文化，乃至政治、經濟等各層面，無不受其影響。**表3-5**列出了摩迪（H. R. Moody）於1979年時將八○年代以前各國政府對於高齡教育所採取的政策傾向。

各國在面臨高齡社會來臨之際，重要的對策之一就是學習的提供。例如美國的高齡教育是由大專校院辦理社區學院，老人寄宿所活動，退休學習學會等。英國的第三年齡大學（U3A）及法國的托洛斯大學所開辦的第三年齡大學也是高齡教育的一種。一九九六年，德國的「聯邦教育、科學、研究與技術部」曾出版過《高齡者教育指南》（*Studienfuehrer fuer Senioren*），在發展高齡者教育的過程中，提供諮詢與服務等工作。另外，日本的高齡學習活動包括「高齡者教室」、「長壽學園」及「老人大學」，

表3-5 高齡教育類型

項 目	內 涵
排拒忽視型	這一類型的高齡教育缺乏理論支持，認爲老人已經喪失利用價值。
社會服務型	意在填補老人生活中的空白，使老人不致無所事事。
社會參與型	此類型焦點在老年生涯教育，旨在增進老人的社會參與能力，提供繼續教育。
自我實現型	教育的重點在於老人的心理成長、自我超越與自我統整，使老人對人生有自我的一番洞見。

（資料來源：作者整理。）

並於二○○一年訂頒「高齡社會對策大綱」，強調高齡者再學習的重要性。均顯示高齡教育在各國高齡社會中受到重視的情形。

近年來，終身教育的理念，在學者的倡導與推動之下，漸受政府與社會各界的重視。強調高齡教育是一種投資而非消費，教育可幫助老人瞭解社會變遷、預期變遷和應付變遷；亦可使老人瞭解其身心的變化過程，更可幫助老人學習扮演新角色的技能。

建立完善的高齡者教育體系，已是進步國家的共識與重要發展方向。建立終身學習社會是一項全面性及前瞻性的教育改革及社會改造工程，必須經過審慎規劃及相當具體推動策略，才能落實「人人學習，時時進步」的終身學習社會。經由終身教育的有效發展，來提升國家的競爭力，而國家競爭的動力，則來自於人力素質的不斷提高，這其中當然包括高齡者的教育。對於高齡者需要有一種新的社會承諾與保障，他們未來的人生期望，需要被滿足，同時需確保他們在變遷環境中獲得適宜的社會地位。

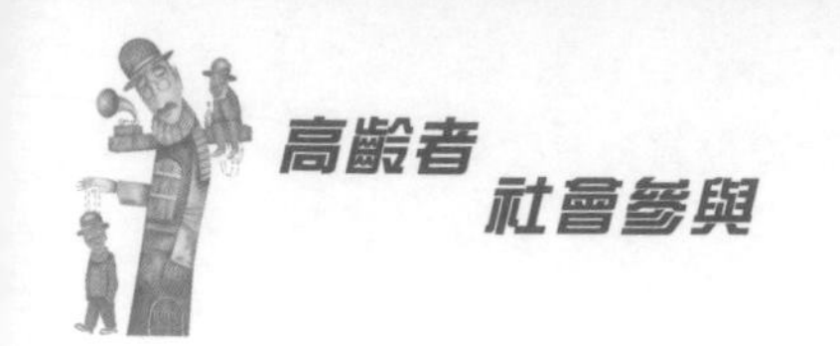

一、對老人個人方面

高齡教育的實施可以保護與改善老人的情境，有助於福利社會的實施。高齡教育的目的在擴增老人的生活領域，提升老人的生活品質。高齡教育課程可幫助老人學習如何學習、評估價值、克服成長的心理障礙，以發展成一個完整的個體，故對老人本身而言有以下之功能：

1. 學習新的知識，接受新的事物，強化個人適應社會生活之能力。
2. 啟發自身潛能，追求自我實現，安排休閒生活，獲得精神慰藉。
3. 幫助老人能瞭解健康照護及疾病預防知識，以維護老人的健康。
4. 發揮「退而不休」的精神，積極促成追求「老有所用」的境界。
5. 提升高齡者自我管理的能力，以營造一個「老有所尊」的人生。

二、對社區家庭方面

隨著醫學科技的發達，人們即使到了退休年齡，還是充滿健康與活力。在這種情形之下，高齡者如果太早退休，將影響整體的經濟發展，尤其是在少子高齡化的時代裡。因此，高齡人力資源的充分運用便顯得十分重要，而終身教育就是提升高齡者知能

的最佳方法。另外就生命週期而言，高齡者須藉由教育學習以參與生命發展的任務。由此可見，高齡者在高齡期的角色扮演與發展任務，甚至健康身心的培養都有賴教育的手段來達成。

高齡教育的目的在擴增老年人的知識與技能（如表3-6），以增進其應付問題與適應社會的能力，使老人接受社會變遷所賦予

表3-6　高齡教育的推動

項目	內涵
原則	1. 社會正義與公平原則。 2. 多元調適與增能原則。 3. 資源整合與分享原則。 4. 本土化與社區化原則。 5. 社會參與及自主原則。 6. 專業化原則。
目標	1. 倡導老人終身學習權益。 2. 促進老人的身心健康。 3. 維護老人的自主與尊嚴。 4. 鼓勵老人社會參與。 5. 強化老人的家庭人際關係。 6. 營造世代間相融合的社會。 7. 提升高齡教育人員之專業素養。
策略	1. 建構老人終身學習體系。 2. 創新高齡教育方式，提供多元學習內容。 3. 強化弱勢老人教育機會。 4. 促進老人人力再提升與再運用。 5. 以家庭共學的策略，協助老人重新適應老年期的家庭生活。 6. 於正規教育中融入成功老化的觀念。 7. 以社會教育辦理世代教育及交流活動。 8. 增設高齡教育學習場所，建立社區學習據點。 9. 提升高齡教育人員之專業素養。 10. 建置高齡教育資訊網站。 11. 建立高齡教育評鑑及獎勵機制。

（資料來源：作者整理。）

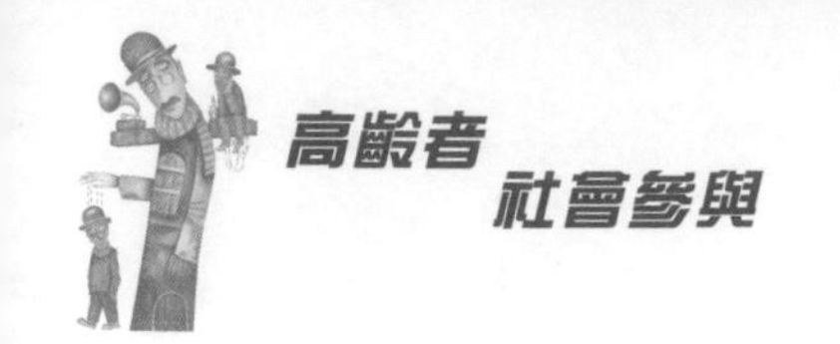

的社會角色，因此老人學習對於社區及家庭可形成以下正面的影響：

1. 經由老人在學習過程中，加強與家庭成員間之接觸，以減少「代溝」，增進家庭和樂關係。
2. 經由老人的學習成效，協助老人再就業或創業自力更生，減少社區和家庭對老人的經濟負擔。

三、對社會發展方面

高齡社會的來臨是時勢所趨，高齡學習者繼續接受教育也是必然的趨勢。再教育能幫助高齡學習者瞭解自身的變化及角色的扮演，進而適應社會的變遷。生命的長度不重要，重要的是生命的本質，對抗衰老最好的方法，就是不僅要擁有參與活動的想法，還要積極地去身體力行，高等校院責無旁貸地須負起教育的責任。高等院校辦理高齡者的回流教育，不僅能增加生源，解決招生不足的窘境，也能幫助高齡者發展生命任務，促進成功老化。高齡者參與回流教育，對個人、家庭、國家、社會都有其正面功能，不僅能統整生命，促進人力資源的再開發與利用，也能貢獻心力，服務他人，促進社會的進步。

在邁向現代化社會之際，教育工作日益受到社會的關注與影響。現代民主思想，從承認個人的價值與尊嚴出發，肯定教育為一種基本人權；務使個人德、智、體、群、美各方面均獲得充分發展的機會。而邁向自由多元的社會，老人並非是教育的受益者也是貢獻者，透過教育增進老人適應及解決問題的能力，避免適應不良的情況，對其家庭、親友或社會都可以減輕不少負擔，故推動高齡者教育對於社會發展呈現多項的功能：第一，高齡者教

育可使得人力資源再開發，達到「人盡其才」之目標；第二，高齡者在高齡化社會發展中是不可忽視的一股力量，可藉由高齡者教育提升國家生產力。

二十一世紀科技的蓬勃發展，導致現代人心靈趨於標準化與刻板化，因此更須培養具備人文素養、社會關懷、有品德、有品質、有品味的國民，並加強人文精神的陶冶、推廣藝文活動、增進人性尊嚴、倡導高尚休閒文化，尤應促進人文建設與科技平衡發展，注重人文關懷，培養通識人才，提升文化素養，培養國民具有適應時代社會生活的態度、價值及行為模式，增強國民的實際參與和適應變遷的能力。此外，重視生活教育，培養國民重視社會倫理，富有公德心，養成勤儉樸素，朝氣蓬勃的生活，方能建設一個富而好禮的社會。

肆、高齡者教育的目標

自一九七〇年終身教育思潮興起，指出教育活動是終身的歷程，個人在人生每一個階段都需要學習。此種教育思想改變了傳統教育的觀念，也促成學校教育的轉型。尤其將學校轉型為社區學習中心，學習社會的理念才能實現。在學習機會的提供上，亟需各類型民間組織的加入。由於民間組織數量龐大，散布於社會各角落，其形態各異，可提供各種學習活動，極具彈性，使能符合學習社會多樣化學習活動的需求。

哈佛大學波特（M. Porter）教授在《國家競爭優勢》（*The Competitive Advantage of Nations*）書中指出，在全球競爭激烈的世界，傳統的天然資源與資本不再是經濟優勢的主要因素，新知

識的創造與運用更為重要。為因應新社會的來臨，開拓新世紀的願景，世界先進國家均朝向學習社會而努力。我國的教育發展，隨著政治民主，經濟成長及社會進步，趨向多元化。高齡者要達到成功老化的境界，必須具備健康、經濟、家庭、社交、學習和適應等六個層面的能力。在學習方面，高齡者須有學習的意願，抱持活到老學到老的精神，才能促進成功老化。為達成前述的政策目標，終身學習的教育體制強調正規、非正規、非正式教育的結合，從事高齡者教育的專門人才應接受正式的教育與訓練，增加其專業素養，提升教育服務的品質。重視各級教育管道的銜接與貫通，並注意不同教育形態間的平行轉換。為達此目的，學校內外的教育體制要相互承認學習成就，尤其是學校外的學習活動成就，在經過一定程序的審定後，要給予承認，如此方能統合學校內外教育體制的有效機制。而合齡的學習可增進兩代彼此的瞭解並可促進兩者之間感情的交流與知識經驗的分享。故高齡者教育應針對其教學目的採取不同的方式。我國終身學習社會的發展方向如表3-7所示。

在社會急遽變遷中，如知識快速暴增，科技日新月異，加上人民生活富裕，休閒時間增多，接受教育的需求與日俱增。尤其為提升國家競爭力，教育當局更應積極提供終身教育機會，促進國民教育水準普遍提高，增進生活及職業技能，誠為當前教育發展的重要課題。民國六十九年十月修正公布的「社會教育法」，特別強調「以實施全民教育及終身教育為宗旨」。民國七十七年二月教育部召開第六次全國教育會議，會中討論通過「社會教育發展計畫」，其中將「建立成人教育體系，達成全民教育及終身教育目標」，列為重要教育施政計畫項目之一。民國八十三年六月教育部又召開第七次全國教育會議，特別提出今後臺灣地區的教育，將以推展終身教育作為教育發展的願景。民國八十四年二

表3-7　終身學習社會的發展方向

項　目	內　涵
鼓勵追求新知	在資訊社會中不斷的充實知識、追求新知，已成爲個人生活方式，也是個人生存的條件。這是個人學習的原動力，也是建立學習社會的基礎。
落實社區教育	社區教育可使居民有認同歸屬感，高齡者的參與可減少社會問題、增進社會和諧；而老人的主要活動場所爲社區，故社區高齡教育實施的基礎可運用社區發展的組織理念，以社區爲範疇，運用社區廣泛資源，結合社區的人力、物力資源，組織社區老人，並推動社區老人教育，提升老人服務社區的能力，推展社區組織與教育功能，建構學習型社區，發揮其合作、自主精神，促進老人與社區共同成長與發展。
促進多元學習	爲了因應高齡者的不同學習需求，課程規劃者應結合多元生活化的課程，符合老人的需求，並採用多元化的教學方式，例如小組討論、分組座談，及個別化教學，以促進高齡者參與學習。
整合教育資源	由於邁入高齡化社會，故高齡者教育是政府目前首要重視的課題之一，政府應規劃完整之高齡者教育並擴大結合社會資源，提供高齡者多元化之學習管道，並採取學費優待或免費方式，激發鼓舞缺乏學習動機或缺乏學習能力的高齡者參與學習。
開發人力資源	高齡者具有豐富的經驗，故應整合高齡者、政府與企業界的合作夥伴關係，以及年輕人與年長者雙向互動的學習夥伴關係，利用高齡者學習經驗的薪火相傳功能，傳遞知識與技能，另一方面結合企業合作夥伴關係，擴充對高齡者的訓練及技能的發展。
妥善教育規劃	高齡者偏好分齡的教學活動，因爲分齡的學習較不具威脅性，可促進班級良好的學習氣氛；因此，在課程設計上採分齡及合齡的方式。根據老年人的學習能力與程度分級開班，可避免老年人因爲缺乏自信，害怕面臨失敗、挫折或覺得跟不上他人而放棄學習。

（續）表3-7　終身學習社會的發展方向

項　目	內　涵
培養前瞻知能	在終身學習的社會中，每一個人都必須具備國際觀及地球村知能。因應地球村及國際化的來臨，除了注重本土化之外，國際化亦是未來發展趨勢。因此，加強外語學習，透過實地考察、參觀或旅遊學習等途徑，才能擔負二十一世紀新主人的責任。
資訊科技運用	由發展趨勢可見電腦網路與學習科技是輔助學習活動的利器，年長者可以由此拓展更多學習空間，加上現今科技快速變遷的資訊社會，大部分的資訊藉由電腦網路、電視電子媒體傳輸，故應提升高齡者的資訊素養，使高齡者在家可隨時隨地獲得各種多元的資訊。

（資料來源：作者整理。）

月教育部首次提出「中華民國教育報告書——邁向二十一世紀的教育遠景」，其中於第七章「社會教育的主要課題及發展策略」列有：「規劃生涯學習體系，建立終身學習社會」，頗具前瞻性。

結語

高齡者參與教育的需求隨著高齡社會的來臨與日俱增。高齡者參與教育活動，能使其角色與責任重新定位，賦予新的意義，也能促進其成功老化。終身教育強調以其一生為目標，以達成自我實現的目的，其特點是每個人都有權利在其一生中獲得一定時間的全時正規教育，但是不必然在成年前就接受所有的教育。學校提供人生各階段的教育，且人人有權利參與教育。這種理念使高齡者的教育在高齡社會中更顯迫切。

國家現代化是已開發國家建設的必然趨勢，提高國民生活素質，培養現代化的國民，則是促進國家現代化的重要課題。而推動終身教育，建立學習社會，也是政府教育發展的重要政策方向。因此，教育機構宜以主動、積極、創新的精神，進行前瞻性、整體性與可行性的規劃，以洞察社會的需求，培育具有現代化高品質的人力資源，以邁向現代化社會。

問題與討論

1. 請說明高齡者教育的意義。
2. 請說明高齡者教育的理論內涵。
3. 請說明高齡者教育的功能。
4. 請說明高齡者教育的目標。
5. 請說明高齡者教育的趨勢。

第4章　我國高齡就業政策

壹、政策規劃背景

貳、政策規劃依據

參、規劃國際借鑑

肆、政策推動內涵

前言

根據推估，至二〇五〇年，臺灣65歲以上人口比例將高達36.7%，僅次於義大利、日本，並超過世界平均值15%，也將超過韓國、美國、英國等國家。促使多數國家積極因應生育率的持續下降、平均壽命的延長等因素，所帶來人口的結構變遷與衝擊。人口平均壽命的延長，一方面代表人類在醫療科技與社會的發展與進步，但另一方面，也帶來醫療、長期照護、退休年金的國家財政負擔。勞動參與下降與提早退休趨勢的發展，對一部分的人可能代表著生涯規劃的選擇與成就，對於那些非自願性被迫退出勞動市場的工作者而言，對其個人而言不僅是就業所得的中斷，透過就業所形成的社會參與關係也將因此斷裂，就業的基本人權也無法確保，不論是自願與非自願的提早退休，對國家、社會整體而言，都將可能形成人力資源的損失、年金財務的壓力、社會參與的不足，以及世代關係的不正義。

對整體國家與人民而言，讓身體健康硬朗的熟齡者提升勞動力素質，進而提高生產力，再結合有競爭力的經濟發展政策，以及確保就業機會與工作品質的就業政策，才能有助於技術傳承、健康促進、社會參與，進而創造民眾的社會團結感，提升個人與社會品質，並讓民眾能感到真正的幸福、安全、公平、滿意與富足。

壹、政策規劃背景

高齡社會不只是老年人的問題，更是不同世代、整體社會需要共同面對的問題與挑戰。今日我們未能提高熟齡者的勞動參與、延後退休年齡，未來這些負擔將落在目前年輕世代或壯年世代，而且不同政策領域之間將會實際互相影響；就業政策需要國家的子女與老人照顧政策等完善的配套措施推動，才有可能更順利推展。因為年輕世代如因為照顧子女的成本過高，無法負荷，國家就很難提高生育率，也很難降低年輕女性因結婚生育離開職場的比例；婦女二度就業的支持性措施不足與國家照顧服務不足，也將很難提高有就業意願的女性勞動者參與。

經濟合作暨發展組織（OECD）在過去曾經倡議改革公共年金與退休制度，以因應高齡社會的來臨，但後來發現這些並無法延緩退休及因應勞動力不足的問題。有關熟齡勞動者的薪資設定、年齡歧視、負面態度及如何提高熟齡者的技能、改善工作條件及活化熟齡者的就業意願等都有待努力。國際勞工組織（ILO）對於高齡勞工的關注，可歸納如表4-1所示。

二○○一年春天，OECD中的「就業、勞動及社會事務委員會」（Employment、Labour and Social Affairs Committee, ELSAC）決定從供給面與需求面來彙整各國改善熟齡者就業的政策與具體措施，提出隨著平均壽命的延長，各國有必要處理老年貧窮的問題，並鼓勵更長的工作生涯，以減少跨代間資源競爭的衝突。同年十月在比利時召開有關熟齡社會與就業的高峰論壇，會中也再次強調，當人們的平均餘命持續延長之際，工作年齡也有必要延長（living longer must mean working longer），否則熟齡

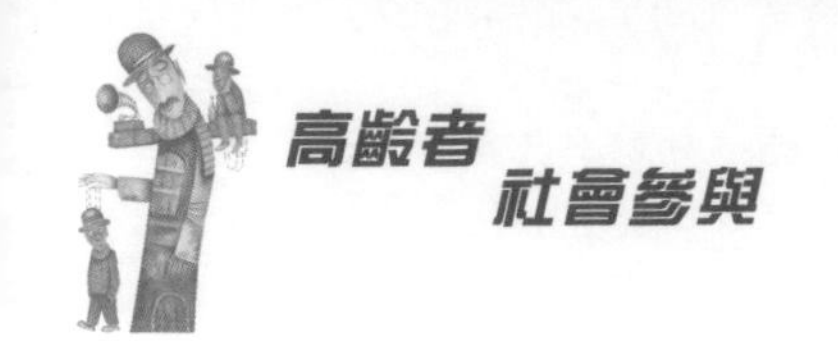

表4-1　國際勞工組織（ILO）對於高齡勞工的主張

類　目	內　涵
階　段	1. 一九三〇年代，在當時即要求各會員國必須提供失能、老人及遺囑保險。 2. 一九六〇年代，特別重視高齡勞工的訓練與安置計畫。 3. 一九七〇年代，由於各國採行自動化與各項科技發展，國際勞工組織開始特別重視保障高齡勞工的就業權。 4. 一九八〇年第六十六屆國際勞工會議，訂頒第162號有關高齡勞工公約。
目　標	1. 保障勞工不因年齡的差異而經歷不平等待遇；對於高齡勞工的就業歧視，更要加以防止，包括取得職訓與就業資訊。 2. 根據個人的技能、經驗與資歷，取得合適的工作機會。 3. 取得訓練與再訓練的機會。 4. 提供就業安全。另外，也要保障不同年齡層都有一個合宜的工作環境，對於熟齡勞工也能使其在一個合適的工作條件下，得以繼續工作。
建　議	1. 從工作到退休宜採用漸進的方式。 2. 退休宜採用自願的原則。 3. 年金領取年齡宜符合彈性的原則。

（資料來源：作者整理。）

社會所帶來的國家公共支出，將成為沈重的負擔。為了避免高齡社會所帶來的不良社會後果，OECD積極提倡友善年齡的就業政策（Age-Friendly Employment Policies），希望能透過有效的政策與方案，促成熟齡者就業，減輕高齡社會對國家經濟及財政的衝擊，也能使熟齡者的人力資源達到有效的發揮。其中有多個領域特別受到重視：

1. 政府必須確保年金或其他相關的退休給付，能「鼓勵」而非「排斥」熟齡者繼續就業。
2. 政府也必須投入資源，協助熟齡退休者能找到新的工作。在雇主方面，必須避免年齡歧視，發展年齡多樣化的勞動力結

構（age-diverse workforce）。

3. 強制退休的年齡限制需要加以檢討，以使熟齡者能有更多的空間，選擇何時退休。
4. 高齡勞動者本身也要調適自己的工作態度，以延長自己的工作年齡，並繼續取得新的技能。

OECD（2001）曾針對二〇〇〇至二〇五〇年人口老化的相關財政支出推估進行研究，平均年經濟成長為1.9%，從二〇二〇年之後降為1.75%。在公共支出方面，有將近40%至60%的公共支出與年齡結構有關。其中老人年金的支出至二〇五〇年平均年成長3%至4%，有些國家甚至更高；醫療與長期照顧支出在二〇〇〇年平均為6%GDP（國內生產毛額），但在長期的推估值較難以確定，因為各國在醫療與長期照顧支出結構差異性較大。整體而言，與年齡相關的支出占了6%至7%GDP。且各國的就業率在整個推估模型中皆假設呈現成長，而就業率的成長與失業率的下降，將有助於刺激產出並降低年金支出，可減輕年齡相關財政支出的壓力。改革介入的時間點與是否有遲延，也將產生顯著差異。如果想透過提高就業參與減輕財政壓力，晚十年則要多投入四分之一努力（二〇一五年 vs. 二〇〇五年）；晚二十年則要多投入四分之三努力（二〇二五年 vs. 二〇〇五年），才能在二〇五〇年達到相同的財政支出目標，顯示及早因應，人口高齡化將比較具有成本效益。此外，延後退休與提高高齡者勞動參與將有助於減緩人口老化的負擔。延後退休、繼續就業，將增加產出、增加消費的來源；透過工作繳納的所得稅與相關社會保險費，可改善公共財政（OECD, 2002）。OECD估計在二〇〇〇至二〇五〇年間，如果熟齡勞動參與率可提高10%，則老年相關年金支出平均可降低0.6%GDP。但延後退休也有成本，因為熟齡勞工有可能必須再訓練，且工作環境也必須調整以滿足需求。因此發展合適的勞動市場與就業政策是必要的（OECD, 2002）。

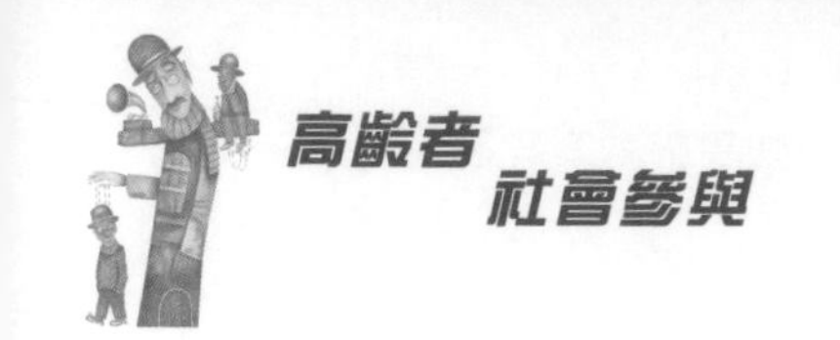

在歐洲處理熟齡者的具體核心原則，包括終生學習（life long learning）、就業延長（working longer）、延遲退休（retiring later）、退休後仍活躍（being active after retirement），並致力於維持健康（engaging in capacity enhancing and health sustaining）。如此，不只是熟齡者將擁有具品質的高齡生活；對社會整體而言，也因為持續有勞動力投入、較低的撫養比、並節省年金與健康支出，而形成熟齡者與社會整體雙贏的局面（win-win strategies for people of all ages）。

綜觀目前臺灣人口發展趨勢，與韓國接近，與二十年前的日本接近，但是日本與韓國已開始因應，並透過促進熟齡者就業的專法、跨部會的委員會，建立因應高齡社會的策略大綱與具體計畫；反觀臺灣，問題的影響程度並不亞於鄰近的韓國、日本，但臺灣的相關因應措施，卻是相當不足，零星的方案所能產生的功效有限，我們現在需要的是盡早體認此問題對於全社會、經濟所帶來的影響，並以整體、宏觀的視野來面對臺灣的人口老化與永續發展的議題；採取跨部會、全面性的行動，透過法制建立、行政體系改造，全力來推動各項短、中長期改革方案，才能讓我們這一代的發展不至於影響下一代的發展機會。

隨著臺灣高等教育擴張，就學年限延長，15至24歲勞動參與率從一九九六年的37.4%，降至二〇〇六年的31.5%；其中男性的下降比例又高於女性。而勞動者退休年齡的部分，根據主計處二〇一〇年受雇員工動向調查結果發現，依勞保老年給付資料顯示，平均給付年齡為58歲，在55至59歲領取勞保老年給付占了35%。公教人員退休年齡也創下歷史新紀錄，公務機關平均退休年齡為55.9歲，教育人員更早為54.9歲。臺灣退休年齡持續提前，明顯的與國際發展趨勢相違背。

貳、政策規劃依據

二〇〇六年，在臺灣經濟永續發展會議（以下簡稱「經續會」）中，針對長期性、結構性、爭議性的經濟施政課題，邀集各界，廣泛徵詢意見，凝聚更大的共識。會議強調著重在全球化、人口老化、長期通貨膨脹壓力與民主體制下，針對經濟治理的長期、結構性問題提出討論。並以社會安全體系完善建構、經濟長期競爭力提升、全球布局與兩岸經貿為三大討論方向，以宏觀的視野與歷史的深度著眼於臺灣未來五年、十年，甚至二十年的發展，為臺灣的永續經營積極的尋找利基的所在。

經續會與「高齡社會就業政策白皮書」高度相關的部分主要為社會安全組的積極性社會福利，以促進就業作為脫貧策略，以及產業人力組的人力運用，以提高勞動參與為目標。並且經過多次的全國分組會議到全體會議，達成數個與本政策白皮書相呼應的共識：包括社會安全組達成高齡社會因應策略之一，應「研擬促進高齡就業、延後退休年齡策略」及「為因應高齡社會所帶來的健康照護、社會照顧、經濟安全、就業、住宅、交通、休閒產業等服務需求，國家應進行各項研究，並將之轉化為政策制訂與服務提供之規劃」（經續會社會安全組報告，2006）。在產業人力組的報告中，提出從勞動法令鬆綁以促進就業、提升勞動參與率及提升勞動力素質為三大方向。首先在法令增修的部分，建議檢討非典型雇用與以法律明確界定派遣勞動勞雇三方義務；在提高勞動參與率的部分，達成以提升女性、青年、中高齡者就業率，作為補足臺灣當今勞動力缺口的優先措施；並結合村里中高

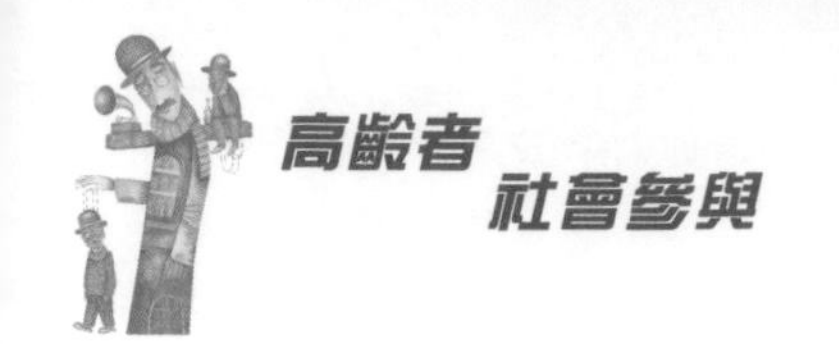

齡人力資源，推動社區化照顧制度等（經續會產業人力組報告，2006）。在內政部委託國立政治大學呂寶靜教授所完成的「我國人口政策白皮書之規劃與研究」（2007），亦提到其總目標之一為「促進中高齡就業與人力資源運用」。

在二〇〇四年十一月，經建會所召開「人口老化相關問題及因應策略」研討會，亦曾以「生育、養育及移入人口對人口結構之影響」、「人口結構變遷對於教育資源發展之影響」、「建構公平合理之社會安全網」、「人口老化與人力運用」為四大討論方向。在人口老化與人力運用方面達成充裕勞動供給、提升勞動力素質、促進中高齡人力運用等三個共識（經建會人口老化研討會總結報告，2004）。

在經建會新世紀二期人力發展方案（民國九十四年至九十七年），以「培育具創新與國際觀的優質人才」、「加強職業能力增進人力運用效率」、「健全就業安全制度、促進國民就業、協助弱勢族群」為願景；在民國九十七年達到勞動力參與率58.2%；從民國九十四年至九十七年就業增加率年平均為1.4%；從民國九十四年至一〇四年就業增加率年平均為1.2%；失業率調整為4.0%。

綜觀目前政府幾項重要施政依據與方案，可發現促進國民就業與提升勞動參與率（以婦女、青年與中高齡作為補足勞動力缺口的優先選擇）與促進中高齡人力運用與人力素質，進而達成延後退休目標，已是目前臺灣社會與政府施政的基本共識。對於各項高齡社會的需求（包含就業），國家應進行各項研究，並將之轉化為政策制訂與服務提供之規劃。

參、規劃國際借鑑

綜合國際發展趨勢與主要國家的推動做法，我們可發現亞洲國家如日本與韓國，在一九七〇年代即制訂完整的專法，推動熟齡勞工就業，透過立法明令政府、企業、民間團體與熟齡勞工個人的角色與任務。而美國主要在於確保勞動市場禁止年齡歧視，在一九六七年即通過「就業年齡歧視法」（Age Discrimination Employment Act, ADEA）；英國則是在近幾年提出完整白皮書，其禁止就業年齡歧視的法案亦在二〇〇六年通過。

相對來看，臺灣目前除就業服務法訂有年齡歧視之禁止規定外，尚未制訂促進熟齡勞工就業的專法。未來值得參考日本與韓國的經驗，制訂相關法律依據（如完整的基本法與熟齡者就業促進法），以利臺灣因應高齡社會就業政策的法律架構體系之建立。

國際社會近年來具體的努力目標，包括二〇〇〇年歐盟在里斯本所召開如何打造歐盟在二〇一〇年成為全球最具競爭力與活力的知識經濟體（即里斯本策略，Lisbon Strategy），以達成經濟的永續發展、好的工作機會提供、社會融合的促成等三大目標，並訂定行動方案以達到這些目標，包括在二〇一〇年，必須將勞動力參與率提高到70%；女性勞動參與率要提高到60%；55至64歲勞動力參與率也必須提高到55%（Herrero and Rose, 2004）。在二〇〇一年斯德歌爾摩歐盟會議（Stockholm European Council）制訂將在二〇一〇年將55至64歲勞動力參與率修正為50%以上的目標；二〇〇二年巴塞隆納歐盟會議（Barcelona European Council）

並訂出在二〇一〇年將平均退休年齡延後5歲的目標（Stockholm European Council 2001; Barcelona European Council, 2002）。

鄰近的日本，其因應高齡社會，體制與法令相對的完善許多。整個因應的政策願景主要包括三個方面：

1. 以自立互助的精神立足社會。
2. 公正有活力的社會。
3. 健康且充實的富足社會。

透過就業與所得、健康與福利、學習與社會參與、生活環境、調查研究，以及國民意見反應等六大基本推動策略方向，結合地方政府與團體（包括縣市政府、鄉鎮市公所、社區團體、學校）；民間團體（包括企業、非營利組織、公益法人團體）；而日本政府則必須負責高齡社會對策的整合推動，包括組織高齡社會對策的基本架構、高齡社會政策相關調查、高齡社會對策的宣傳與發佈、掌握高齡化的現況、取得並整理高齡化相關的國際資料、聯合高齡者相關團體。從一九九五年公布高齡社會對策基本法以來，日本政府從一九九七年起，每年都要依據高齡社會對策基本法對外公布高齡社會白皮書。在其推動體制方面，由內閣總理大臣下設高齡社會對策委員會，結合跨部會的資源，共同推動。日本少子化對策是近幾年才積極推動，在二〇〇三年通過少子化對策基本法，在二〇〇四年通過少子化對策大綱並公布其白皮書。因此目前在日本高齡社會對策與少子化對策有不同的推進體制，雖然兩者有高度關連。

日本熟齡者的勞動參與率在國際上屬於高勞動參與模式，而此亦與日本政府對於人口高齡化的問題，有即早與積極因應的精神與做法有關。一九七一年，當時日本65歲以上人口的比率達到

7%，日本政府即已訂定「熟齡者雇用安定等相關法律」、「熟齡者雇用安定法律施行規則」，提供完整法律架構作為推動依據，並確認政府、企業與民間團體的角色與責任；在一九七六年訂定「熟齡者雇用安定等相關法律施行令」。在二〇〇〇年訂定「熟齡者等職業安定策略基本方針」、二〇〇一年訂定「經濟急速變化下熟齡者在就職促進、雇用機會創造、雇用保險法等臨時的條例」。

而鄰近的南韓，與臺灣人口結構變遷趨勢相近，在二〇〇〇年進入高齡化社會，預計與臺灣一同在二〇二六年邁入超高齡社會。但南韓在國際評價上，與日本雷同，都能及早因應人口老化的準備，並獲得國際性的認可與口碑。例如韓國在一九九一年即推動制訂「熟齡者就業促進法」（the Aged Employment Promotion Act, OECD, 2004），提供完整架構，希望能讓熟齡勞工有更好的就業機會。並將政府、企業與民間團體的相關責任標示清楚。在這套完整的法律體系下，有提供熟齡者的薪資補貼、有針對較大型企業提供自願性定額雇用體系、有設置專門針對熟齡者的就業服務機構、有針對熟齡者所提供的訓練方案。

在二〇〇三年，韓國總統府設置「熟齡與未來社會委員會」，在二〇〇四年一月，提出因應生育率下降與人口老化的政策建議（OECD, 2004: 136），包括：

1. 人口與家庭方面：透過子女照顧、產假與育嬰假提高生育率。
2. 就業與人力資源方面：立法禁止年齡歧視；在韓國勞動研究所設置特別研究中心，檢視年資工資與績效等薪資系統；改善熟齡者的安全與衛生；允許熟齡者能從事臨時性的工作；提供訓練等。

3. 健康與福利：確保熟齡者能有一定收入，並建立以保險為基礎的長期照護體系。
4. 其他經濟與財務議題：發展銀髮產業；並加強年金財務的管理。

在二〇〇五年韓國政府制訂「低生育、高齡社會基本法」，通過「低生育、高齡社會基本計畫」（2006-2010），願景為「因應低生育、高齡社會到來，推動社會、經濟結構全盤改革，實現永續發展」。

二〇〇〇年英國前布萊爾首相上任不久之後，亦要求內閣針對人口老化所帶來的問題與解決方向提出報告，並出版《贏得世代關係勝利：改善50至65歲在工作與社區活動的發展機會》（*Winning the Generation Game: Improving Opportunities for People aged 50-65 in Work and Community Activity*, Cabinet House, 2000）；在二〇〇五年所出版的《高齡社會就業政策白皮書》（*Opportunity Age: Meeting the Challenge of Ageing in the 21st Century*），以自立、機會與選擇，作為三項核心基本原則，這些原則在不同生命週期的階段都應被確保，且反應在公共政策中。所以在二〇〇五年所公布高齡社會就業政策白皮書，明確指出因應高齡社會的策略從促進就業開始，而促進就業亦是英國政府因應人口高齡化的最重要支柱與策略（HM Government, 2005）。因為透過工作讓人可累積未來生活的資源。降低非勞動力與提高勞動參與，是彌補人口高齡化所帶來衝擊的最有效方法。在其所首次公布的熟齡社會因應策略書中，設定以下幾個具體努力目標，包括：

1. 將整體就業率提高至80%，包括100萬以上的熟齡勞工。

2. 推動就業上年齡平等之立法。
3. 持續推動年齡加分運動，以改變雇主態度。
4. 在年金改革上提供誘因，鼓勵持續工作。
5. 提供訓練或是生涯規劃、退休的充分資訊。
6. 對於照顧者提供新權利。
7. 提供持續學習的機會，讓熟齡者繼續工作。
8. 改革失能津貼，鼓勵返回勞動市場。
9. 協助失業者順利返回職場。

一九九五年美國白宮召開針對人口老化對公共政策與社會工作實務挑戰研討會，以自立、機會與尊嚴為三大努力方向，並同時著重世代關係調和。其中美國先前非常重要的改革為聯邦政府在一九六七年通過「就業年齡歧視法」，此法鼓勵就業時需依據能力而非年齡，另外禁止對於40至65歲勞工「武斷的年齡歧視」。立法目的是禁止針對40歲以上的就業歧視、訂立雇主提供退休金及福利的標準，以及提供大眾瞭解熟齡勞工的需求資訊。此法包含了廣泛禁止年齡歧視的各項規定，例如在求職廣告上對於年齡提出不合理的要求、不提供熟齡勞工津貼，以及不得參加各項訓練方案等；在此法案之下，不允許各種因為年齡產生的歧視，例如在雇用、解雇、升遷、福利、工作調度及訓練各方面。此法適用於20人以上的機構，包括州政府及地方政府，當然也適用於就業服務機構、勞工組織及聯邦政府。ADEA法案在一九七八及一九八六年曾修正過，前者將保護的年齡提升至70歲，因此減低了強制退休的壓迫；後者則廢止強制退休的規定，這個法令的確有效地留住了60歲以上欲退休者，並且對於年齡歧視的狀況有所改善。

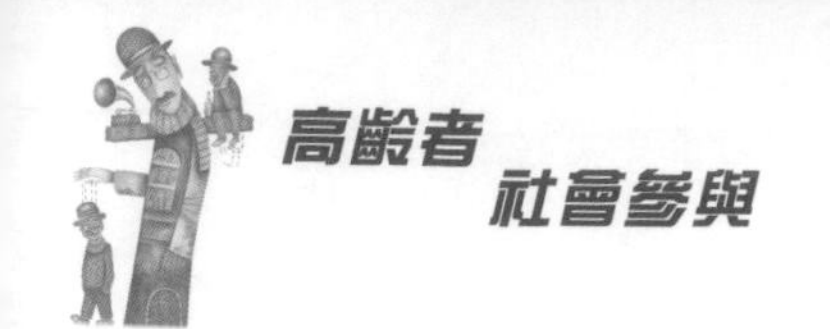

肆、政策推動內涵

如何達成願景與目標，我國高齡人口就業政策分為五項重點策略與十二項重點計畫之內涵。

五項重點策略內涵如表4-2所示：

表4-2　我國高齡人口就業政策

策　略	內　涵
政府法令行政規範	推動與建置更好的法令、行政與規範體系。
制度環境改革策略	改革與創造更好的退休、年金與友善年齡的制度環境。
勞動需求滿足策略	檢討與創造更好的誘因機制，透過職務再設計，協助雇主雇用，並提供安全健康的工作環境。
政府民間合作策略	改革與創造更好的就業服務、職業訓練與就業機會。
勞工生活需求策略	檢討與創造更多元的服務與資訊管道及推動生涯與退休準備教育。

（資料來源：作者整理。）

十二項重點計畫分別詳述如下。

計畫一：訂定相關法令以提供推動依據

高齡社會就業政策的推動，實質上涉及國家、事業單位與就業者三方權利與義務的調和，因此有必要讓全民對於高齡社會對人類的生活與需求所可能產生的衝擊，有全面性的瞭解與凝聚全民共識，進而透過相對應的基本法與策略大綱，結合促進熟齡者

就業的專法，與跨部會委員會及結合產、官、學、勞、資、政等社會對話機制與委員會形成，才易達成完善有效的對應策略。

計畫二：調整行政與管考體系，落實政策與法令

以行政體系而言，我們可發現國際趨勢多在內閣或總統府下設置跨部會委員會或是正式組織，整合性的全面推動。以日本而言，每年由內閣總理大臣召集各部會閣員參與，目前已連續召開十五年。而南韓政府在二〇〇五年又進一步制訂「低生育、高齡社會基本法」，及「低生育、高齡社會委員會」，以總統為委員會主席；另在保健福祉部設置「低生育、高齡社會政策本部」，作為政策推動機關。最後，任何好的計畫推動，都需有好的規範執行機制，隨環境變遷進行適度調整，以更加趨近目標的落實。

計畫三：檢討現有退休制度，提供工作誘因與漸進退休依據

目前影響我國熟齡者就業的障礙，主要為相關的退休制度、年金制度與年齡歧視的社會環境。在二〇〇六年七月所舉辦的經濟永續發展會議社會安全組達成「研擬促進熟齡就業與延後退休年齡策略；修正現行相關退休制度，提高退休年齡下限之規定」會議結論；在產業人力組達成「提升女性、青年、中高齡者就業率，作為補足臺灣當今勞動力缺口的優先措施；修正現行相關退休制度，提高退休年齡下限之規定」。

在強制退休規定方面，勞動基準法第五十四條規定：「勞工非有左列情形之一者，雇主不得強制其退休：一、年滿65歲者。

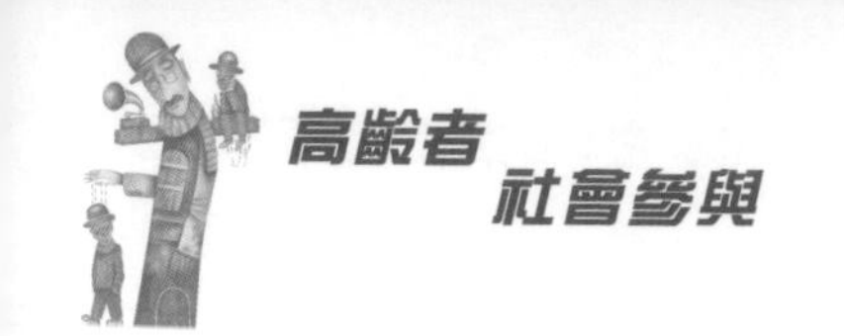

二、心神喪失或身體殘廢不堪勝任工作者。」參酌國際目前的改革經驗，長期而言，朝向取消強制退休年齡，創造沒有年齡障礙與年齡歧視的就業環境（age-free employment），仍是值得努力的方向。

如進一步比較公務人員強制退休規定，將發現與民間事業單位之間有5歲之差異。根據公務人員退休法第五條規定：「公務人員任職滿五年以上，年滿65歲者，應予屆齡退休。」根據以上規定，我們可發現公部門強制退休年齡為為65歲，並有法律明文規定得延長五年；但私部門比公部門早了5歲，也沒有在65歲之後經過許可仍可繼續工作至70歲的機會。對於不論是民間或公部門提早退休的人力，如果是健康且有再就業意願者，政府應提供相關的協助方案，以利人力資源的運用。

計畫四：檢討現有年金制度，協助就業並促成社會公平

依照現有勞保的規定，我們可發現二〇〇四年勞保老年給付平均年齡為58.9歲，比60歲強制加保上限還早。因此目前勞工保險條例的修正案中，已將強制加保年齡從60歲提高到65歲。另外配合勞保老年給付年金化的推動，亦將請領年金的年齡自修正施行第五年起提高1歲，以後每二年提高1歲至65歲。並讓老年年金未訂有上限，也就是工作期間加保年資均得併入計算。且為了鼓勵勞工延後退休，針對已符合老人年金而延後請領者，提供較佳的誘因鼓勵繼續工作，每延後一年，年金金額增給4%，最多增給20%。而平均月投保薪資的變革，年金給付及老年一次金給付平均月投保薪資之計算，按被保險人全部加保期間每月投保薪資予以調整後平均計算。依照全部加保期間來計算，對於推動漸進性退

休，有其進步的法律意義；對於鼓勵延後退休，也較不至於因為薪資可能降低而影響就業意願。

計畫五：檢討年齡歧視，創造友善的工作環境

年齡歧視是社會階層化的原因也是後果，各國對於年齡歧視皆已陸續展開比較積極的對應策略。臺灣目前對於就業上年齡歧視的法制明訂於就業服務法第5條，但依據該法規定，主要是針對雇主「招募」與「雇用」員工階段；在解雇部分，則在民國九十二年通過的「大量解僱勞工保護法」提及不得以年齡作為解雇勞工理由。

計畫六：檢討現有機制，將資源進行更有效的分配

在部分產業存在著迷思是，中高齡者、婦女、部分工時者，如以傳統業者的角度，會相對被認為是不理想的勞動力，因為其生產力下降、有家庭羈絆、工作不穩定。但是也陸續有不同的業者，對於熟齡者人力運用，採取正面的態度，尤其是對於專業提早退休的經理人員，會被認為是人力資源的浪費。因此，隨著人口老化趨勢，政府宜協助企業因應勞動力的變革，戰後嬰兒潮陸續退休，企業人力替代與技術傳承的需要，甚至是在企業組之內如何創造出混齡的組織形式（mixed age groups），讓年輕人與熟齡者在工作環境中可以藉由團隊，相互學習彼此成長。另外，事業單位重新雇用已退休者，亦是目前可見到的新的人力運用模式，因為相對於聘用新人，雇用已退休者對於事業單位相對熟悉，且雇用退休的勞動力，往往亦伴隨著部分比例薪資與工作時間的調降，這一方面可符合已退休者透過漸進的方式，達到完全

退休，使其從工作到退休的轉銜（work into retirement transition）可更加順暢與適應；另一方面事業單位可雇用到有經驗的勞動者。

也有技術程度要求很高的事業單位，如航空公司的地勤工作或是汽車產業，雇主以八成薪聘回已退休勞工，以利技術工作的推動或擔任顧問工作。

計畫七：協助職務再設計，提供健康、安全的工作環境

如何透過「職務再設計」的概念，在工作流程中改造成更適合熟齡者就業，亦是可努力的方向。日本豐田企業（Toyota Company）為了能讓更多的熟齡者與婦女可參與生產流程，結合生產工具的調整與機器化的應用，讓不論是熟齡者或是女性都能勝任傳統認為粗重的工作。

而業主因為進行職務再設計衍生的效益，政府宜給予獎勵，以鼓勵進行調整，並讓更多的業主以雇用熟齡者為榮。最後，透過「優良業主」的表彰與認證，一方面可分享雇用熟齡者的經驗與做法，另一方面亦可透過企業社會責任的落實，提升企業的社會形象。

計畫八：鼓勵就業服務，開發多元有效的媒合機制

我國於民國九十一年訂頒「就業保險法」，在就業安全的行政輸送著重於透過強化就業服務與職業訓練，降低民眾對於請領失業給付的依賴，落實積極性勞動市場政策的理念。而對於熟齡者所提供的服務，主要亦是依據就業服務法與就業保險法的規

定。而創業其實亦是就業的一種形式，對於創業的服務，主要是透過各項的創業協助，希望幫助想創業者能順利創業。

在就業服務方面，未來是否有可能朝向整合各項對於熟齡者的就業與創業服務，形成單一窗口的服務（one-stop service）；而民間團體如何增強其對於熟齡者的就業服務，亦值得提出相關合作與補助計畫，以形成好的公私夥伴關係（public private partnership），讓民眾享有更便利、更有效率的就業服務。包括亦可評估是否能結合相關民間團體，推動熟齡者人才運用中心，以加速人才媒合。

計畫九：提供職業訓練，提升工作能力

在職業訓練方面，宜注意熟齡者適合從事的工作類別，進行相對應的職業訓練，以促成訓用得以合一的目標。並考量不同地區、教育程度等差異，規劃適宜的職訓內容，才能讓民眾的參訓意願提高。另外，除了公共訓練外，如何透過企業訓練，維持甚至提升高齡者的技術與能力，將有助於改造雇主對於高齡者生產力下降的疑慮，並善用高齡者的智慧與經驗。因此，在日本不論在中央或是地方政府，對於維護與促進高齡者的職業與技術能力，無不積極推動，因為此一方面可避免高齡者發生不必要的職業災害，另一方面亦可提高事業單位雇用高齡者的意願。

計畫十：創造工作機會，以符合勞動者的需求

在就業機會的創造方面，如果整體就業機會無法增加，增加高齡者的就業機會，將有可能使其他群體的就業機會受到排擠。為了達成社會共存共榮的理想，就業機會的改造與重新適度分

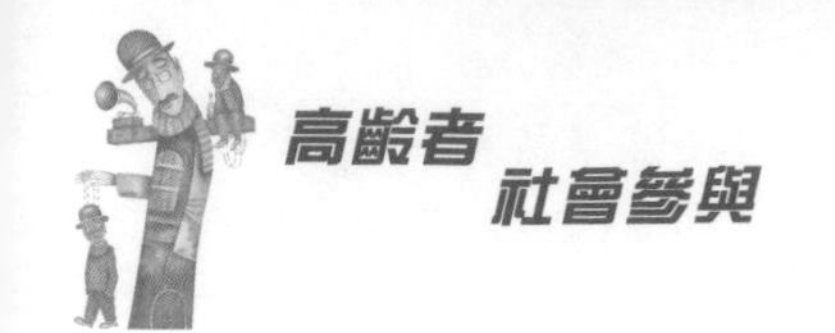

配，是可努力的方向。首先，對於既有的工作機會，可透過工作分享（job sharing）與短期職務替代（temporary job replacement）來增加就業機會。透過工作的切割，將一個工作拆成兩個，並同時提高每位勞動者的生產力，則一方面就業機會將能成長，二方面產業競爭力也將因此提升。目前政府在兩性工作平等法中有育嬰休假的設計，但事業單位如何補齊此項人力，亦有機會因此增加就業機會。當短期職務替代人力在職場進行體驗與服務，有可能事業單位在未來會增加對此替代人力的雇用。另外，對於既有工作機會，可透過重新區隔與分配，讓不同年齡層擔任其合適的工作類型。當然，工作機會的區隔仍宜透過社會對話、協調、討論後才加以實施，才能有更好的社會共識。

計畫十一：鼓勵民間團體參與並設置銀髮人才運用中心

老人對社會發展提供的貢獻，是在其自己家中及對社會的付出，乃是志願服務工作。如果不是老人的無給工作，至少某些照顧供給的成本就必須由社會支出。倘若不是老人志工擔負這些功能，政府也必須以某種方式來承擔。日本重視「銀髮人才中心」的設置主要是因為熟齡者人口的增加、年輕人口減少，導致整體勞動力減少，然社會保障費卻持續增加（包括年金、醫療費等）、長期照護勞動力需求也增加。而設置銀髮人才中心的目的，主要就是希望能活用高齡勞動力，並達到以下幾個目的：提供熟齡者就業機會、地區活性化、滿足地區生活需求、讓高齡者維持健康、提供長期照護勞動力等。而臺灣推動的「多元就業開發方案」，即是參酌該內涵的作為。

計畫十二：推動生涯規劃與退休準備之終生教育，並推廣志願服務

高齡者因為本身經濟、社會參與以及促進健康等因素，如有就業意願，政府應依據民眾的需求、期待，創造出合適的就業機會，以符合未來的生活型態與需求，同時也須設立便利的服務據點與資訊管道。高齡者的電腦能力，隨著數位時代的來臨，亦需同步增強，以減輕數位落差問題。而生涯的規劃與退休準備之教育，亦有待積極推廣。因為傳統單一、線性的生涯發展觀與生活型態，已陸續面臨衝擊，尊重多元的生活、工作與學習選擇，將是趨勢。最後，如有意願從事志願服務工作者，政府宜推動相關的協助措施，以鼓勵高齡者在職場完全退休後，或是在職中，即能貢獻自己的時間與心力，從事志願服務工作，貢獻自己於社會中。

人口老化不僅提供老人各種機會，也提供社會許多機會。我們必須凸顯人口老化所帶來的優點。老人積極的參與社區生活，並且挑戰傳統的老人與退休概念。然而，這種社區參與可能因為各種障礙而受到限制，例如老年歧視、負面看待老人的態度，以及難有取得或缺乏熟悉現代科技的機會。我們經常關注高齡化社會可能的財政負擔，並把老人描繪成體弱的、無助的與需要照顧和援助的。其實，多數老人會維持良好健康、持續參與社區活動，並期望能對其政策制定或策略發展表達自己的看法。為確保老人需求與期望能獲得滿足，讓他們有機會參與社區活動，向老人諮詢意見或讓他們參與決策過程並受到社區的重視，是有其必要的。

結語

對於社會而言，老人是一個多樣的團體，具有不同選擇、需求、生活風格與家庭情況。無論增進其成就或鼓勵其貢獻社區，均將有助於匡正社區看待老人的負面態度。重要的是：老人要有機會參與社區活動，包括有給職的工作，這不但可顯示其社會與經濟力量，也可貢獻他們的技能與經驗。

因應臺灣高齡社會來臨，建立高齡社會參與的是「有活力、能自主、有機會、可參與、得尊嚴」（active, independecne, opportunity, participation, diginity, ageing plus）的社會促成長者具備「活躍老化」與「有生產力的老化」的目標，以達成「社會參與、提高個人與社會品質、縮小貧富與城鄉差距、追求永續發展、落實世代正義」等五大社會面向願景。並促成社會參與、提高社會品質、縮小貧富與城鄉差距、追求永續發展、落實世代正義作為社會面向發展的目標。

問題與討論

1. 請說明高齡者就業政策規劃背景。
2. 請說明高齡者就業政策規劃依據。
3. 請說明高齡者就業規劃國際借鑑的內涵。
4. 請說明高齡者就業政策推動的內涵。
5. 請說明高齡者就業政策的趨勢。

第三篇

借鑑篇

第5章 高齡教育的國際借鑑

壹、歐盟的高齡教育

貳、英國的高齡教育

參、美國的高齡教育

肆、日本的高齡教育

伍、大陸的高齡教育

陸、韓國的高齡教育

柒、先進社會高齡教育的趨勢

捌、先進社會高齡教育的啓示

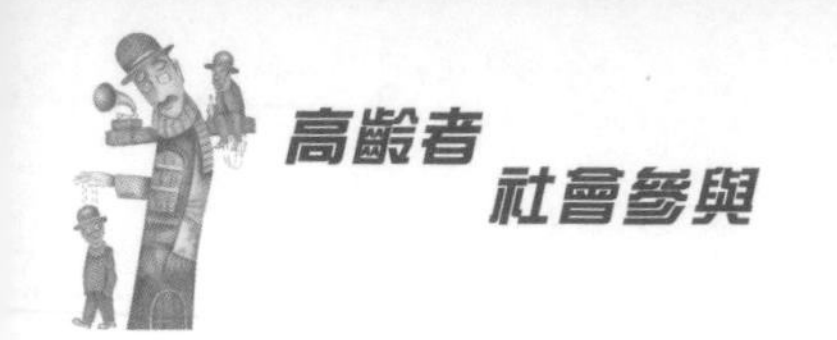

前言

我國社會，老年人口明顯呈現快速成長的現象，因此關懷老人、重視老人亦成為當前我國社會發展的重要目標之一。值此對老人的關懷與重視之際，宜響應此項運動加強高齡教育的辦理。終身學習已蔚為當前世界的一項重要教育潮流，高齡者的教育需求自應受到重視與保障；當繼續學習已成為個人生涯中不可或缺的一項重要資產，高齡者教育的制度及措施，更應完善的規劃與推展。

社會大眾對於「退休」的概念有新的認識，從以前的「退休—休息」（retraite-repos）概念演變到現今「退休—學習」（retraite-learn）的生活態度，促使高齡者的生活態度更積極、更有目標。老人在很多社會中，經常扮演著傳遞訊息、知識、傳統和精神價值的角色。這種重要傳統，仍應繼續存在於人類社會中；因此，有部分先進社會將老人接受教育視為一種基本人權。

我國於民國八十八年通過「教育基本法」，其重要精神在於全民學習的保障與提升。老人學習是全民學習權的一項內涵，高齡者教育的完善發展，亦成為教育改革的重要議題。

壹、歐盟的高齡教育

現代社會是終生學習的社會，在終生學習社會中，人人享有學習，高齡者有必要再參與教育，因為高齡教育能夠：

1. 提供高齡者生活必須的知能。
2. 提供高齡者必備的工作智能。
3. 培養高齡者具有志工服務的態度與素養。
4. 啟迪高齡者體驗生命的意義。

而發展高齡者教育，正是落實學習的一項重要內涵。

一、實施理念

終生學習的建立，有賴全民的共同參與及努力。老人是社會發展的貢獻者，他們將一生中大半的歲月，投注於個人事業與社會建設，當其邁入老年後，整個社會應制度化地規劃出完善的老人福利措施，使其能安養天年，營造一個圓滿的人生。

高齡者參與教育與學習活動，能使其角色與責任重新定位、肯定自我，賦予新的意義，也能促進其成功老化。高齡者學習課程內容的設計與規劃，不同於以工作為導向的繼續教育。高齡教育的提供者，必須試圖滿足高齡者的學習需求，以因應複雜社會的能力，並從活動的參與獲得自我滿足，從貢獻自己、扶助他人來肯定自我，經由政治活動或公共事務影響他人，達成統整與提升生命、尋求生命意義。

在高齡化的社會中，老人繼續學習已被先進國家視為一項不可或缺的社會福利，透過學習，老人得以繼續適應迅速變遷的生活環境；透過學習，老人得以從中不斷獲得知識成長的喜悅；透過學習，老人更得以重新確立個體生命的認同與尊重。

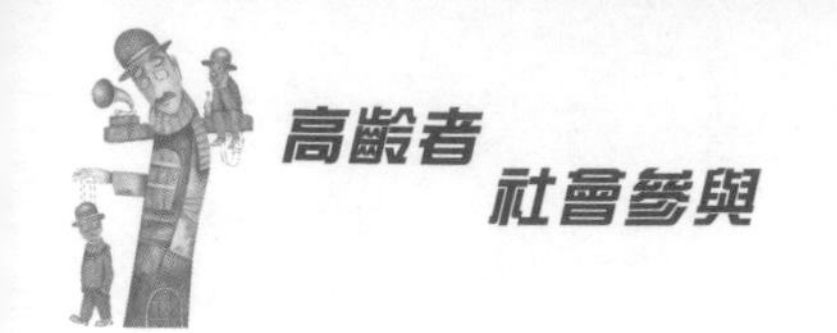

二、實施概況

高齡教育與學習為歐盟各國所重視，是以歐盟執委會（European Commission）將一九九三年定為「歐洲老人及世代團結年」。歐盟自一九七〇年代迄今，致力於高齡者教育的發展，最具代表性的當屬「第三年齡大學」（University of the Third Age）。第三年齡大學的理念及機構源起於法國，維拉斯（Pierre Vellas）於一九七三年在法國的土魯斯（Toulouse）首創了「第三年齡大學」，隨後這種機構型態相當迅速地出現在法國境內、瑞士、比利時、西班牙、葡萄牙、義大利、波蘭及前東德。第三年齡大學成立的理念乃是增進老人的知識，以及促進他們對老年學（gerontology）的瞭解與身心健康的維護，「第三年齡大學」、「老人大學」或「老人學院」在歐洲各國有不同的結構型態，或隸屬於一般大學，或設於民眾高等學校之內，或自行獨立成一專門機構。高齡者參與學習，對個人、家庭、國家、社會都有其正面功能。

比利時於一九七五年設立了「第三年齡大學」，目前在比利時共有十餘所這類型的大學。

義大利人認為「讓老人保持忙碌」並非「第三年齡大學」的發展理念，而是要提供多樣化的課程，幫助老人在變遷社會中找尋到適合自己的地位。在義大利類似「第三年齡大學」的老人繼續教育機構，係由民間組織與文化機構辦理。

瑞典於一九七九年在烏普沙拉（Uppsala）成立了第一所「第三年齡大學」，這類大學均屬於民眾高等學校的一部分。瑞典將全國分為二十四個縣，各縣分別設立行政主體的縣自治區，其執

行任務包括教育、社會服務、能源、環境衛生、文化、交通、產業、設施整備等，縣自治區下設各種委員會，如社會福利委員會、教育委員會、保健醫療委員會等，其與高齡者較為相關的工作有老人照護、居家療養、醫療提供、老人院整備、房屋津貼支給、教育文化服務等。

為使老人能參與社會生活、增進健康或貢獻社會，瑞典政府規劃並整備環境條件，以促進其享有朝氣的生活。瑞典高齡者的社會福利措施，是依功能任務分工合作的。縣主要以醫療、保健、住宅等支出較重大的事項為負責的範圍，自治區則以教育學習、家庭幫傭、文化休閒、公益活動等福利服務的事項為主，但兩者之間是相互協調合作的體系，而統整合作的主要場所為「社區」。

根據統計，瑞典高齡者的勞動率與先進國家一樣，在近十年至二十年間一路下滑。高齡者提早退休的現象，可能與社會保障制度的發展、受雇勞工增加，以及另有生涯規劃等因素有關，然而年過65歲依然繼續工作者仍所在多有。在瑞典，他們的職業有三成是農林漁牧的自營業者，有兩成是科學家、技術人員、藝術家等專業者，多數屬於對自己終生工作感到興趣者以及較自由的專業工作。根據瑞典勞工部「高齡者就業問題委員會」的調查顯示，儘管年過65歲以上的高齡者勞動率極低，但老後希望繼續工作的人卻出乎預料的多。在福利國家的瑞典，希望以全時或部分時間工作的高齡者比率，大到不容忽視的程度，完全不想工作者的比率僅為四成左右。瑞典的保健福利廳近年來規劃短時間的就業制度，獎勵精力充沛的高齡者從事有意義的職業，作為保持健康的社會參與，也期待成為福利人力的供應來源。

於是不少高齡者自願性的從事各種活動。他們在居住地區照顧兒童，或對其他老人、殘障者伸出援手，這些活動主要以家人、鄰居、朋友為對象，個別實施，有時也透過義工組織去做。其他如教育學習、運動、休閒嗜好、旅遊、手工藝等活動亦非常盛行，這些活動的場所有學校、運動俱樂部、保健中心以及年金組織等。以教育學習而言，瑞典非營利組織以及國民高等學校等，所提供的教育學習範圍很廣，包括歷史、語言學、老人問題等；運動方面有游泳、高爾夫、射箭、體操、球技等；才藝方面有編織、木工、繪圖、陶藝等。

瑞典為了鼓勵人民參與終身學習，早在西元一九七〇年代就建立留薪學習的制度，學習者可以帶薪離開工作場所從事學習活動。而連續就業達六個月以上或累計就業達一年以上的人，都有權利可以申請學習假。為瞭解決學習者學費不足的問題，瑞典政府提供各種支援配套措施，如給予經費補助，主要有四種：

1. 就業者的特別學習支援。凡就業四年以上之成人，可申請補助修習義務教育或高中教育。
2. 失業者的特別學習支援。針對失業成人補助其修習義務教育或高中教育。
3. 特別的教育補助金。資助年齡介於25至55歲之間的成人接受義務教育或高中教育。
4. 學習津貼。年滿45歲以上者，皆可申請資助在大學、學院或成人教育機構進行學習。津貼資助的對象包括有老人、殘障者以及低收入者。

雖然瑞典高齡者在政府的協助下，從事教育學習的人口比率持續增加，但也面臨若干的問題。

1. 高齡人口今後將不斷增加，高齡人口的比率持續升高，政府相關支出及所需提供服務的範圍擴大，負擔亦將隨之增加。

2. 高齡人口的平均壽命增加，預料未來需要接受照顧及社會福利措施的年齡層比率會升高。
3. 獨居高齡者增加。隨著年輕世代不婚、遲婚、離婚率升高，以及無子化、少子化的趨勢增加，與子女同住的比率因社會及家庭經濟結構的改變而下降，未來無配偶的獨居老人、離婚的獨居老人、未與子女同住的獨居老人等，比率勢必升高。單身、獨居、孤獨，將會是未來高齡者普遍共同的寫照。
4. 照護高齡者的家庭功能下降。由於社會經濟發展及工作競爭壓力的影響，年輕世代的子女必須投入工作、職業婦女和雙薪家庭增加，原本家庭可以發揮照護高齡者成員的功能下降，影響所及，政府對於高齡者居家照護與提供社會福利的責任及壓力將持續增加。

三、實施建議

為了使高齡者能夠進入教育服務體系，協助高齡者緩解晚年生活危機，降低社會福利經費負擔，甚至進一步發揮高齡者人力資源效益，建議政府應參酌先進國家對於高齡者所提供的社會照顧措施，配合本國國情，建構完整的高齡者教育服務體系。

(一) 建構高齡者在家學習的機制

由於種種不利於高齡者因素的影響，一般適合於兒童或青壯年人的學習狀態，未必適合高齡學習者，且高齡者往返於居家和學習場所之間，除不便之外，亦容易產生意外。因此建立高齡者在家學習機制有其必要。高齡者在家學習機制，可透過多元學習媒體組合來建構，例如函授、電話、語音答錄、傳真、廣播、電

視、錄影（音）帶、影音光碟、套裝教材、電子郵件、電腦輔助教學（CAI）、網路教學等，提供遠距教學、個別化學習以及24小時的隨選服務，將「教育送上門」。

對於高齡學習者而言，在家學習機制的優點主要為不受時間和場所往返的限制，方便學習、體力的負擔較輕，以及適應學習者的個別差異等。

(二) 建構連結社區的學習環境

發展以社區為核心的高齡者學習環境，對於高齡者而言是必要的。因為高齡者經常受制於交通、健康、經濟等因素而影響其學習，與社區連結的學習環境可以較方便的滿足高齡者的生活機能、人際關懷、心理歸屬以及熟悉的地域等利益。具體的做法上可以結合社區學校機構、社教團體、圖書館、文化中心以及社福機構等組織，提供高齡者需要的學習資源；此外，亦可結合社區志工組織以及社區人力資源，提供方便老人學習和所需的課程，並協助解決其學習障礙。更進一步可以有組織的運用有閒老人服務社區，組織社區老人聯誼會，結合社區志工以及社區人力資源，規劃高齡教育推展計劃，利用社區資源來推展高齡教育工作，使「社區服務老人，老人服務社區」相依相持。

(三) 建構完整的學習支持系統

高齡者有許多不利的學習特性，包括：

1. 受老化的影響，在動作思考以及感官反應上均較為遲緩，記憶力和體力也較差，容易產生挫折、焦慮、孤獨等現象。
2. 在學習策略、學習技巧以及學習適應上，高齡者有別於兒童與青壯年，平均而言，高齡者需要較長的學習時間、需要較

低學習焦慮的情境、較需配合其生活經驗的學習內容、需有較高彈性的個人學習進度、有較高的關懷需求、需較低體力負荷的學習、需要有特別設計的教材與教法等。

3. 客觀條件限制較多，常因交通往返不便、夜間學習不便、缺乏體力與時間、繳不起學費、個人或家庭限制、健康不佳、學習訊息管道不佳等因素而中輟學習。

因此建構完整的學習支持系統，對於高齡學習者而言是必要的。具體做法可參考世界各國的措施，例如辦理高齡者綜合服務、高齡者圖書巡迴車、圖書送府服務、高齡者教育諮詢服務、社區高齡者學習小組、放寬高齡者學習條件、設置高齡者學舍、開辦老人寄宿式教育、高齡者學費優免或補助等。

丹麥除了有優良的民眾高等學校傳統，同時亦有專設的老人學院。另設有「學習商店」（Lernlaeden），這種「學習商店」設於購物中心，民眾可在此獲得學習機會、學習材料及學習支援的引導服務，除觀看、試用外，並可接受諮詢服務，以及購買或借用適合自己的學習軟硬體等。近年在百貨公司、圖書館、書店及學校等亦興起了所謂的「學習島」（Lerninseln），在此過往行人得以獲得專門知識的指導以及參與各類的電腦課程，並可根據學習興趣、學習經歷及學習問題等進行團體討論，目前這種「學習島」的高齡者教育型態，有許多大學生及高中生熱心參與協助活動的推展。瑞士重視高齡教育，高齡者享有一系列的繼續教育機會，有很多高齡教育活動與措施係由民間組織所提供，而所有大學均設有所謂的「老人大學」，課程涵蓋應付生活、應付工作及充實生命等三大類，不僅能統整生命，促進人力資源的再開發與利用，也能貢獻心力，服務他人，促進社會的進步。

貳、英國的高齡教育

英國亦設有「第三年齡大學」，於一九六九年成立「開放大學」（Open University），該大學對於老年人亦深具吸引力，14%的學生均已逾50歲，而5%以上的學生則已逾60歲，其中有90%的老人學生，在此攻讀學位課程。

「第三年齡」一詞系來自法國，現已成為英國及其他許多國家在政策規劃上的重要名詞。第三年齡被美國學者弗雷登（Friedan, 1993）稱為「多出的生命年數」，並以「老化中的成長」一詞來顯示第三年齡階段老年人所擁有的成長與發展的潛力。彼得·雷斯雷特（Peter Laslett, 1989: 182-193）將人的一生區分為四個年齡期：第一年齡：是指為成年生活準備的生命初期，亦即兒童與青少年時期；第二年齡：是指進入工作職場的成年時期，並且開始建立家庭生活有了婚配與育兒的責任；第三年齡：是指離開工作職場的退休生活，此時通常也由於子女的成長而減輕其家庭的責任，因而能夠較自由地去追求個人的目標和欲求；第四年齡：是指體能與健康進入明顯惡化的階段，此時的老人無法獨立生活，需要他人的協助與照料，並且逐漸臨近於死亡。「第三年齡大學」簡言之即是指讓生命進程邁入第三年齡階段的高齡長者學習的大學。

第三年齡大學的出現，是英國的學者如雷斯雷特和尼克·康尼（Nick Coni）等，在一九八二年時，於劍橋正式成立英國的第一所第三年齡大學。此後，英國各地便依照劍橋第三年齡大學的型態紛紛成立該地方的第三年齡大學。目前，於英格蘭內便有超

過四百多所的第三年齡大學。此外，英國第三年齡大學的辦理模式還影響到澳大利亞和紐西蘭等國家。所以，英國第三年齡大學不僅只是遍布於英國各地，還形成一股國際風潮。現在第三年齡大學已被視為是由老年人自己所發起的一項成功的自助運動，第三年齡大學被英國的成人教育界視為一九八○年代的重要運動之一。

一、基本精神

高齡教育工作是指透過對老年人進行知識和技能傳授，使老年人進入正常的老年生活秩序，跟上社會和時代的步伐，豐富老年生活知識，增加生活技能，提高老年人的身心素質，增強其自我服務和繼續為社會服務的能力。

二、運作原則

高齡教育是一種社會文化和生活教育，它體現了現代社會中的價值和社會的文明與進步。教育英國社會大眾瞭解現在年齡結構的事實及老化的情形。挑戰有關因老化而智力衰退的理論，並使老年人意識到自己在智力、文化和美學上的潛能。社區高齡教育其實施的基礎，可運用社區發展的組織教育理念，以社區為範疇，運用社區廣泛資源，組織社區老人，提供高齡教育，提升老人服務社區之能，運作社區組織與教育功能，發揮其合作、自主精神，促進老人與社區共同成長與發展。

1. 提供已經從工作中獲得自由的人們發展智力、文化生活的資源。

2. 創造一個義務性質的教與學機構。
3. 組織一個與資格、獎賞和個人升遷無關的機構。
4. 從事與老化過程相關的研究及改進措施。
5. 鼓勵建立區域性機構，並進行合作計畫。
6. 提供英國老人其他教育刺激的機會。

英國第三年齡大學的教學型態，不同於一般的教育機構。不採用傳統的教學方法，改用非傳統的學習者為中心的學習方法，因而不再使用教師的字眼。事實上，這是十分符合以上數個議題的原則，例如不與大學合作、不受政府支配等，就是要防範傳統的第二年齡模式的知識教導，力求要建立非傳統的第三年齡模式的分享學習，以促進高齡者能夠去發現自己，尋找其生命的意義，以達到艾利克森（E. Erikson）的人格統整境界。

三、組織概況

英國第三年齡大學試圖與大學院校保持距離，力求不受大學院校的支配或控制，若真要建立關係也僅限於圖書設備上的支援而已。因此，第三年齡大學與其當地的大學院校無任何的關係。英國第三年齡大學的組織型態基本上有三個層級，分別為第三年齡信託基金及全國執行委員會、支部與小組團體；此三層級基於自助自主的理念以及民主的做法，甚或每一小團體都是獨立的個體，彼此互相支持及共享資源。經費是基於自給自足的精神，屬於義工性質的第三年齡大學較不依賴政府經費，會員每年只需負擔極少的費用。

四、教學活動

他們不使用「教師」（teachers）或「教導者」（instructors）的字眼；而是使用「團體領導人」（group leaders）、「協調者」（coordinators）、「召集人」（convenor）、「組織者」（organizers）等字詞，這乃是因為英國第三年齡大學的主要訴求，是要打破教學過程中教導者與學習者之間的鴻溝，以便創造出一種不分教導者與學習者，彼此分享學習的教學型態。這樣的理念在雷斯雷特於一九八二年創立劍橋第三年齡大學時便提出，以不同的小組團體為主，由學員自行訂定其所欲參與的課程活動，而師資以當地退休年長的人力資源為主，因此教師來源十分豐富，課程活動亦十分多元活潑。面對高齡社會，應該具有更高的視野，基本上先去除年齡歧視及假平等，年齡已不再是判斷依賴人口的唯一指標，個別差異才是重要關鍵所在。經由學習與社會參與的拓展，任何年齡都有發展的機會，都有可能貢獻社會。所以，在高齡社會中，個人的價值觀更為多樣，重要的是提供民眾追求充實心靈與生活的機會，且不斷學習新知識與科技，建構一個高齡者終身學習體系，使高齡者可以自由選擇學習的機會，透過各類社會參與的方式發展自我潛能，貢獻社會與經濟的進步繁榮。

五、學習概況

第三年齡大學主要是提供給退休者，對象不限年齡、性別或教育程度。英國第三年齡大學，強調學習者也可以是教學者，教

與學可以合一。第三年齡大學的學員們藉由運用彼此的技能，共同組織自己的活動。分享彼此的知識與經驗，並且藉由學員們彼此共同的學習與研讀，來發展自己個人的能力。所以某一課堂是由一位團體領導人開始，其他學員參與其中，並且分享其知識。例如在歷史課堂上，比較熟悉於某一段歷史的學員們便會貢獻多些，換到別段歷史時，則由其他熟悉的學員們多貢獻一些。

這類型的大學特別關懷到達退休年齡的夥伴，多年來提供課程協助他們保有活力身心。以老化與退休課程讓學習者瞭解老化過程與維持生活品質，討論老化過程及活躍老化的概念，主題包括獨立、自我充實、自尊等。其次，有不少人很早就退休，影響是多方面的，課程中討論退休如何影響個人與家人，提供一些策略協助大家如何順利從職涯轉換到退休，主題包括維持足夠收入，不論是領取足夠年金者或低收入退休者都能因應自己的處境，以及維護自己的健康。另外，許多退休人員決定參與志工服務，課程討論志願服務的價值及限制。最後，課程會討論社會變遷的特性，退休人員比例不斷增加，在經濟與政治情境可能的影響等。

參、美國的高齡教育

高齡教育學之父麥可拉斯基（McClusky）於一九七一年在「白宮老年會議」提出五類高齡教育需求，如表5-1所示。高齡教育是成人教育的一部分，展現的是老人的終生學習權，是未來教育所面臨的一大挑戰。由於人類壽命的延長、良好的健康狀況及知識社會的重視等因素，今後老人的繼續教育參與率勢必明顯增加（邱天助，1993）。

表5-1　高齡教育需求

項　目	內　涵
生存的需求	使個體在複雜的社會中得以充分發揮功能的需求。
表現的需求	老年人可以從參與活動本身獲得回饋與滿足。
貢獻的需求	老年人尋求服務的機會，希望能對社會有所貢獻，並由貢獻中自我實現。
影響的需求	教育提供幫助老人認清自己的社會角色的課程，並提供社會支持。
超越的需求	老年人更需要深入的瞭解生命的意義，回顧自己的人生，超越生理的限制。

（資料來源：作者整理。）

由這些需求可以看出老年期教育需求是不容忽視的。美國的普通大學也對老年人開放。美國「高等教育法」（Higher Education Act）規定，老年人入學可以免費，老年大學生可以組成自己的班級，住宿與一般大學生相同，課程另做安排，不留課後作業，也不考試。高齡社會必須善用及發展高齡者教育與學習的策略，為高齡社會提出對策，讓一個人在未老之前預做準備，依循終身學習的體系，讓生涯可以順利轉換，年老了仍可發展自己協助他人，非但不致成為社會的負擔，且能繼續學習，對社會做出貢獻。老人的壽命延長，健康狀況良好，從一個崗位退休，轉換到另一個可以貢獻的崗位，追求新的知識，學習新的技能，此即高齡社會可期待的願景。因此，老年人力的運用是未來社會發展的重點，增進老年人的參與，涵蓋之層面甚廣，包括政治、經濟、社會、文化、教育等，包括休閒活動、志願服務、進修研習及各項社會參與等。教育老人重視老人潛力的開發，強調老人並非被動受幫助的一群，更具有積極開發的潛力。一九七一年美國

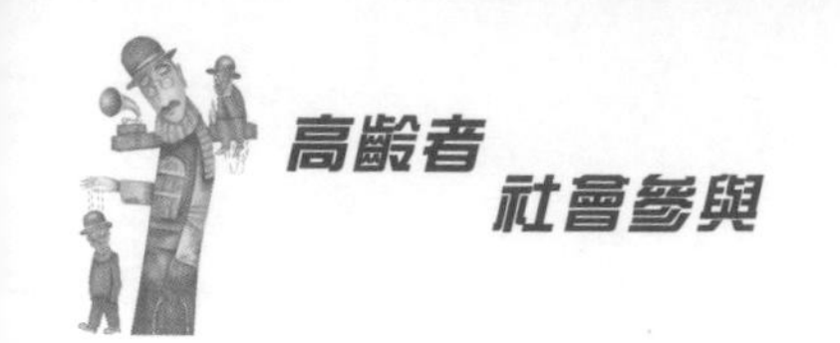

白宮老年會議（White House Confevence on Aging）也激發人們對高齡教育的覺醒。美國高齡教育特色如表5-2所示：

表5-2　美國高齡教育特色

意　義	具體作為
老人進修的需求	高齡教育程度普遍提升後，未來進修需求更是迫切。
老人地位的提升	老人成爲社會的重要資源，社會對老人的評價及老人自我的評估將日益受重視。
傳播媒體的利用	透過媒體提供隔空學習機會越來越普遍，傳遞訊息的途徑更多元。
自助教育的發展	是一種由老人自我管理與組織的自助團體，彼此互相學習與分享經驗的創造性學習活動，原則上不接受政府經費贊助的一種互助團體的教育。
寄宿教育的發展	針對教育程度較高的老年人，由大專院校提供其資源與設備，利用週末或假期開辦高齡教育課程。
退休前教育的推動	以任何形式的活動，如演講、研討會……，協助個人進入退休，以增進老人的適應能力。
高齡教育人才培育	老人學家與從事高齡教育的專門人才應接受正式的教育與訓練，以提升教育服務的品質。
高齡教育政策制定	眞正落實高齡教育的推展，實有賴法案的制定與運作，才能使老人教育順利推展。
圖書館對老人服務	老人接受教育通常以非正式或非正式的教育方式進行，從事學習活動較爲積極的是公共圖書館。如美國俄亥俄州（Ohio）的克里芙蘭公共圖書館（Cleveland Public Library）於一九〇〇年成立成人教育部門（Adult Education Department）對老人提供各項教育服務。

（資料來源：作者整理。）

肆、日本的高齡教育

在嬰兒潮年代的人已邁入老年，高齡社會正面臨大規模的退休問題，因此透過教育的途徑來尋求退休生活的意義，是一項重要的工作。終身學習就是建構晚年生活意義的重要工具，而老人大學則是日本高齡者終身學習最典型的活動。老人大學誕生於五〇年代中期，至今不斷擴展。日本現在有各種不同的老人大學，從教育體系到社會福利體系；從建基於小型社區到市政府的大型層次均有。此外，高齡者喜歡在老人大學學習不同的主題，例如時事、歷史、文學、福利、陶器、書法、旅行等。

日本在終身教育政策規劃方面，於一九八四年由文部省提出終身學習的報告，朝向終身學習體制的建立、高等教育多樣化、充實初等及中等教育、因應教育國際化、資訊化，以及教育行政與財政的改革方案等。在發展終身學習結構方面，則有四項建議：根據個人因素評量個人成就，加強家庭、學校及社區三方面的功能及合作，提倡終身學習運動，以及發展終身學習基礎建設。

一九八八年，文部省的社會教育局改稱終身學習局（生涯學習局），成為文部省內的第一大局，其下分成五個課別：社會教育課、學習資訊課、青少年教育、婦女教育課及生涯學習振興課，強調學校（主要指大學及短期大學）在終身學習體系中的角色，並且認為學校就是一種終身學習機構。一九九六年，文部省發表「終身學習社會的優先與展望——多樣性與精緻化的增加」（Priorities and Prospects for a Lifelong Learning Society: Increasing

Diversification and Sophistication）白皮書，指出日本邁向二十一世紀之際，必須創造一種豐富與動態的社會環境，這需要終身學習社會作為基礎。在這樣的終身學習社會中，人們能夠自由的在其一生中任何時間內選擇學習的機會，而且學習管道不僅是透過學校和社會教育，亦包括運動、活動、嗜好、娛樂及志願活動。

文部省現所執行之相關措施，在日本各地皆有為高齡者準備的各項學習機會，除了國中小的學校會有高齡教育交流活動，讓老人家進入校園感受學生的青春活力，更設立「社會人士研究所」，讓有工作經驗的人可以繼續學習，並設立放送大學、公民館等社會的學習機構。日本各地的公民館也會舉辦相關的高齡交流活動，如何讓參與的老人鼓勵其他的老人走出家庭參與相關活動，提升生活的意義，也是重要的課題。全日本現今設有公民館，在辦理高齡教育部分係由教育委員會或公民館等社會教育設施，開辦以地區性、多樣性的學習課程及健康與運動的講座等活動。高齡教育推動工作除了公民館及都道府縣等單位協助外，最重要的仍需靠民間團體（NPO組織）來協助推動。更重要的是落實於社區及學校實施，讓學校的孩童親身體驗與高齡者相處的時間，進行交流。日本全國有一千八百所公民館、三萬多所小學、每一個區大約有六個社區教育的設施，目前因應日本少子化及高齡化的現象，將廢置的國小場地提供老人活動使用。

在日本，實施高齡者終身學習的意義如表5-3所示。

伍、大陸的高齡教育

大陸採取多種形式發展高齡教育，高齡教育的意義體現在以下幾個方面：

表5-3　高齡者終身學習教育的意義

意　義	具體作為
生存意義	讓他們有學習的機會及發揮學習成果，認識其自我存在的必要性，提高其價值。
增進健康	學習是靠自己到學習的場所，有增進其健康的意義。爲提升高齡者生存的價值及增進其自我健康，而規劃生涯學習的相關課程，有助於減少醫療費用的支出。在高齡社會中如統合規劃教育、保健、社會福利，是邁向高品質社會之路。
增進能力	高齡者必須在變遷快速的社會中，學習適應社會，遇到事情需冷靜正確的判斷及選擇，安全及安心的基本行爲也是高品質社會中所不可或缺的。
參與活動	參加或擔任公共事務的推手，多樣性的社區活動事務支援及推動的工作，例如社區環保活動的推動等。
回饋社區	社區是人們共同成長的地方，高齡者有許多社區的經驗及知識的累積，可以傳承下一代，所以社區的活動有許多課程都是運用高齡者本身的知識來提供，藉由個人的學習經驗，回饋並提升社區教育的內容。

（資料來源：作者整理。）

1. 提高老年人參與社會活動的能力。
2. 增加老年人晚年生活的情趣。
3. 豐富老年人的精神生活。
4. 促進老年人的身心健康。
5. 體現社會的責任。

目前高齡教育是以老年人為對象，讓高齡者多參加社區內活動，以促進其人際的關係，並且藉由參與活動吸取學習資訊及促進世代間的交流。取得了長足的進展，大致有如下的做法。

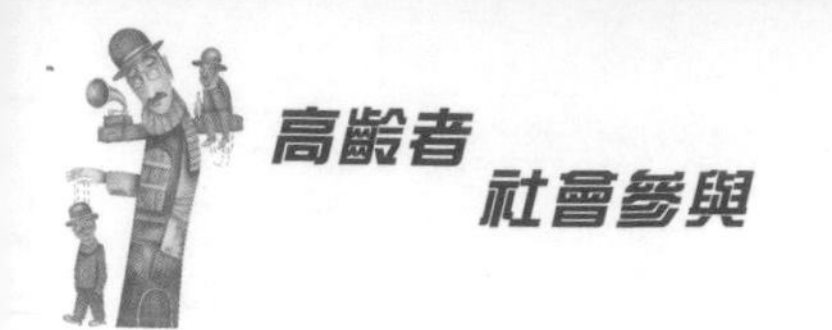

一、依託社區開展高齡教育

這是最廣泛、最大量的一種高齡教育形式。在城市和一部分發展進步地區的城鄉社區中，高齡教育已經成為社區教育重要的組成部分，老年群體亦成為社區教育一項十分活躍的力量。社區高齡教育具有以下明顯特點：

1. 社區教育實驗區和發達地區的城鄉社區，參與面廣、人數多，已經形成了相當大的規模。還有大量的城鄉社區雖然沒有參加社區教育實驗，但他們都不同程度開展了高齡教育，這就意味著全國高齡教育已經形成了數千萬人的規模。
2. 教育形式層次多樣，內容豐富多彩。社區高齡教育大體有三種形式：
   (1) 在社區教育網路參與教育學習。在大陸的社區教育實驗區，都建立了城區的社區學院、街道社區學校、居委會社區學習點三級教育學習網路，其中都包含了高齡教育的內容，部分實驗區還專門建立社區老年學校，為老年人開展所需的各類講座、報告及諮詢服務活動。
   (2) 老年居民以自發或正式建立的民間社團為紐帶，參加以健身強體、文化藝術、休閒娛樂為主要內容的活動，這種活動自主自願、靈活分散、自娛自樂、寓教於樂。
   (3) 把接受教育和發揮餘熱結合起來。譬如建立關心下一代協會，充分發揮老年群體在關心、幫助、教育、愛護青少年方面的獨特作用；建立各種社團組織，發揮群眾自我教育、管理和自助的作用，化解社區矛盾、維護社區穩定、構建社區和諧、促進社區發展；有的還發揮老年

的智力優勢，在發展社區的科技應用與推廣、幫助企業技術革新和創造，乃至幫助政府決策、社區治理方面，發揮自身的聰明才智。

3. 從參與動機和發展取向上，把功利性和非功利性價值取向結合起來，因人、因地制宜。現在看來，在城市和發達地區，以促進和追求自身發展完善的老年人，占了相當大的成分和比例，而且隨著時間的推移將越來越高，這是社會經濟的發展水準以及人們追求精神文化生活的素質，呈正相關的關係。城市和農村的高齡教育具有較大的差距，農村高齡教育培訓大多仍然是為了謀求生存、生計著眼。
4. 依託社區開展高齡教育具有明顯獨特的優勢。社區作為一個居民自治的基層單位，它把具有教育功能的社會組織、機構協調起來，以滿足社會廣大成員多樣化學習的基本需求。其具有：
   (1) 借重社區組織網路，開展終身教育活動，極具地域性、群眾性、生活性等特點。
   (2) 社區教育把高齡教育列入其中，納入地方政府的統一管理與規劃之中，從體制上保證了高齡教育的開展。
   (3) 老年人參加這類教育學習成本相對較低，不需要承受多少經濟負擔。
   (4) 這類學習自主、自由，既可以參加系統學習，也可以選擇自己喜愛的短期課程學習，不同層次、不同需要的人群各安其位，各得其所；老年人在社區中學習，可以充分感受社區教育寬鬆的學習氣氛和豐富多彩的人際交往，化解老年人與社會的疏離感，是老年人再度社會化的基本形式。
5. 社區高齡教育發展很不平衡。從參與人數、覆蓋面、發展水

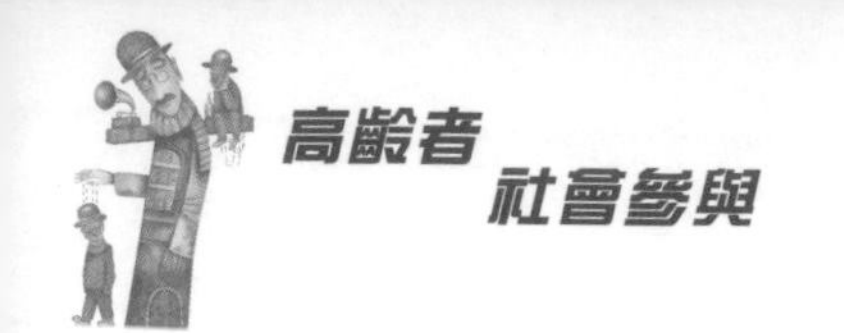

平、老年人享受的教育質量上，城市和發達地區分別多於、廣於、高於和優於農村及欠發達和不發達地區。大陸高齡教育仍處於發展的初級階段，與發達國家與地區相比，還存在較大差距。

二、舉辦老年大學

中國大陸老年大學的名稱，一般參照行政區域的劃分，區（縣）級及以上的稱為「大學」，以下的稱為「學校」；內部的層次按學習時間劃分為初級班、中級班、高級班、研修班。在老年大學的管理上，既強調按照老年人的特點，不完全按正規學校教育來規範；另一方面也關注其內部的內容差異和不同層次教育要求；同時盡量滿足那些想獲取真正意義上的大學證書的權利，圓這些人一生的大學夢想。因此，老年大學的性質，實際上是面向社會開放的、以老年人為主體的非正規乃至非正式教育。老年大學本質上是一種開放性的社會教育。

一九八三年，山東省率先創立了第一所具有大陸特色的老年大學，隨後廣州、長沙、哈爾濱也相繼開辦了老年大學。多年來大陸老年學校教育從無到有，從小到大，從少到多，發展到現在已達到二萬六千所學校，在校學員230多萬人。形成了省、市、縣、社區（鄉、村）高齡教育網路，顯現了老年大學（學校）教育的社會性、開放性、普及性和終身性。遍布全國的老年學校，成為大陸高齡教育的重要方式。大陸最早出現的老年大學，是為一批參加工作較早的退休公務員而設立的，課程以富有傳統文化特色的書畫和健身專案為主。隨著百姓生活水平的提高和高齡教育的普及，老年學校學員的構成、年齡結構和知識層次發生了很大的變化——越來越多的老年人開始走進這些老年學校。受教

育者結構的變化帶來了教學內容和方式的變化。在書畫等頤養康樂型課程的基礎上，電腦、外語、縫紉等一些應用技能型課程開始進入老年學校的教學計畫。目前大陸高齡教育主要是滿足興趣愛好、開展休閒娛樂活動，滿足老年人健康發展和人際交往的需要。高齡教育的宗旨，首先在於為老年個人的自我發展和自我完善服務，而非要求老年人為社會經濟做多大貢獻。

三、機構對所屬退休人員開展高齡教育

大陸由於長期以來，實行計畫經濟體制，機構意識強烈，員工退休以後仍然是單位人，特別是機關和事業單位，這種計畫經濟體制的痕跡更為明顯，但由此也衍生了機構負擔退休人員的教育學習的職能，各級政府都設有專管或分管的職能部門，單位專門也設有專管或分管的部門，基本形成了一個管理系統，強化了對這方面工作的管理服務職能；由於絕大多數成員屬於退休下來的公務員和專業技術人員，因此成員的文化素質比較高，綜合素質比較整齊；定期開展高齡教育活動，活動主題明確，組織計劃性較強，內容層次比較高，包括對國家的大政方針及各級政府的中心任務進行宣傳教育，對各個時期國內外的時事形勢進行介紹解讀，同時組織必要的參觀考察，也有不少生活休閒和文化娛樂類的活動。隨著大陸市場經濟發展和體制改革的深化，隨著社會養老保障體制和機制的建立與健全，退休人員由單位人轉變為社區人，已經成為一種不可逆轉的趨勢。在這種情況下，社區高齡教育的任務必將越來越繁重，社區高齡教育的地位也會更加凸顯出來。從總體上看，這可看成是老年社會教育的一種形式和補充。但從大陸的基本國情來看，這類高齡教育雖然人數不居多數，但層次較高、地位重要，估計會在相當長的時期存在。

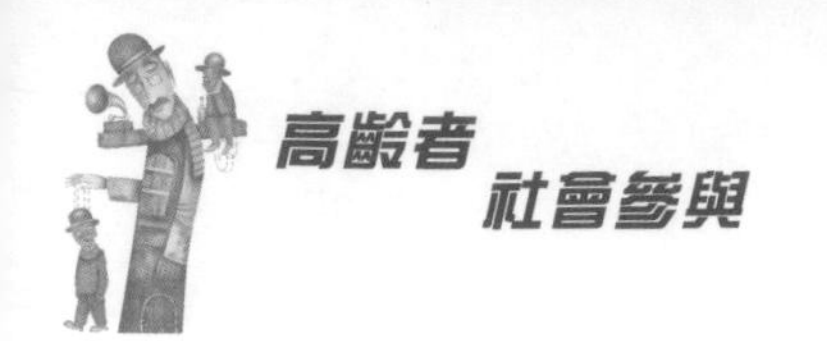

四、舉辦老年廣播電視教育、網路教育

一九九〇年代，北京、上海等大城市相繼舉辦了空中老年大學，充分發揮電視、廣播跨越時空、涵蓋面廣的優勢，請名師、名家講課，相當廣泛地讓老年人方便接受教育和學習，他們可以不出家門，根據自己的需要和可能，靈活地安排收聽、收視。像把空中老年大學延伸到社區，將遠端教育和課堂教育結合起來，保留了廣播電視跨越時空的優勢，又滿足和凸顯了老年人渴望人際交往的心願。隨著科學技術的迅速發展，利用電腦多媒體技術、通訊技術、網路技術等高科技，製作網路教學軟體，開展網路教學或學習，將使高齡教育的教學手段和學習方式，更加現代化、豐富多彩、方便快捷，給高齡教育的發展帶來更加廣闊的前景，也使老年人享受到越來越多的優質教育學習資源。

全民教育和終身教育是當今世界最有影響力的兩大教育思潮，世界教育逐漸向民主化、人本化、現代化、多樣化的目標邁進。全民教育既不能忽視越來越龐大的老年群體，高齡教育自身也應該主動融入社會、融入群體，在終身教育和終身學習思想指導下，在構建終身教育體系的過程中，逐步走向完善和成熟。終身教育是一個人在整個一生中所受到的各種教育的整合，是「以人為本、不分年齡、人人共用」的教育，就是重視人人參與教育、不同群體教育、民主平等教育。終身教育與全納教育是完全一致的，社會教育的大家庭，只有在老年群體的積極參與下，才是名副其實的全民終身教育。高齡教育應適合老年人的特點，滿足老年人生存與發展的需要，融入社會、社區生活。從高齡工作所追求的「老有所養、老有所醫、老有所樂、老有所學」方針來看，其中，老有所學是中心，它可以豐富老有所養的內涵，增進

老有所醫的效果，提高老有所樂的品位，開發老有所為的能力。這正是高齡教育價值的客觀存在和價值取向，也是注重以人為本、育人為本的根本緣由。

陸、韓國的高齡教育

韓國政府對於高齡政策的關心開始於一九九九年。該年被聯合國定為世界老人年。同時，韓國政府也發現二十一世紀G8國家（美、日、英、法、德、義、加、俄）皆在進行人力資源的開發。二〇〇二年，聯合國在第二次世界老人會議中提出國際行動計畫，強調高齡者可以繼續工作。韓國政府乃逐漸從將高齡視為政治、社會、文化組成要素之一的被動立場，轉變為關心高齡人力的開發。

為對高齡者實施終身的職業教育，來保障其生活品質的維持或提升，應對高齡者做積極的協助。此外，為解決國家生產力、勞動力的問題，必須積極利用閒置的勞動力，高齡者的職業教育與訓練顯得非常重要。當前韓國在高齡者雇用和就業的相關法律和運作現況分析如下：

韓國有關高齡者的終身職業教育與訓練的法律，是一九九二年所訂頒的「高齡者雇用促進法」。此一法律，旨在支援和促進高齡者能夠找到與其能力相符的工作，以達到保障高齡者的就業安全和支持國民經濟的發展。該法第二條規定，高齡者係指年齡為55歲以上者，而50至55歲則為準高齡者。此法案中指出，為促進企業對高齡者的雇用和保障高齡者的職業安全，政府應改善高齡者就業的相關措施，包括求職求才資訊的收集和提供、提供高齡者能力開發的訓練、對雇用高齡者進行指導、培訓高齡者的講

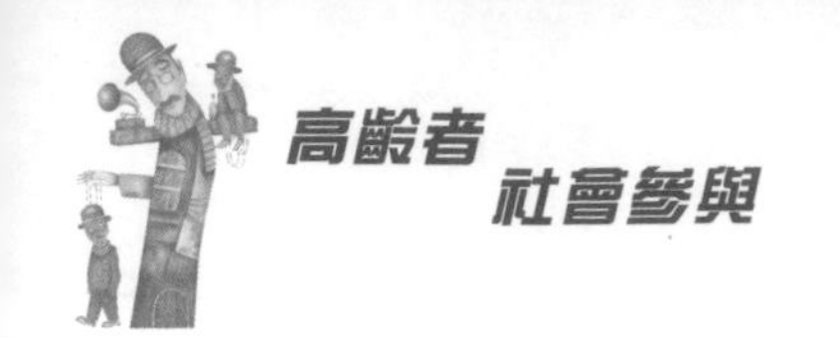

座、改善高齡者就業環境、強化高齡者就業的機能、成立高齡者雇用資訊中心及成立高齡人才銀行等。

韓國的高齡層人力開發，是以高齡者可以就業的相關產業為主體，而高齡者就業的相關產業則可分為公共部門和民間部門。公共部門指的是政府部門主導的勞動部、保健福利部和各地方自治團體，針對高齡層對象設立相關的產業和教育訓練項目。勞動部所屬的包括高齡者人才銀行、雇用中心、人力銀行以及線上的work-net。此外，保健福利部也委託大韓老人會設立老人就業介紹中心。

「高齡者雇用促進法」規定：「政府要為高齡者和準高齡者選擇適合就業的職種，並加以推廣和宣導。」本著此一精神，勞動部選定了多種適合高齡者和準高齡者就業的工作。他們既不會造成生產力下降，又可以保障生產過程的低危險性。因此高齡者適合的職種要透過調查和評估加速擴充。開發高齡層人力資源的機構，其人力開發方式主要是讓高齡層從事一些單純勞務的職業。

以高齡者為對象的職業教育與訓練，包括韓國產業人力集團接受委託而開辦的一週至四週準高齡者雇傭短期適應訓練課程，以及首爾市老人就業介紹中心實施為期三天的短期適應訓練課程。在韓國產業人力集團實施的老人再就業教育項目──高齡者雇用短期適應訓練課程，此一課程對希望就業的高齡者進行一個月的短期職場適應訓練，以促進就業，同時，也對高齡者的職業安全和晚年生計的保障提供幫助。此種課程包括停車管理員、警備員等適合高齡者就業的職種，課程一至二週，並實行職業生活和安全管理教育，以及不同職種的基礎教育。

高齡人口的比重越來越大，高齡者勞動力的活用是一項新的挑戰。個人在75歲以前仍可以參加經濟的活動，且能健康的工

作，是現在高齡者教育最重要的目標。高齡者的就業健康保險是減少高齡者財力支出的重要措施，它和國家的退休制度相結合，對於減少高齡者退休金的支出，具有劃時代的作用。由於60歲以上高齡人口的持續增加，高齡者適合的工作類型要進一步開發，目前情形顯有不足。此種需求如不能解決，高齡者的勞動市場，將會越減縮。為解決高齡者的各種社會、經濟的需求，要配合高齡者的特性，開發高齡者的人力，此舉亦有賴政府進行政策的支援和法制化工作的完善。

柒、先進社會高齡教育的趨勢

高齡社會的來臨，是時勢所趨，高齡學習者繼續接受教育是必然的趨勢。再教育能幫助高齡學習者瞭解自身的變化及角色的扮演，進而適應社會的變遷。根據德、日、韓、英、美、瑞典等國的比較研究，發現老人參加越多的學習活動，就越能融入社區的生活，而對健康與安寧產生極大的幫助，所以讓老人繼續學習並在社會扮演一定的角色，可以減少社會福利及醫療照顧的支出。在法國稱老年人大學為「第三年齡大學」。一九七三年法國創辦了第一所老年人大學，招生對象為各行各業退休人員。到一九九〇年，法國已經建立了五十多所這樣的大學，其中大部分由政府興辦。日本於一九七〇年代興建了老年人大學，很受老年人歡迎。老年人大學開設的課程有國內外時事、老年心理學、營養學、體育、園藝、自然、家政等，招收對象為60歲以上老年人，學制四年。據日本文部省統計，目前日本有各種老年人大學、老年人訓練班、老年人專題講座和老年人第二職業學習班

四千多個。瑞典的老年人教育基本上與美國相同，一九七六年斯德哥爾摩大學55歲以上的大學生占該校學生總數的20%，65歲以上的大學生占該校學生總數的10%。瑞典的廣播講座和電視教育都設有適於老年學習的課程。實證調查發現：老年學習者傾向成人學習取向，顯示老年學習者認為其生活經驗可以當成學習的資源，而且傾向希望將自己的經驗透過互動的過程與人分享，而且年齡越大，越傾向於從過去的成功經驗中找尋自我的認同感。

聯合國為關懷高齡者的生活情況與生活品質，於一九八二年制定了「國際老化行動計畫」（International Plan of Action Aging）種種的行動策略，整合過去並配合未來的情況，提出前瞻性的實施計畫，關係著高齡者教育。聯合國將高齡者教育視為國際老人年期間及未來發展老人政策與措施的一項重點工作（參見表5-4）。

二十一世紀人類將面臨各種衝突與挑戰，各國積極推動終身學習建構學習社會、開發人力資源、提升國家競爭力以因應瞬息萬變的世界變遷。由世界高齡教育發展趨勢，可見在變遷潮流中影響老人學習的教育趨勢，包括科學技術加速的進步、高齡者參與社會活動更為積極、參與意願提升等，老人階段的學習成為重要議題，提供老人多元開放的學習機會，因此，探討建構學習型社區，推動社區高齡教育，規劃老人的第二生涯，結合社區發展，實現學習社會具體可行的策略，是一項要務。

社會大眾應體認高齡學習的重要性，因為處於第三年齡的高齡者仍能持續成長和發展，此一現象對整體社會而言實具有加分作用，因此需要廣泛地提供正式、非正式的學習機會給這群高齡者。更確切地說，藉由高齡學習活動的進行，有助於高齡者邁向活躍老化，學習應被視為晚年生活中不可或缺的部分，因為學習有助於維持心理和身體健康，有助於高齡者獨立自主地生活，進

表5-4　聯合國國際老人年的策略與關懷原則

策　略	具體作為
國際老人年的策略	1. 考量老人處境：發揮老人的生計及保障老人的收入。 2. 個體終身發展：個體發展涵蓋各個生命階段，同時需要個體的積極開創與環境的促進。 3. 增進代間關係：家庭、社區、整個社會與國家的良好代間關係的建立。 4. 建立各項政策：在已開發或開發中國家，因國家結構與情況的不同，在因應人口老化所引發諸項挑戰的做法與措施應有差異。
關懷老人原則	1. 獨立：獲得精神、物質、參與、決定、獲得、教育、居所如願等的自主性。 2. 參與：能有參與相關政策討論推動的積極性，分享知識技能、提供服務社會的機會與能力。 3. 照料：在安心的環境中，無論身心、健康、情緒、社會、法律、人權、自由的生活品質都獲得照顧。 4. 發展：能獲得教育、文化、精神與休閒各項社會資源，有充分增進發展潛力機會。 5. 尊嚴：無論任何階層的人一律平等被對待，讓老人生活在尊嚴與安全中，自由的發展個人身心。

（資料來源：作者整理。）

而融入變遷社會中而不至於被淘汰。高齡者的學習牽涉到學習者的人格特質、成長經驗、社會規範勢力、價值認同與個人生命發展史等複雜因素，如何從高齡學習的研究中歸納出學習的共同特性，從個別特性中歸納出不同的學習型態與學習特性需求，並設計符合其學習型態的服務學習方案，經營社區高齡教育的策略如表5-5所示：

表5-5　先進社會經營社區高齡教育策略一覽表

策　略	具體作為
場所	建置以老人爲中心的學習型組織，結合政府與民間的力量，促成社區多元的學習組織型態。
設備	運用教育科技，籌辦社區資源中心，充實軟硬體設備，擴展服務對象，結合教育科技，提升社區高齡教育品質。
制度	妥善規化制定社區高齡教育的政策內涵，以利發展。設置專責機構，方利於政策理念的實現。
計畫	建置社區教育資源中心，統籌社區資源，透過網路與其他社區結合，擴大資源共享、提供諮詢。
人員	結合當地社區豐富人力、物力、財力，展開教育實施。廣徵民間團體熱心參與活動，鼓勵民間團體參與社區高齡教育，減輕政府的負擔。
課程	教導老人基本學習能力，特別是學會如何學習（learning how to learn），幫助其自我導向學習的潛能。
教學	瞭解學習者學習取向，調整教學方式，以融入其領域中，推動更具專業化及制度化。
方式	針對其學習需求、認知能力與身體狀況等條件進行多元教學、教材與服務方式的規劃，混合運用各種團體學習、同儕學習、問題導向學習、自我調控學習等多元方式進行高齡教育的方式。
目標	規劃高齡人力資源的教育計畫。擴大結合社會資源配合，進一步推廣高齡教育。

（資料來源：作者整理。）

捌、先進社會高齡教育的啓示

對於高齡者需要有社會承諾與保障，回應未來的人生期望，同時確保在變遷環境中獲得適宜的社會地位。當各先進國家普遍邁入高齡化的社會，老人的相關議題亦日益受到重視，建立完善的高齡者教育體系，已是先進國家的共識與發展方向。我國在邁

向已開發國家的過程中，全民教育水準的提升乃是重要的課題。教育部在民國八十七年公布的「邁向學習社會」白皮書中，亦明確提出建立終身學習社會的目標。鼓勵民眾追求新知，倡導全民參與的公民社會的建立，培養二十一世紀的新公民。世界各先進國家相當重視終身教育的推廣，其教育的發展趨勢已發展到「高等教育全民化」的時代，這些先進國家將高等教育的發展多元化、普及化，尤其倡導推動成人及繼續教育學院、擴充學院、社區學院等措施，以滿足民眾接受高等教育與成人教育之需求。

以國家別來看其具體做法，例如美國一九六四年的「經濟機會法案」、一九六五年的「老人法案」、一九七一年的「白宮老化研究研討會」等，皆為經由法案的訂定，使老人的權利得以獲得重視與確保，英國一九六四年退休協會首開致力於高齡者退休前教育活動、健康諮詢、財務規劃諮詢、休閒活動等。法國一九七三年的「第三年齡大學」設立，可謂開啟正式落實老人基本教育人權的政策。日本則在一九五一年由官方創建「老人俱樂部」，開啟將老人人權內容實踐的序幕，一九八六年的「長壽社會對策大綱」、一九八九年的「高齡者保健福利十年策略」、一九九〇年公布「終身學習振興法」，在在皆顯示關切高齡教育人權並加以貫徹執行的用心，尤其是一九九五年提出高齡社會對策基本法，全方位針對老人各類需求加以更縝密的規劃。

各國對於高齡者所實施的社會福利範圍及措施不一，然其基本的核心精神皆不外乎：

1. 維繫基本正常生活。
2. 協助繼續參與社會活動。
3. 致力於最大可能的獨立自主。
4. 弱勢扶助與保護。
5. 達成法制化。

近年來瑞典政府針對高齡人口群的特性，增加「團體接觸」（group contact）式的服務，並逐漸依據高齡者的需求，由過去「設施型」的服務擴充為「居家型」的服務，透過「社區」使社會福利與高齡者教育服務相互結合。

高齡者教育，旨在透過學習的歷程，滿足高齡者的知能需求，使高齡者避免頹喪，能繼續的參與社會活動，增進身心靈的成長，從而使高齡者能有最大可能的獨立自主生活，有更好的晚年生活品質。此一目標和高齡者社會福利的旨趣不謀而合。

世界各國有鑑於此一趨勢，早已有建構各種提供高齡者學習的教育機構或組織，例如瑞典的國民高等學校；日本的兵庫學園、老人大學、高齡者教室或老人福利中心等；韓國的老人大學、成人教育院等；法國的第三年齡大學；英國的開放（open）大學；美國的大學、社區學院等；以色列的人人（everyman's）大學；我國的空中大學、社會大學、社區大學、長青學苑等。

顯見世界各國對於高齡者的照顧已不僅限於安養而已，教育學習的機會已被視為是高齡者重要的社會福利權。

任何人都會面臨老化的事實。如何讓每位社會成員在晚年時，均能有良好的生活品質，減低對社會的依賴，甚至對社會做出貢獻，最佳的途徑就是以「社區」結合高齡者照顧與教育服務體系。政府應當重視此一趨勢與事實，加強法制化的努力，使臺灣高齡化的社會能有美好的未來發展。

借鑑先進社會，我國於高齡教育須引進的作為如下：

1. 訂定高齡教育實施辦法，以資遵循：目前我國高齡教育不夠有力和明確，應增訂高齡教育實施辦法。
2. 廣設社區圖書館，以利學習：自我導向學習是一重要的教育途徑，設置社區圖書館，特闢老人研習室、添購老人圖書，

或是老人巡迴圖書館，免費提供偏僻地區就近服務行動不便老人。

3. 開闢高齡教育財源，充實經費：鼓勵民間社團辦理，設置高齡教育基金……充實經費。
4. 開放大學校園，准許老人選課進修：專為高齡者提供有關老化的相關課程，正規教育課程應採取學費優待或免費方式，開放部分名額給高齡者。或是利用大學設備，開闢老人大學，如英、法等國的第三年齡大學，辦理正式的高齡教育。
5. 普及終身學習的觀念，激勵學習動機：結合社區學習型組織的發展，激發鼓舞缺乏學習動機或缺乏學習能力的老人。
6. 透過高齡教育是最佳的手段，尤其是結合社區總體營造，發展社區學習型組織的方式，達到福利及教育老人的多重目的。

面對高齡化社會的來臨，將給人類帶來各種挑戰與機會。欲建立一個不分年齡、人人共享的社會，需要健全的老人政策與制度，而高齡者教育的推動與落實則是其中的重要關鍵。

結語

高齡者並不是社會中被隔離的依賴團體；教育有助於高齡者發展他們的潛能，學習適應角色的改變並繼續負擔起社會中的責任；高齡者應與年輕人有平等的受教育權；高齡者擁有豐富的生活經驗，是發展其教育經驗最豐富的資源。二十一世紀社會的新貌，將是高度的都市社會化、高度的資訊社會，整個教育體制備受衝擊和挑戰，個人唯有繼續不斷的終身學習，社會必須建立

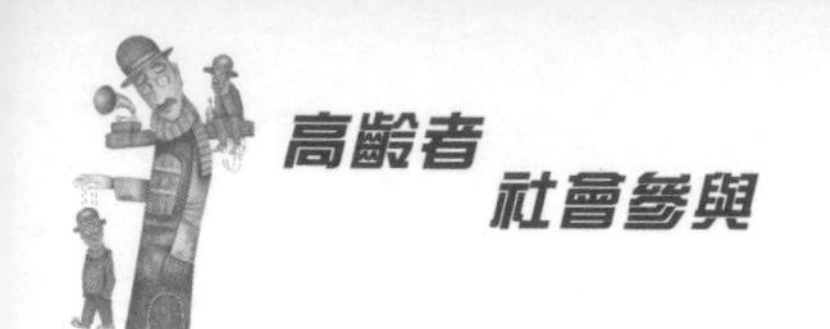

學習型社會方能因應高度資訊化，以及知識多元化的未來。為此，應發展健康及教育產業，以促使國民能健康地進入老年，充分融入及參與社會，為其社區及社會發展做出更積極有效的貢獻。而社區高齡教育落實教育本土化，協助個人免於迷失在高度工業化、都市化社會之中，化解現代化的危機，社區總體營造方式，使個人、社會、國家的潛能發揮，生活品質提升，增進社會和諧，讓我們的年長者參與，全民共同攜手邁向未來地球村的世紀。

問題與討論

1. 請說明歐盟高齡者教育的內涵。
2. 請說明美國高齡教育政策的內涵。
3. 請說明英國高齡教育政策的內涵。
4. 請說明先進社會高齡教育對我國的啓示。
5. 請說明先進社會高齡教育的趨勢。

第6章　高齡就業的國際借鑑

壹、英國高齡勞動力開發與就業促進

貳、歐盟高齡勞動力開發與就業促進

參、瑞士高齡勞動力開發與就業促進

肆、美國高齡勞動力開發與就業促進

伍、日本高齡勞動力開發與就業促進

陸、先進社會高齡勞動力就業的啓示

前言

高齡人口的快速增加，已成為世界先進國家的普遍趨勢，尤其在未來十至二十年左右，戰後（約於一九四六年到一九六四年）嬰兒潮人口將面臨邁入老年期，如何預先擬定因應措施，以因應高齡化社會所帶來的問題，成為各先進國家刻不容緩的議題。根據推估，二○二○年多數國家將邁入高齡社會，二○五○年將有半數以上的亞洲國家，會成為65歲以上高齡人口超過總人口數21%以上的超高齡社會。在平均壽命延長的趨勢下，未來高齡人口的規模將形成一股影響社會的力量。

隨著老年人口數快速增長以及生育率降低造成少子女化現象，臺灣從高齡化國家到高齡國家，所經歷的時間僅有二十五年，顯示臺灣人口老化的速度相對比較快速。因此，勢將衍生勞動力減少、扶老比率持續增加、扶養負擔加重、家庭結構及照顧式微等問題，衝擊著勞動、經濟、教育及社會福利體系；再加上目前我國國人退休年齡普遍偏低，且多數人對於高齡化社會來臨所形成的問題，普遍危機意識不足，故需要以積極態度面對，包括人口老化意識有待普及、高齡產業有待發展、中高齡人力資源的開發、友善高齡者職場、居住與交通運輸之相關制度有待建構等多重面向問題的因應與及早規劃，提高高齡者之生產力，以活化高齡者人力資源。

隨著社會的進步、經濟的發展及醫療水準的提高，人類平均壽命不斷地延長，高齡人口快速成長已成為社會一致的趨勢。在高齡化的社會，中高齡者為社會重要的群體，且大多為主要家計

負責人。因此，中高齡者失業將導致家庭或個人主要收入來源中斷，嚴重影響家庭生計與發展，如果提早退出勞動市場，不但將造成家庭損失，同時也影響社會經濟發展。故如何促進中高齡者就業，協助其降低就業障礙，實為重要議題。

壹、英國高齡勞動力開發與就業促進

英國對於中高齡人力的開發與運用，不但有新協定計畫可以協助，同時也利用公共部門創造中高齡就業機會；再者亦推動終身學習制度，進行反年齡歧視宣導，積極促進中高齡勞工就業。

一、就業服務組織架構

英國就業服務的行政機制採一條鞭式的中央統籌架構，其主要行政組織包括負責政策制定與評估的工作年金部（The Department for Work and Pensions, DWP）、實際執行的就業服務處（Employment Service, ES），以及分散各地的工作中心（Jobcentre）。二〇〇六年，工作中心普及全國，以單一窗口方式，提供民眾就業安全的整合服務事項。

二、中高齡積極就業計畫

(一) 50歲以上的新協定計畫

新協定計畫是英國就業政策的具體措施，是英國政府「從福利到工作」勞動市場政策重要的一環，對於促進中高齡者就業，提供了個人化的具體協助，包括個人諮詢師、就業津貼或就業信用等。

ES下轄的工作中心，所有的求才資料，均已全面電腦化，任何個人、社區、學習中心、圖書館均可連線進入這全世界最大的工作與職業網頁之一、也可以直接在所有工作中心的觸控式電腦上搜尋所需工作項目。

(二) 成立「中高齡技能成長班」

「中高齡技能成長班」訓練完成者引介給技能短缺部門的產業。ES透過執行政府「從依賴到自主」（Welfare to Work）的政策，對於英國勞動市場的有效運作及經濟的穩定發展，扮演重要的地位。其主要目的即在協助沒有工作的勞工盡快找到工作，同時也協助雇主能即早填補其求才的空缺。

(三) 建立彈性退休制度

建立彈性退休制度，以取代強迫退休制度。為了提供工作年齡人口更有效的服務，工作中心積極協助並輔導失業勞工走出社會福利依賴，進而加入勞動市場的工作行列。

(四) 建立「中高齡就業諮詢團」

建立「中高齡就業諮詢團」，並鼓勵雇主再雇用、訓練中高齡失業者。除新協定計畫之外，就業特區計畫亦提供中高齡勞工特別的諮商服務；此外，就業服務處也推動一項針對中高齡勞工的就業方案，以協助領取尋職津貼者進行改善其可受雇性、提供參加尋職面試津貼、訓練求職技巧及工作基礎的訓練等。

三、公部門創造就業

由於部分中高齡者要在競爭性的勞動市場工作並不容易，因此英國政府亦配合推動公共部門就業，提供中高齡者參與勞動市場機會。例如，在英國中部的曼徹斯特，由於是工業革命的發源地，工業城市歷史悠久，因此曼徹斯特市政府即創造中高齡者擔任導覽解說員之工作機會，協助當地中高齡者就業。

四、推動終身學習

提高訓練獎助以增加中高齡勞工學習新技能的意願，並廣泛建立學習夥伴關係，以方便中高齡者就近學習；此外，也建立個人學習帳戶（individual learning account），鼓勵學習，其主要目的是：

1. 協助失業成人能重新再穩定就業。
2. 滿足地區性勞工需求。
3. 透過認證提供成人更多學習管道。

五、推動反年齡歧視宣導

年齡歧視不但對個人不公平，對經濟發展也有不良影響；而且隨著高齡化社會的來臨，年齡歧視的經濟成本將上升。中高齡勞工在英國同樣有遭遇年齡歧視的經驗，因此政府在一九九七年即表達反對年齡歧視的立場，同時展開廣泛的諮詢，鼓勵勞工將年齡視為正面的資產，並積極鼓勵企業進用中高齡者。在法令方面，完成禁止就業年齡的法制化工作。

六、職缺資訊的公開化、透明化與資訊化

英國就業服務將雇主視為是夥伴關係的一員，不但開放雇主主動求才登記，同時也積極派員廣泛與雇主聯繫，積極遊說雇主參與就業計畫的推動。所有的求才資訊，透過勞動市場系統（labour market system），可以即時的透過連線上網或在各地的觸控式工作服務台（jobstop）取得最新職缺資訊，這些職缺資訊包括求才公司、工作地點、待遇、所需技能等。

七、建立整合式服務網路

英國為推動減少福利依賴與促進就業的「從福利到工作」政策，當勞工失業欲領取福利給付時，需先經積極尋職或轉介職業訓練或推介就業的程序。在過去，推介就業、給付發放與職業訓練分屬不同單位，而這些單位又彼此缺乏聯繫，不僅造成請領給付者的不便，而且會將失業保險的功能窄化成只有保障失業者生活，無法發揮促進就業的積極功能。因此，設於各地的就業中心，即是將就業服務與福利給付業務合併成單一窗口的業務中心，提供更有效率的服務。

八、提供個人化、深度化的就業諮詢服務

為釐清失業者的尋職障礙，並對如何排除障礙提供適切的協助，英國就業服務將工作重心由單純的就業媒合移向就業諮商服務，例如只要是納入新協定的失業勞工，每一位勞工均配有一位個人諮商員（personal advisor），失業勞工在重新就業之前，均須

定期與個人所屬的個人諮商員進行面談，再依面談結果擬定失業者個人就業計畫，爾後即依此計畫進行失業者重回勞動市場的安排與協助。

九、強化夥伴關係之建立

夥伴關係是英國就業服務的特色，包括其他中央政府部門、地方政府、學校、民間企業、非營利組織等都是執行就業服務不可或缺的夥伴角色。英國以就業服務為核心業務，其餘有關技能提升等職業訓練及終身學習議題，大多透過與各級學校、學習中心等之夥伴關係之建立，提供勞工便捷及多元化的服務管道。

為了防止年齡歧視影響中高齡者的勞動市場參與，英國政府積極推動的措施包括：

1. 一九九九年發布「年齡歧視實務守則」（Code of Practice on Age Discrimination），呼籲雇主應該避免年齡歧視，建議在召募、甄選、升遷、訓練與發展、裁員解雇及退休上，應以技術、能力和潛能作為效標，而非以年齡為考量標準。資料顯示，自「年齡歧視實務守則」發布以來，在甄選中以年齡為條件者已經由27%降到13%，下降了一半，顯示此政府的宣導已逐漸導正雇主年齡歧視的刻板觀念。
2. 將工作中心求才年齡上限取消。
3. 透過新協定計畫及就業特區計畫，提供年齡較大者必要之協助。

貳、歐盟高齡勞動力開發與就業促進

歐盟（European Union, EU）長期以來即存在就業創造的難題，從一九九七年起，歐盟即在其就業政策中，強調歐盟各國能個別訂定就業行動計畫（Employment Action Plan, EAP），並在二○○○年共同提出「里斯本策略」── 透過緊密的經濟合作政策、就業政策與社會政策，加強歐盟的競爭力，鼓勵就業與持續成長。在二○○五年，歐盟再度重申強調就業促進，重點在於穩定發展與完全就業，要求會員國家提出國家的改革方案，並設定各項目標。（如表6-1）

英國推動高齡就業是採取「從福利到工作」的就業政策，建立從一九九七年開始的新協定計畫，推動一連串的措施，主要在提供民眾一個個別化的服務和支持，以改善他們的工作觀和工作能力，進而幫助他們從福利轉向工作，其中的新協定（New Deal for 50 Plus），目的主要在協助50歲以上、失業超過六個月者重返勞動市場，避免成為非經濟活動人口、並主動提供重返勞動市場的途徑；其協助項目包括個人諮詢師、就業補助金及訓練金等，強調的作為有：

1. 個人諮詢師的個別協助。
2. 參與其他政府的訓練方案。
3. 實際找到工作後發放一定的就業補助金以增加收入。
4. 工作訓練補助金。

該新協定計畫係屬自願性質，若符合資格者選擇不加入本計

表6-1　歐盟高齡勞動力開發與就業促進表

政　策	主要內容
政策基本主軸	1. 改善就業能力（employability）。 2. 發展企業家精神（entrepreneurship）。 3. 鼓勵適應性（adaptability）。 4. 強化機會平等（equal opportunities）。
就業主要措施	1. 透過積極主動的勞動措施以防止失業。 2. 機會平等的促進。 3. 勞動市場的擴大。 4. 終身學習的推動。 5. 適應性與創業精神。 6. 改善弱勢者在勞動市場中的地位。
提升就業能力	1. 妥善處理失業問題及改善長期失業情況。 2. 推動就業友善的給付、稅賦及訓練體系。 3. 發展友善的就業政策。 4. 推動終身學習的機會。 5. 推動電子化學習方式。 6. 防止就業歧視的現象。
拓展企業精神	1. 協助創業與營運。 2. 在知識經濟中創造新的就業機會。 3. 推動積極政策以促進就業媒合。 4. 就業活動朝向區域化及在地化。 5. 進行有利於就業與訓練的措施。
鼓勵適應作爲	1. 工作組織的現代化。 2. 落實終身學習習慣。
強化機會平等	1. 進行性別研究分析。 2. 妥善處理性別差距。 3. 工作與家庭的協調。

（資料來源：作者整理。）

畫，仍不影響其社會福利給付之領取。

以瑞典為例，於高齡勞動力開發與就業促進上則強調，「以工作代替福利」，不僅是提供工作機會給失業者，且強調地域與職業別間的流動，以維持勞動力。

為協助高齡人口就業，設有就業服務辦公室，協助個案參加各項活動。其三大核心業務即是辦理訓練課程、徵才活動以及協助創業。就業服務辦公室迅速反映市場需求，以規劃辦理相關訓練課程。表6-2列示了瑞典勞動力開發與就業促進的主要內容。

瑞典近年來的經濟發展保持著較快的增長速度，社會福利體系也依然穩固。取得如此成就雖然有諸多原因，但瑞典老人對社會的貢獻是不可忽略的。在二〇〇三年，瑞典成立了「老人委員會」，並頒布「老人政策」，鼓勵老年人以各種形式為社會做出貢獻，使他們成為一種新的勞動力資源而造福社會。瑞典很多老人在退休以後開始了「銀髮族事業」。企業晉用年近古稀的老人，使老人及企業互利共贏。

按照瑞典統計局公布的數字，男性的平均壽命為79歲，而女性84歲，如何關照那些高齡或是身體欠佳的老人，是瑞典政府面前的挑戰。為此，瑞典專門針對老年人推出了一項「家庭扶助制度」。根據這一制度，老年人提出的申請只要得到核實批准，便會有專業人員定期到其家中進行醫療、家政等服務，並為那些有特別需要的老人配備專門的警報器，社會保障部門的人員則隨叫隨到。當老人處於病危狀態時，妥善的臨終關懷程序便會啟動，不僅安排專人二十四小時守護直到老人去世，亦安排老人得到良好的安葬。除政府提供各項服務外，同一社區內的老人自己也會組織起來相互扶持。這是「老人政策」所揭示的精神：在高齡化社會，雖然政府提供了福利體系作為保障，但老人們可在社會及家庭中主動去尋找資源。

表6-2 瑞典勞動力開發與就業促進表

項 目	主要內容
達成目標	1. 暢通勞動市場的供需管道，使失業者可以得到工作，雇主可以獲得勞動力。 2. 在一個有效率的勞動市場中，促進失業者的就業與技能發展。 3. 採取積極策略解決職業短缺的問題，預防人力從勞動市場提早離開。 4. 協助有困難的求職者，並避免被排除在勞動市場外。 5. 預防長時間的不穩定就業。 6. 消除勞動市場的性別隔離，並增進工作生活中的性別平等。
主要措施	1. 提供免費的公立就業服務。 2. 人力密集的勞動市場服務體系。 3. 要求職缺應通知公立就業服務機構。 4. 勞動市場政策的策略皆是由一個體系執行。
提供服務	1. 尋找工作：協助個人的資格與經驗可與工作職缺媒合的過程。 2. 提升能力：協助個人自行尋找工作的能力，並協助撰寫履歷。 3. 職業指引：提供相關市場資訊，依據資格能力與經驗，協助找尋適合的職業。 4. 教育訓練：增加失業者的能力以滿足市場的需求。 5. 創業補助：提供指引與建議，並提供六個月的創業補助。 6. 分析職務：確認基本條件，界定職業的障礙。 7. 職前訓練：提供雇主合適的求職者，並提供必要的工作訓練。

（資料來源：作者整理。）

參、瑞士高齡勞動力開發與就業促進

世界經濟論壇（World Economic Forum, WEF）將競爭力定義為「一個國家達到高經濟成長及高平均國民所得之能力」，二〇〇九年的調查報告顯示：瑞士取代美國成為全球最具競爭力的經濟體。瑞士是全球數一數二的富裕國家。受惠於瑞士當地的稅賦制度，沒有遺產稅是對富豪的一大誘因，而相對較低的法人或個

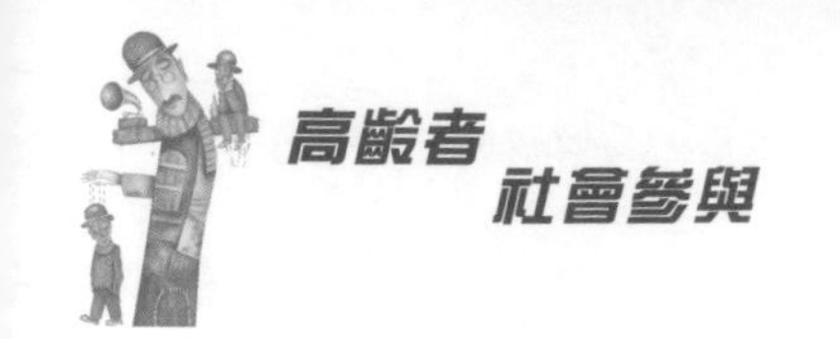

人所得稅，也吸引了國際大企業至瑞士設立總部，而瑞士在大型企業進駐後，工作機會不虞匱乏，使得瑞士失業率只有3.3%，明顯低於歐洲其他國家，除了失業率低外，平均薪資所得也是相對高的。瑞士境內在就業環境穩定，收入高的支撐下，民眾消費信心自然高昂，並樂於消費，瑞士經濟在富人與大型企業的推波助瀾下，造就了今日另類的經濟強國。另外瑞士熱愛工作的態度也不容小覷，瑞士人平均每年平均工作一千八百五十五個小時，是歐洲最長工時的國家，也讓瑞士就業人口的國民生產毛額達六萬二千美元，排名世界第二。因此，瑞士的成功，除了政府所給予的外在優良環境外，瑞士人民的工作精神也是成功的重要因素之一。

儘管瑞士的養老保險制度相當完善，但是在人口老齡化的衝擊下，養老保險的負擔也越來越重。近年來，瑞士相關部門也在加緊研究因應人口老齡化問題的各種對策。由於從業人員的減少和退休人員的增加，瑞士的社會養老保險制度面臨嚴峻的挑戰。如今瑞士平均每四個納稅人負擔一名退休老人的生活，今後納稅人的負擔會越來越重。為了因應日趨嚴重的老齡化問題，瑞士提出了以下措施：

1. 鼓勵生育以解決生育率偏低的問題，政府為此制定有利於家庭及鼓勵建立家庭的政策，比如增設托兒所和幼兒園、降低入托費用等。
2. 吸收外國移民，尤其是年輕的外國勞動力，以減緩瑞士的老齡化過程。
3. 延長退休年齡，隨著瑞士人口出生率的降低和平均壽命的延長，領取養老金的人越來越多，延長退休年齡能在一定程度上緩解養老金短缺問題。

瑞士第三產業非常發達，賓館、酒店、餐廳、咖啡廳隨處可見，許多在服務行業工作的服務人員年齡都比較大，有些人看來已經到了頤養天年的年齡，但他們還要工作，且樂此不疲。

旅遊業和服務業是瑞士的第三大支柱性產業，但酒店和餐廳往往是家族產業，除大城市的一些星級酒店外，一般來說規模都不是很大，有些旅店純粹是家庭旅館，主人住樓下，樓上闢出幾個房間接待遊客，尤其在鄉村和山區旅遊地，有許多家庭餐廳和農場，其中的服務人員亦由家人擔任，增加高齡者的服務機會和貢獻。

人口老齡化和經濟危機是一些老人仍堅持繼續工作的原因。瑞士人口出生率非常低，勞動力匱乏，長期以來，一些產業一直靠雇用邊境工和季節工來支撐，而一些沒有居留證的「非法打工」，一經查出將對雇主嚴厲處罰。因此，一些服務行業寧願出高價僱用年齡稍大的工作者，也不願冒險使用廉價的「非法勞工」。這樣既滿足了部分老年人貼補生活的需要，也避免了處罰，一舉兩得。只要身體健康，年齡就不是問題。

肆、美國高齡勞動力開發與就業促進

美國在邁入「高齡化社會」（ageing society）國家，勞工部及其所轄機關與組織單位所實施的「老人社區服務就業計畫」（Senior Community Service Employment Program, SCSEP）以及早在一九六七年即已制定的「就業年齡歧視法」（Age Discrimination in Employment Act, ADEA），對於年齡歧視之政策及相關措施，皆有完備的規定，以裨益中高齡就業相關政策與措施之規劃與推動。

美國當前就業與訓練主要以「勞動力投資法」（the Workforce Investment Act, WIA）為主軸，依勞動力投資法，老人社區服務就業計畫是「單一窗口服務中心」（one-stop center）供應系統的一部分。

一、就業安置計畫

安置至公營或私營領域擔任全職或部分工時的工作。其中有社區服務（community service）：主要為社會、衛生、福利與教育服務（包括教導識字）等面向，包括出納、事務工作、廚師、日間照顧協助、家庭健康照顧、居家清理、保母、警衛、法律協助、稅務協助、財務諮詢、圖書館、娛樂、保存、維護與恢復自然資源、社區美化、抗污染與環境品質工作、改善氣候變遷工作及經濟發展等。

二、就業服務與職業訓練計畫

「個人就業計畫」（individual employment plan, IEP）的訂定：為使參與者能朝向經濟上能自給自足的目標，所以受補助單位有責任經過評估後，與參與者合作訂定每位參與者個人就業計畫及採取幫助參與者達成此目標的措施。

三、提供與參與者之就業服務內容

美國勞工部（the United States Department of Labor）依據「美國老人法」（Older Americans Act）推動「老人社區服務

就業計畫」（Senior Community Service Employment Program, SCSEP），目的是將55歲及以上的低收入者（low-income）和不易就業者（poor employment prospect）等安排參加社區服務工作，使這些人在經濟上能自給自足，且藉由計畫參與的過程協助其過渡至無需政府補助的就業雇用。SCSEP每年約可提供六萬個部分工時之工作機會，每年約有十萬名高齡者參加。

四、禁止就業年齡歧視機制

為解決就業市場上年齡歧視問題，透過就業年齡歧視法，規範保護中高齡者的就業機會。基於就業市場以年齡為評判標準的趨勢日漸普遍，中高齡者於保有工作機會上屈居劣勢，特別是失業後重返工作崗位時。一九六七年立法禁止就業市場上的年齡歧視，以期雇主於雇用時係以求職者之能力而非年齡為考量，以促進中高齡者的就業機會，並協助雇主與受雇者解決因年齡造成的問題。該規範的主要內容為：

1. 保障對象：ADEA於一九六七年訂定後，歷經多次修正，取消了保護年齡的上限。
2. 適用機構：ADEA適用於雇用二十名以上雇員的事業單位、教育機構、公私立就服機構、勞工組織、學徒計畫。在美國分權的體制下，州政府尚能依據轄區的企業規模，訂定地方的反歧視法令。
3. 保障層面：在ADEA的保障下，任何方面的就業歧視都是非法的，包括雇用、解雇、薪資、工作分配、調動、升遷、復職、退休或其他就業條件。
4. 例外情形：目前除了消防人員、執法人員（警察）在ADEA

明列得有年齡設限，以及依據其他聯邦法律規範（例如提供載客服務的機長必須在65歲退休）之例外規定外，ADEA規定雇主不得採用任何年資或福利計畫來強制受雇者退休。

5. 雇主抗辯權利：依據ADEA，若雇主能提出舉證抗辯，則得因求職者的年齡而在雇用決定或相關措施上有差別待遇。
6. 禁止行為：在ADEA的保護下，若雇主對於提出控告或參與控告歧視調查者進行報復，屬於非法行為。即使在提出控告、年齡歧視案件不成立之情形下，若該控告者提出遭受到報復行為，隸屬於聯邦政府的「平等就業機會委員會」（Equal Employment Opportunity Commission, EEOC）將就此展開調查。

伍、日本高齡勞動力開發與就業促進

日本目前是全世界老化速度最快的國家，平均壽命達83歲，為全世界最為長壽的社會。預計到本世紀中期，65歲以上的日本人占總人口的比例將上升到三分之一，現在日本的出生率已經下降到了有紀錄以來的最低點。是以，退休老人的年金、生計規畫、醫療保健等引起的關注。其中的「團塊世代」（指二次大戰後日本於一九四七至一九四九年出生的第一次嬰兒潮，每年有新生兒270萬人，總計約810萬人）的高齡化及退休後再雇用的問題，是日本政府相當重視的議題。在少子化造成年輕勞動力不足的勞動市場結構下，如欲維持經濟的持續發展，就必須採取積極有效的對策才能增進雇用機會，解決高齡者的雇用問題。

日本是全球人口老化程度最嚴重的國家，也是處理老化問題最積極的國家。（如表6-3）一九七〇年日本正式邁入高齡化

表6-3　日本高齡勞動力開發時序表

時　間	主要內容
一九五〇年代	日本民間組織發起「老人俱樂部」，以社會福利觀點融入、實施高齡教育。
一九六〇年代	教育部門亦開始實施「高齡者學級」制度，此後高齡教育成爲行政措施的一環。
一九七三年	日本政府設置「老人對策本部」，以統籌辦理各種老人相關議題。
一九八〇年代	受到終身學習理念的影響，日本高齡者教育行政制度更加蓬勃發展，厚生省及文部省更有系統的規劃相關措施。此外，日本引進「高齡者教育權」的觀念，教育政策也重新思考高齡者受教的權益。
一九九〇年代	因應高齡者的需求，中央單位以地方都道府縣爲主辦單位，開始大規模推動高齡教育，目前日本也正面臨勞動人口退休的時限問題。
一九九五年	制定「高齡社會對策基本法」，期以同理心的態度協助銀髮族的需求。
二〇〇一年	日本爲因應高齡化社會而積極採取因應的對策，制定「高齡社會對策大綱」。
二〇〇四年	通過「高齡者雇用安定修正法」，要求雇主提高退休年齡，繼續雇用退休員工，廢止退休年齡規定等，以確保銀領族工作機會。東京都輔導設立的老人就業支援中心，免費提供55歲以上求職者仲介和諮詢服務。
二〇〇六年	立法實施「修正高年齡者雇用安定法」，規定企業必須對高齡者實施：第一，延長退休年齡；第二，延長雇用；第三，廢止退休制度三者擇一的措施，以確保高齡者的雇用。
二〇〇七年	政府省思要延緩退休的年齡，將法定退休年齡由55歲上調至65歲，持續鼓勵高齡就業，敦促各界爲老年人創造更多的工作機會，以減少現行養老金體系面臨的巨大壓力。

（資料來源：作者整理。）

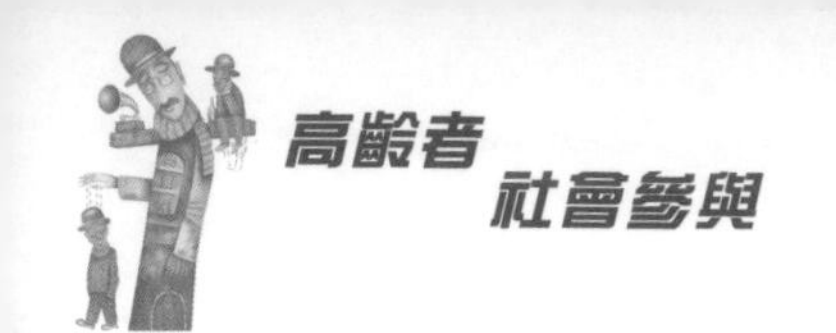

社會，次年即公布「高齡勞工雇用安定法」（Law Concerning Stabilisation of Employment of Older Persons），促使中、高齡者擁有較佳的工作機會。政府開始敦促商家和企業考慮為老年人創造更多的工作機會，推遲退休年齡。該法持續改革的結果，促使法定退休年齡由最初的55歲，延緩至65歲。

日本是世界的長壽大國，高齡者仍保有很高的工作意願且健康、有活力的繼續以不同的雇用形態貢獻社會。日本與其他先進國家相比，在高齡者雇用政策上有一貫的政策，亦即日本採取了階段性的延後退休年齡政策。現在，年齡超過90歲的日本人已經超過100萬人。為了緩解現行養老金體制面臨的壓力，在年金的改革方面，一九九四年和二○○○年的改革，擴大了年金適用對象，並採取彈性給付措施，不僅改善年金財政的可持續性，對於激勵持續工作，也產生了正面的效果。日本的高齡者之退休理想年齡較美國、德國、瑞典等歐美各國高的情形，顯示出日本高齡者的就業意願相當高。二○○四年日本政府通過一項法律草案，提高在職人員繳納養老金的比例，同時減少退休人員領取養老金的數額。

日本政府的雇用政策中，於高度經濟成長時期即已訂定高齡勞工對策，此對策明載於「高齡失業者的就業促進措施」及「雇用對策法」，促成這些人力的「再就業」仍為雇用政策的一大重心。另外，「雇用保險法」中設立雇用改善、能力開發、雇用福祉等三部門，其中最重要的是，正面提出對中高年勞工的「預防失業」及「安定雇用」政策。例如：「延長退休時之獎金」、「繼續雇用時之獎金」、「退休前職業講習、職業訓練」等皆是，另外還有促進高齡勞工再就業的「高年者雇用開發給付金」、「高年者雇用之獎金」等努力之目標，作為行政指導之重心。在實施「修正高年齡者雇用安定法」的過程中，採取開放務

實的態度、廣納各方的意見，最終由勞雇雙方及代表公共利益的「學者實務專家」三者所組成的勞動政策審議會充分討論形成共識後，制定具體可行的政策。

在延長退休方面，就是盡量減少解雇，繼續雇用，讓這些長年累積下來的能力與經驗得以不斷發揮，對其本人或對企業而言，應該相當有助益。亦即，具體實施「延長退休」抑止解雇，以實現「終身雇用」。加強照顧高齡人口的就業機會。就目前情勢看來，老人看護工作是新就業機會的主要來源。由於高齡人口對健保的需求與日俱增，從專業的醫療技術人員到協助老年料理日常生活的低科技勞工都需求甚殷。

陸、先進社會高齡勞動力就業的啓示

年齡因素是高齡者就業的困境，基於加強高齡人力資源運用，將有助於因應「少子化」對勞動力減少之衝擊。民國九十七年我國政府通過勞動基準法強制退休年齡修正案：勞工非年滿65歲，雇主不得強制其退休，使得有經驗及健康情形良好的勞工將可繼續工作至65歲。此外，民國九十六年，我國已將「年齡」納入就業服務法就業歧視禁止項目。我國在法制面雖已將高齡因年齡所產生之就業障礙排除，但如何協助高齡者就業及穩定就業，以充分運用高齡者及高齡者之人力資源，均需借鏡其他先進國家的經驗。

英國近年來，失業率下降，主要是政府推動的就業政策所致。英國「從福利到工作」的勞動市場政策，不但降低政府在社會福利支出上的沉重負擔，同時也重塑英國人民工作的價值觀與學習的風氣；而高彈性的社會夥伴關係及具管理效能的契約管理

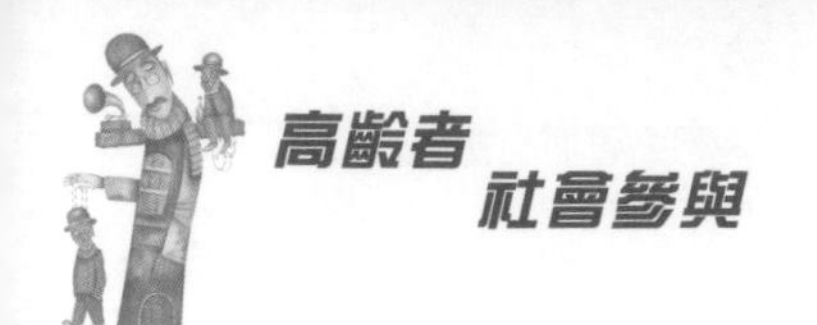

機制，使得英國的新協定計畫能夠成為就業安全的核心機制。探討高齡勞動力的開發與就業促進時可以發現，英國在勞動市場政策上，不論是組織結構或配套措施均有多項特點，如表6-4所示。

表6-4　英國高齡就業特色

國家	內涵
政策願景	英國全面推動邁向充分就業、推動全國學習的勞動市場政策願景，在此願景下，鼓勵全民「從福利到工作」，由學習充實自我價值、由就業肯定自我價值。
行政組織	積極進行傳送有高效率行政政策的組織再造，提供民眾便捷的單一窗口服務。
配套措施	1. 引進個人化的個人諮詢師，協助失業者打造個人就業的行動計畫。 2. 成立就業特區，優先提供勞工個人化的就業服務。 3. 彈性且多元利用夥伴關係的建立，廣泛執行並達到政策的目標。 4. 進行反年齡歧視宣導，呼籲企業自願遵守反年齡歧視的價值觀。 5. 原有社會給付的支持。
具體作爲	1. 營造多元的工作環境，透過短期職務替代與工作分享，提高中高齡及高齡者的生產力，進而增加就業機會。 2. 依據中高齡及高齡失業者本身的特性及因年齡而產生的工作侷限，開發適性且符合產業需求的工作機會。 3. 建構多面向的職業訓練系統，結合民間資源及產業的需求，依據渠等特性規劃就業導向且適合從事之工作形態，達到訓用合一的目的。 4. 鼓勵雇主加強辦理各類在職勞工進修教育訓練，建置企業的人力資本，並鼓勵在職勞工取得專業證照，加強自身未來的競爭力。

（續）表6-4　英國高齡就業特色

國　家	內　涵
借鑑學習	1. 夥伴關係：英國勞動市場政策的推動，多元且靈活的夥伴關係是成功的重要關鍵，不論學校、雇主、政府機關、民間團體，均是政府推動政策的重要夥伴，負責大部分學習、訓練與協助勞工建立就業計畫的實際執行工作，使得勞動市場政策的推動深入社區、學校與社會的每個角落。 2. 雇主參與：新協定計畫是英國勞動市場政策核心，此計畫之成功完全繫於雇主就業機會的釋出。因此，爲說服雇主加入新協定計畫，英國就業服務單位準備了極詳盡且標準化的文件，有專人固定與所轄雇主進行密切聯繫，積極促使雇主成爲推動勞動市場政策的另一個重要夥伴。 3. 地區區隔：英國就業特區的計畫，針對特區提供個人化、地方化的就業協助，有效改善特區內長期失業者的就業困難。 4. 反年齡歧視：在英國，政府爲掃除中高齡就業障礙，積極宣導反年齡歧視，鼓勵雇主成爲尊重年齡的最佳主角，並積極與企業建立夥伴關係，促成中高齡者的雇用，幾乎所有的超商連鎖企業，均歡迎中高齡者成爲企業的一員。

（資料來源：作者整理。）

結語

近幾年來，建立「顧客導向」的服務觀念已成為許多國家進行政府再造所依循的基本原則，而此趨勢也影響就業服務機構的改革工作。雖然英國在推動勞動市場政策上，因為原有的社會福利給付，使得失業者為了社會給付不得不進入新協定計畫，增強政府推動政策的強制力；但他山之石，可以攻錯，為有效協助中高齡就業與發揮就業政策效能，可以朝向下列方向努力：

1. 建立夥伴制度，廣泛與各公部門、私部門及非營利組織建立

夥伴關係，如技能訓練可以由可近性強的學校、民間職訓機構來負責執行。在夥伴制度中，就業服務單位只須透過契約管理，以評鑑結果決定夥伴關係是否繼續存在，如此不但可減輕公立就業服務單位的人力需求壓力，同時可以提供多元化且個人化的服務。

2. 建立特區概念，依據地區差異，例如以失業率、就業率、人口的年齡比率等作為區分標準，將失業率高、就業率低、或人口年齡高的地方視為就業特區，委外經營所有促進就業措施包括：個別諮詢、研究個人行動計畫、求職技巧等等，建立評量指標作為委外績效之契約管理。
3. 建立求才資訊聯繫管道，建立雇主登記求才資訊的多元管道，除開放自行登記外，應有專人主動引導雇主參與政府就業促進方案，提供求才、安置的就業機會，透過契約明定雙方關係與績效考核標準。
4. 反年齡歧視宣導與立法準備。

隨著國內出生率逐年降低，人口成長趨緩，醫療發達，國人壽命延長，人口結構日趨高齡化，整體勞動力也趨於高齡化，是當前就業現象的特色。因此，在就業政策方面，宜著重以下三個面向：第一、增加更多的彈性，並且解決某些技術人士需求的缺口，著重使失業人士迎合雇主的需要；第二、增加教育和訓練投資，使得勞工能獲得在現代化社會所需之勞動技能，以幫助個人並且提升整個經濟體的生產力；第三、加強就業服務政策的推動。為了營造一個親和且符合多項個別化需求的求職求才空間，顯現就服機構的改革，主要目的為提供勞雇雙方更有效、更快速的人力資源運用，一方面促進經濟發展，同時也積極協助工作年齡人口穩定就業、減少政府的福利支出。

問題與討論

1. 請說明歐盟高齡者就業政策的內涵。
2. 請說明美國高齡者就業政策的內涵。
3. 請說明英國高齡者就業政策的內涵。
4. 請說明先進社會高齡就業對我國的啓示。
5. 請說明先進社會高齡就業的趨勢。

第四篇

實踐篇

第7章　我國高齡者教育

壹、高齡人口教育的意義

貳、高齡者教育的必要性

參、高齡教育發展的借鑑

肆、高齡教育政策的推動

前言

對人類社會而言，老人人口的比率是衡量一個國家或社會發展的指標之一，人口結構的老化是社會發展成就，亦是另一種挑戰。國內人口結構已呈現高齡少子女化現象，無疑會帶給社會在經濟、醫療及家庭上極大的衝擊，例如財政負擔加重、經濟成長下降、消費行為改變及家庭結構窄化等。為了因應這些無可避免的衝擊，學者們提出相關的對策包括延後退休、鼓勵生育、加強老人健康照護、加強老人休閒活動、促進高齡者社會參與及學習等措施。

在這些相關的對策中，我們更重視必須以教育的方式使國人準備好如何面對社會高齡化的嚴峻挑戰，是為高齡教育的主要目的。而想要達到此一目的，終身教育的配合推動更具重要關鍵，因為隨著全球化時代的來臨，終身學習已成為現代人民生活重要的一環。終身學習除了重視社會中每一分子的教育平等權的實現之外，也重視公民社會中公民素養的培育以及社會生態責任的實現。為了因應我國即將邁入高齡社會的趨勢，基於社會關懷和全面發展，宜讓老人瞭解他們同樣具有參與學習的權利和需要，激發高齡者參與學習活動，以協助老年國民成功及健康老化。

壹、高齡人口教育的意義

知識社會已成為今日社會的發展型態，教育所扮演的角色正

如同有學者曾言：「經濟決定今日社會的發展，科技影響明日社會的進步，教育引導未來社會的興衰。」現代人不僅因為工作的需求有隨時隨地學習的需要，為適應現代的生活，也必須隨時勤加學習。工作生涯所需的新智能，如果能透過正規的學校學習固然很好，但因受限於受教的機會及個人的時間，很多時候必須藉由非正規或非正式的教育機會來達成。非正規的學習機會是由民間或由工作的場所自行提供，例如社區大學、企業內的職業訓練等；至於非正式訓練指的是非正式安排而可以學習的機會，例如自行閱讀，上網學習、工作崗位的學習等。不管是非正規或非正式學習，由於不是經由專業的教育機構安排，個人學習的技巧就特別重要。

面對人口老化或社會高齡化，教育與訓練投資是重要的一種策略。然而更重要的是，此一領域應採取宏觀的視野，並且從終身學習（lifelong learning）的角度來建構。終身學習的目的在於提供成人終身生命歷程能接受教育與提升學習技能。老人的技能也必須促進與提升，才能滿足未來勞動市場競爭的需要。可以預期的是，科技環境將持續的產生深遠與迅速的變遷。如果我們要對這些持續的變遷加以回應，那麼我們就需要一種終身學習的文化。對於臺灣社會而言，發展一種終身學習的文化未必會嚴重損害到我們的經濟成長率，以及我們在全球經濟的競爭力。從長期的角度來看，終身學習文化的創造也不會降低我們的生活水準。

高齡教育的施行所揭示的四大願景為：終身學習、健康快樂、自主尊嚴、社會參與。其最重要的施行意義如下：

1. 終身學習：保障老人學習權益，提升老人生理及心理健康，促進成功老化。
2. 健康快樂：提升老人退休後家庭生活及社會的調適能力，並

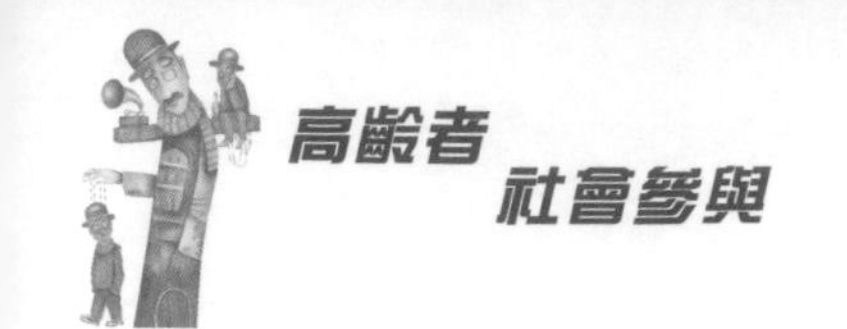

減少老化速度。

3. 自主尊嚴：提供老人再教育及再參與社會的機會，降低老人被社會排斥與隔離的處境。
4. 社會參與：建立一個對老人親善及無年齡歧視的社會環境。

因此，老化教育之施行應透過社教網絡及家庭網絡全面推動高齡教育工作。同時透過教育資源的整合，配合研發專業教材與教案，以推動高齡教育。人口結構高齡化，是我們社會無可避免的趨勢。冀望藉由確保高齡教育權的落實，並促使高齡者成功適應老化，讓社會大眾瞭解老化的正面意義，建構一個對老人親善的生活環境及無年齡歧視、世代之間和樂共處的融合社會。

近年來，國際組織與先進國家為因應高齡社會的來臨，相繼將高齡教育政策列為國家發展的重點策略之一，對高齡教育投入許多心力與資源。聯合國於一九七四年所進行的老年問題因應會議，建議重視老人的差異性，採取不同的教育方式，同時建議所有國家應制訂提高老人生活品質的國家政策。英國於一九八一年成立「高齡教育權力論壇」，持續推動並促進英國高齡教育的發展。日本則在一九九五年頒布「高齡社會基本法」，重視有關老人的相關措施，高齡教育成為整體長壽社會對策的重要一環。一九九〇年，歐盟執委會也明確指出，高齡教育與學習是促進歐洲統合的一項前提，在歐洲需要發展與保障老人的繼續教育型態事宜。聯合國亦於一九九一年通過「聯合國老人綱領」，並發表「老化宣言」。一九九六年國際老人會議重提「老人人權宣言」，可見國際上對老人問題的重視。因應這股高齡化的國際潮流，聯合國將一九九九年訂為「國際老人年」，希望各國同心協力共同創造一個「不分年齡、人人共享的社會」；在各項統合性計畫中，加強高齡教育即為其重點工作之一，內容強調：

1. 知識和互動的群體學習產生的鼓勵作用，可以幫助老年人擁有更好的身心訓練、更好的營養和健康的生活風格。
2. 教育以及繼續社會化的過程，支持與幫助每個人對自己的角色變化（如退休和寡居）預做準備，也能確保老人在轉變中增進福祉。

貳、高齡者教育的必要性

終身學習的世代已經來臨了，生活在這樣世代的人，隨時要學習、處處要學習，學習不再是學生的專利，是每個人無可避免的功課，因此學習的技巧比學習的內容更重要，學習如何學習（learn how to learn）是現代人必備的技能。為適應學習型社會的需求，一個結合家庭教育、學校教育、社會教育的終身學習理念和需求應運而生。過去在規劃終身教育體制時，大都以一個人一生成長的過程作為規劃的主軸，然而全方位的終身教育體制除重視一個人一生發展的歷程外，更重視家庭、學校、社會教育的結合。各國在因應高齡社會來臨之際，其重要的對策之一就是學習的提供，例如日本二○○一年訂頒的「高齡社會對策大綱」的五大對策中，就包括了「學習及社會參與」一項，可見高齡教育在高齡社會中的重要性。以下茲就高齡社會中，以老人為主體，針對老人的個體發展、家庭生活及社會參與，以及營造對老人親善的高齡社會等部分說明高齡教育的重要性。

一、以個體而言，增進身心發展

過去農業社會無所謂的退休，而且社會變動不大，所以老年人的生活經驗仍然可充分地適用。但是在當代工商業社會快速變動之下，老年人的經驗不能符應於社會的變遷，因而老年人退休後，仍然要再學習。人口的老化帶來社會的衝擊，其影響是整體的，老年人本身如何因應高齡社會的改變，就必須透過教育與學習的管道。

(一) 退休前學習

退休生活充滿了自由，退休初期個體將因充分的自在而高興不已，但隨著時間的長久，個體將會失去生活的重心而困擾不已。因此退休前教育實施的最重要目的，就是要協助退休者預先建立好退休生活的生活架構。

(二) 退休後學習

老年期發展任務的重點，包括：

1. 適應退休與收入的減少。
2. 適應健康和體力的衰退。
3. 與自己的年齡群建立親近的關係。
4. 適應配偶的死亡。
5. 負起社會和公民的責任。
6. 建立滿意的生活安排，考慮自己的經濟和家庭狀況，重新安排居住環境。

這些都是退休後必須立即適應與學習的重要課題。

(三) 參與式學習

個人在老年期如何做好身心的保健，這是老年生涯中最重要、也是最根本的一項。對於老年人的照顧，不能僅思考身體的層面而已，更應該要兼顧到心理的層面，因為心理若是不健康，則身體的保健亦將是枉然。促進老年人的心理健康，可透過鼓勵老年人更多的社會參與，或是直接增權賦能（empower）給老年人。

(四) 全生涯學習

個體的生存大都在於生命的意義、智慧和靈性等三種不同層次的追求，老年人在生活之中有著許多的經歷，因而較能夠進入智慧的層次。因此，高齡教育工作者應該要設計良好的方案，以便讓老年人充分發展其智慧。靈性的追求是最高的層次，因為當個體漸老而喪失身體的某些功能，加上失去所愛的人時，便需要內在心理的昇華，沉思其生命的意義，進而超越身體的有限性，達到心理靈性的充實。

(五) 終生學習

這時期的學習有三種狀況，首先是針對僅身體缺陷而心理健全的老年人而言，可透過到府學習、遠距學習和生活史與回憶學習的方式來學習。其次，對認知有缺陷與痴呆的老年人，則須有教育的介入，以減緩老年人認知衰退的速度，其中盡量維持老年人的人際互動十分重要。最後是臨終的關懷，讓老年人有尊嚴地度過人生的最後一個階段是很重要的，因而死亡教育的推行有其必要性。

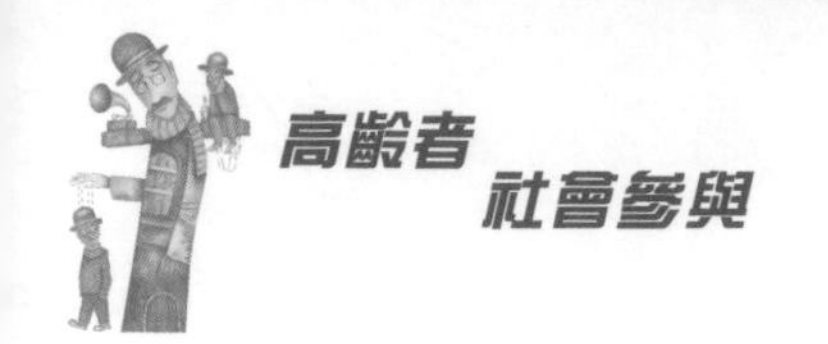

二、以社區而言，拓展社會參與

豐富的社會支持網及良好的人際關係，對延長壽命及生活品質有很密切的關係，它不僅提供情感上的支持，也可建立老年人的自信心與價值感，讓心靈保持活躍狀態，在社會上扮演更積極有意義角色。老年人仍然可以對社會有所貢獻，並從中獲得成就感，因而應多鼓勵長者參與和學習新的工作角色。老年人可以有以下四種新的工作角色。

(一) 持續工作

老年人可以再就業，使自己感到有存在的價值，生活有重心，因而促進身心的健康。有些工作可以由老年人來做，其工作效率可能比年輕人更好。少子女化的現象使生產力減少，影響經濟發展，如能開發老年人的人力，應該是最立即、直接而有效的方法。老年人再投入勞動市場，應充實再工作或再就業所需要的新知能，才能順利在職場上再發揮所長。

(二) 良師益友

老年人可在社會的各階段擔任其新進者的良師益友，將其經驗傳遞給年輕人。透過世代間的經驗交流與傳承，可促進世代間的瞭解與相融。

(三) 志工參與

依據先進國家老人的生活經驗，很多老年人均願意投入志工的行列，為社會善盡其個人的力量，發揮餘光餘熱。但志工的投入，需要為其灌輸觀念的引導，以及志工知能的培養。

(四) 投入研究

有些老年人在以往的工作崗位上各有專長，有很多是各行各業的專家，甚至有很多就是教師，如於退休後繼續深入研究本學科和學習本科以外的知識技能，做一個真正的終身學習者，對於學習社會的發展必有所助益。

三、以社會而言，開創高齡學習

我們社會一向崇尚「敬老尊賢」的觀念，將每年農曆九月九日定為「敬老重陽節」，是一般歐美國家所沒有的節日，但在工商業發達的今天，社會大眾對「敬老尊賢」的觀念已逐漸淡薄，一般人大多只注意到老化所帶來的負面影響，將老人視為不事生產的社會負擔，忽視其正面的價值。早在一九七五年美國就有「年齡歧視」的概念，認為年齡歧視和種族與性別歧視一樣，是屬於對某一群體的偏見，而且歧視得沒有道理。「老化」主要並不是一種生理過程，而是一種社會過程或文化過程。要改變大部分人的想法，掃除迷思，以有科學根據的論斷來取代，並非易事，因為必須先把過去深植人心的想法連根拔起，就像學習新的事物一般，必須先拋棄過往陳舊、甚至根深抵固的東西。因此，必須從小培養對老化的正確觀念，透過正規教育與社會教育，摒除對老年人的年齡歧視，重新喚起全民「敬老尊賢」的觀念，提倡代間瞭解，促進不同世代的人相互溝通與交融，營造對老人親善的普世價值。

許多傳統的理論認為，人進入了老年期後，應該以享受為生活目標，而不再需要社會化了。傳統社會的老年人具有社會教化的權威性，他只對別人施行教化，而自己則絕不會重新面對社會化的問題。然而，現代社會發展證明，老年人仍然需要繼續社會化，主要的理由之一在於角色的轉換，這種轉換及影響表現為：

1. 勞動角色轉換為接受供養角色：原來在社會政治、經濟、文化各領域占據著主體地位，所扮演的角色是為了某種特殊的目的，如職業上的角色。退休後失去職場角色，這容易使老年人產生經濟危機感。
2. 決策角色轉換為受支配角色：在家庭中，由家長角色轉換為被動接受照顧的角色，容易使老年人產生自卑感和寂寞感。
3. 工具角色轉換為感情角色：工具角色是指人們肩負著一定的社會職責，情感角色是為滿足身心情感的角色，比如沉緬在家庭中父母、子女間的角色。
4. 父母角色轉換為祖父母角色：除了角色轉換外，老年人還將遭遇多重「突然失去」的威脅，如子女情感支持的突然失去（如子女成家分居，老年人進入「空巢」家庭）、健全身體的突然失去（如罹患疾病，並可能面臨肢殘或死亡）、配偶的突然失去（如因喪偶而帶來心理健康上的問題）。所有這一切對老年人而言都是將要面臨的新問題，都需要透過繼續社會化、加強學習、提高修養和不斷自我調整來予以面對並調適。

參、高齡教育發展的借鑑

二○○二年，世界衛生組織（WHO）提出「活躍老化」（active ageing）觀念，成為WHO、OECD等國際組織擬定老年健康政策時的主要參考架構。讓退休者繼續在各領域貢獻，是處理

老年社會的一個方案，也能提升老人的尊嚴與價值。其實這個時代，高齡者若怠惰學習則易與時代脫節，教育即是空閒時間的主要活動了。為了使老化成為正面的經驗，長壽必須具備持續的健康、參與和安全的機會，因此活躍老化的定義即為：「使健康、參與和安全達到最適化機會的過程，以便促進民眾老年時的生活品質。」此一主張正呼應WHO對健康的定義：身體、心理、社會三面向的安寧美好狀態。因此，政策或計畫促進心理健康和社會連結，是與促進身體健康同等重要，並且使老年人維持自主與獨立，乃是政策目標之一。完善的社會安全福利措施協助老人建立無虞的生活環境；然而，只有多樣的學習與教育活動，才能真正滿足老年人身、心、靈的需求。為了確保高齡教育權的落實，促使高齡者成功適應老化，也讓社會大眾瞭解老化的正面價值，高齡教育政策必須兼顧社會文化及老人角色轉變的雙重需求，讓臺灣社會整體均能順利邁向高齡社會的發展。

先進國家如英國、美國及日本等，為因應高齡化的社會，政府已將高齡教育納入國家政策，以下簡要說明其高齡教育政策之特色（參見表7-1）。

職是之故，借鑑先進社會發展實況，在邁向高齡社會和建構終身學習公民社會的多重趨勢下，制訂高齡教育政策白皮書，即為我國迎向高齡人口發展的因應之道。在此特別揭示「終身學習」、「健康快樂」、「自主尊嚴」、「社會參與」為「邁向高齡社會高齡教育政策白皮書」的四大願景：

1. 終身學習：保障老人終身學習的權利，使老人享有終身學習的機會。
2. 健康快樂：促進老人的生理健康、心理快樂，使老人享受健康快樂的生活。

表7-1　先進社會高齡教育政策

國　家	內　涵
英國	1. 一九八三年「高齡教育論壇宣言」促使高齡教育發展更爲普遍。 2. 另有「高齡教育憲章」及「高齡教育工作手冊」，揭示高齡教育工作之執行方針，以配合全國性發展的高齡教育，提供全國性機構及地方性質的機構與組織，促使高齡教育政策得以落實執行。 3. 高齡教育政策主要是以聲明和宣言的方式呈現。重要特色包括彈性靈活、對學習資源不利及弱勢族群的特別重視，如獨居者、偏遠者，或退休前後的學習資源之提供等，同時重視老人人力資源的再開發與運用，以及落實教育平權的觀念。
美國	1. 在一九七〇年代初即已邁進高齡化社會，隨著高齡社會的來臨，政府對高齡教育與福利益趨重視。由於美國是聯邦制國家，採行地方分權制度，並沒有統一的高齡教育政策，呈現多元發展的狀況。 2. 聯邦的高齡教育政策自一九六一年開始，每隔十年左右，即舉辦全國性老人會議，共同探討高齡教育相關問題，對美國的高齡教育政策產生引導作用。 3. 老人政策的特色爲維持收入、健康與長期照顧、法定的保障、社會服務等四類。高齡教育政策則包含在社會服務項目下，以免除老人學費政策爲最重要。 4. 在每一州皆設置有關老人業務辦公室，綜理老人的相關事務，獲得極高的評價。 5. 高齡教育政策特色包括多元化、依法行政保障高齡教育權。諸如成人教育法、禁止歧視老人法、高齡教育法等。以及訂定如職業教育法、綜合就業訓練法等，提高老人人力開發與運用。 6. 借鑑美國推動第三學齡人口教育，美國的老人寄宿規模最大，也是國際上參與人數最多的老人學習型態，五十個州都設有老人寄宿所學習組織，每年註冊的學生人數超過十六萬人。
瑞典	是全球最典型的福利國家，在最近發展的老人政策中，強調尊重老人的獨立、參與、尊嚴、適當照顧與自我實現，並以提高生活品質爲最終目標。
香港	以提高生活品質爲老人政策的最終目標，並鼓勵老人透過繼續教育與志工活動，參與社區各類型活動。

(續)表7-1 先進社會高齡教育政策

國家	內涵
日本	1. 高齡教育政策係以立法爲主軸,並作爲推動政策的依據。 2. 一九九五年制定「高齡社會對策基本法」,讓國民能安心度過老年期的生活並享受高齡社會。 3. 一九九六年公布「高齡社會對策大綱」,該大綱係依據高齡社會對策基本法而訂。旨在承繼長壽社會對策大綱的精神,以創造高齡者的生命意義作爲支柱。 4. 二〇〇〇年時,重修高齡社會對策大綱,並提出推動高齡社會政策的基本態度,包括重新評估對老人的刻板印象、重視預防與準備措施、促進社區活動的發展、重視兩性的觀點、鼓勵應用科技在醫療、福利及提供資訊等五項。 5. 高齡者教育的施行,係由福利行政部門、教育行政部門、高等教育與民間組織合力推動,而其高齡教育政策特色包括針對時代變遷與高齡者需求研訂法案、中央政府設置中央教育審議會,負責高齡者教育政策的審議與決策,提供高齡者多元學習與社會參與的機會,並特別重視高齡學習與社區發展的結合。

(資料來源:作者整理。)

3. 自主尊嚴:尊重老人的自主權、維護老人的尊嚴,滿足老人追求自己想要的生活的權利。
4. 社會參與:鼓勵高齡者社會參與、世代參與(與不同年齡層的人有交流分享的機會),建立老人的自信心,肯定老人的自我存在價值。

我國自民國八十三年即已邁入高齡化社會,人口老化速度居全球前列,但是高齡教育自一九八二年成立長青學苑迄今,並無太大的改變,這一套為中低教育程度者設計的學習型態,已經無法滿足新銀髮族的學習需求,需要引進新的學習形式。「上大學」是許多長者一輩子的夢,如何讓長者一圓大學夢,成就「老

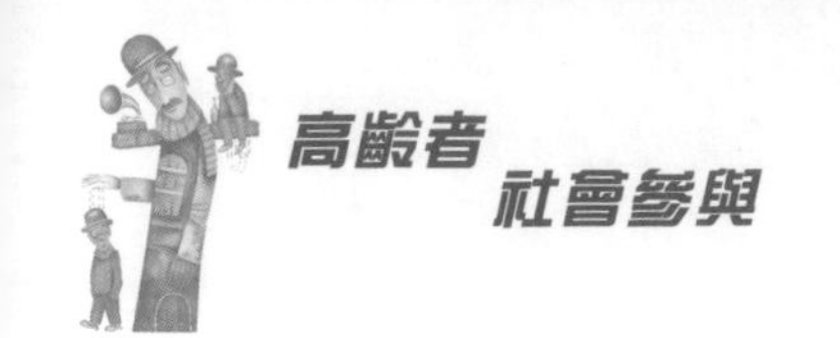

有所學」，進而「老有所用」、「老有所為」，享受充滿活力的生活、快樂學習，並能將老年人力資源的再開發與運用，成為社會資產，貢獻社會，體制的建置固然必要，但觀念的建立更為重要，自學前教育階段，「時時學習、處處學習」的觀念就應建立，而除了觀念的宣導外，身體力行也不可或缺，早期也許可以採教師指定作業的方式慢慢的引導；但隨著年歲的成長，終身學習的觀念應更穩固的縈繞於腦海之中，並且身體力行，而身體力行所依賴的就是學習的技能。

肆、高齡教育政策的推動

終身教育是一種活到老、學到老的開放性社會教育。每個人在學的時間有限，若只依賴學校教育將無法滿足學習新知的需求，為了適應生涯發展所需，可針對自己的需求再學習。終身教育目的在使每個人於學習的過程中，享受學習的興趣和自我充實的成功經驗，而逐漸養成自我成長不斷學習的習慣與態度。因此學習的方式、種類、內容皆應多元化以符合每個人的需求，進而提供生活所需的各種學習，並增進其知能。終身學習之旨趣是在使每一個人在人生的每一個階段，都有適合其需要的教育機會，在縱向而言，包括家庭教育、學校教育與社會教育的銜接，在橫向而言，是正規教育、在職教育與社區教育的協調。終身學習的社會強調全人發展、重視個人自由、使學習成為一種生活，擴展人生的意義與目標。

對退休者而言，「社會化」是指一個人繼續其生命中持續作為社會成員的生命提升過程，所學習的是如何與所處社會的潮流

型態及行為模式相適應。如何灌輸退休者有關社會角色與價值之新認知，可以說是以老齡者教育將老齡人士再社會化之過程，使他們有能力再出發。過去傳統的多代家庭，以老年人或家長作為後輩的模範，他們也是家庭教育的指標和個人社會化的樣版。

催速社會流動的最主要因素是教育的功能，也只有教育的普及才足於提升人口素質和穩定社會的流動。美國芝加哥大學教授哈維格斯特（R. J. Havighurst）說：「在現代社會中，純粹的社會流動日漸減少，向上及向下流動的機會日漸平衡。才能優異且受過良好教育，有助向上流動；才能平庸而且欠缺教育素養與抱負，則向下流動。在公元二〇〇〇年的工業及民主社會，必定比現在高度工業化的社會更開放，因而教育將成為向上流動的主要工具，而缺乏教育或教育程度低者，則成個人向下流動的主因。」（Havighurst, 1972）由此可見，社會流動是促使個人、家庭或團體的社會階級成員產生變化的動因。改變的現象有二：一是向上移動，即居於較低層次的社會階級移向較高層次的社會階級；二是向下移動，即居於較高層次的社會階級移向較低層次的社會階級。社會流動現象已成為一種社會制度。老年人生活於現代社會裡，循著現代社會制度，應以向上流動為目標，建立個人生活自信，營造自己的社會文化和提升社會地位，才能扮演一個受尊敬的社會角色。

一、推動原則

1. 社會正義與公平原則：基於社會資源公平共享的原則，每個人都有共享教育資源的權利，不因年齡不同而有所差異，高齡教育不可居於附屬地位，而高齡教育活動應同時兼顧所有的老人，以達到社會正義與關懷倫理的原則。

2. 多元調適與增能原則：高齡教育的施行，需重視老人生理、心理、與社會調適能力，並促進老人增權賦能原則。
3. 資源整合與分享原則：由於教育資源有限，為能讓每位老人都能享有學習的權利，教育資源的整合是一項重要的工作。高齡教育必須具備多元的輸送管道，其推動體系應包含教育、社會福利、衛生等公私部門與第三部門（非營利組織）共同合作，讓資源相互整合與分享。
4. 本土化與社區化原則：基於老人生理及心理狀況，高齡教育應以社區為學習活動的場域，並兼顧在地性及本土性，以實現「在地老化」的社區教育原則。
5. 社會參與及自主原則：高齡教育的推動需兼顧所有老人的學習需求，並需運用不同的策略，讓老年人願意且樂於主動參與學習活動，以提升其自主參與社會的動機。
6. 強調專業化引導原則：高齡教育的工作者必須具備教師專業素養，因為不同年齡層的受教者，具備不同的學習特性與型態，必須採用不同方式的教學。專業化的教學品質及多元的課程設計，能提升受教者對於課程的滿意度。

秉持上述原則，高齡教育即以終身學習體系為整體架構，以老人為學習主體，並轉化社會大眾對於老人的刻板觀念，不僅回應高齡教育發展現況面臨的問題，更重視社會整體的未來發展趨勢所需。

二、推動目標

1. 倡導老人的終身學習權益。
2. 促進老人的身心整體健康。

3. 維護老人的自主性與尊嚴。
4. 鼓勵老人的積極社會參與。
5. 強化老人的家庭人際關係。
6. 營造世代間相融合的社會。

三、推動策略

高齡人口教育是基於人人都有受教育的權利，不因種族、性別、年齡、階級而有不同待遇，積極開拓老年人的受教權利與機會，建立一個以終身學習為願景，提供老年人健康快樂、自主自尊與社會參與的理想社會。為達成目標，並配合國家整體發展，爰提出高齡教育政策的具體策略如下。

(一) 建構老人終身學習體系，整合教育資源

臺灣已邁入高齡化社會，全面推動高齡教育，並使國人具備瞭解老化之知能已刻不容緩，對高齡者而言，老人終身教育制度提供了晚年充實生活的機會；同時，這是利用自己思想最成熟穩定的時代，以最節省的時間，彌補少年時代的失學遺憾。另外也促使了新視野的開拓，學自己喜歡的學科，有助從事自己的志業，一生事業晚來興隆。

(二) 創新高齡教育方式，提供多元學習內容

對一個人來說，進入老年時間亦即角色的轉變，個人重要的目標是如何維持生活美滿的感覺，完成個人生命繼續發展的任務，其中包括解決以前生活所產生的各種問題，從維持生存和增進生活的品質出發。正由於進入老年時間的角色轉變大，老年人彼此之間的差異也大，為期維護與實踐圓滿生活的權益，透過學

習，懂得如何面對自己人生的新階段，也是應付老年最有效的方法。第三年齡大學（University of the Third Age）最初是由法國的皮耶·維拉斯（Pierre Vellas）於一九七二年提出構想，目的是要透過增進健康和社會文化的活動來提高老年人的生活標準，一九七三年被多倫斯大學（the University of Toulouse）董事會所接受。該大學的首要任務是引導老年人擺脫隔膜，進入大學校園那種積極的氣氛，同時大學也為當地的老年人提供了一個接受繼續教育的集中地。另外，它也可以透過對法律、經濟以及相關課題的跨學科（multidisciplinary）研究改善老年人的生活條件，並藉由會議、院校以及訊息傳播，透過訓練、訊息和應用研究上的合作，幫助私人的或公共的服務機構或公司回應各自內部面對的老齡課題。為適應高齡化社會，老人及全民所需學習的內涵如下：

1. 知性、休閒、養生並重的學習：此類學習活動的對象以老年人為主，著重於提升老年人的精神生活層面，並充實其知能，可藉由地方政府、民間團體規劃休閒式的學習活動或資訊科技的研習，讓老人能走出家庭，接觸社區與社會，以拓展其人際關係，減少與社會的隔閡。另外，為讓老年人有再貢獻社會的機會，因此提供志願服務及再就業的知識與技能，使健康的老人有能力再服務社會，也是老人拓展人生價值的主要學習內涵。
2. 完備的退休前準備教育活動：一九七五年在美國大學開始了老年寄宿生（elderhostel）制度，運用校園資源招收高齡者，其概念是將高等教育良好的設施與終身學習方式相結合，推動老年的智力刺激和體力增進的活力。老年寄宿不是長期在一處上學，它的原始特徵是社會網絡理念（the network approach），所以常是由各地區不同的學院和大學

各自主辦不同的課程，又互相協力和接受學生遊學；參加者按所選的課程從一個校園移到另一個校園，每個校園均居住一小段時間，通常是一周。老年寄宿的網絡已擴及英國、美國、加拿大、丹麥、瑞典、芬蘭和挪威等國，學生到當地的大學、民間高中和其他機構遊學上課。此類學習活動的對象以中老年人為主，鼓勵各機關、團體與公司行號提供退休前準備教育，課程內容則可包括理財、退休生涯規劃、老年身心保健及老年家庭生活適應等內容。

3. 家人及代間相處學習活動：此類學習活動的對象係以各級學校學生為主，可於學校、社區中推動，以認識老化教育、祖孫活動、家人關係及經驗傳承或實際體驗教學等學習為主，有助於年輕世代對老化的認識並培養正確之態度，同時也提供高齡者貢獻智慧與傳承文化的機會，促進代間的交流。

(三) 強化弱勢高齡教育機會

聯合國關懷老人原則之一，即無論年齡、性別、種族、能力、經濟貢獻或其他狀態的差別，一律平等對待之。高齡教育是老人的基本人權之一，在推展高齡教育的同時，除了為身心健全、高知識、高社經地位的老人提供適當的教育型態外，也應該關注身心障礙、原住民、獨居老人、貧窮老人及偏遠地區、鄉村地區等弱勢老人的教育權利，如此方為真正落實高齡教育權的實現。

為瞭解弱勢高齡教育的需求，應定期辦理需求調查，並透過社區、鄰里或福利機構等各種管道，增設或改進現有的學習環境、資源與設施，並成立相關的教育服務團體，提供諮詢與輔導服務，以提升他們的能力與自信心，有尊嚴且樂觀的生活。

(四) 促進老人人力再提升與再運用

1. 促進老人再就業及職業發展：老年人擁有數十年豐富的知識、才能及智慧，退休後如果無所事事，等於是浪費人才，因此協助老人再就業及促進老人職業發展，將是未來不可避免的趨勢。在英國、美國及日本等先進國家，對於老人職業發展都訂定相關的政策及施行辦法，日本不僅立法保障高齡者就業環境與繼續雇用的「雇用安定法」，更結合培訓機構來推動高齡者就業。因此，瞭解老年人的再就業需求，規劃適合的相關技能知識，運用他們的知識及智慧再度回饋社會，也能增加老年人的自信心與認同感。
2. 培養具有服務的素養與作為：國家人口高齡化之後，老年的人力的運用亦顯重要，因為老人在完成家庭與社會責任後，他們擁有更多的時間可以重新服務社會。因此培養老人具有志工服務的態度及素養，是高齡教育重要的措施，除了可提高生命的意義及價值感，更由於他們的投入補足了許多基層服務及勞動的缺口，提升社會整體的運作，並樹立服務社會的良好典範。
3. 鼓勵重返職場成為人生導師：終身學習的概念原本就是為了給老年人提供一個目標和結構，使能保持足夠的能量去生產、學習和創造。要達到這一目標，就要給與老年人他們所需要的幫助，持續地接受新思想、新知識和新的行為方式，以維持生存和圓滿生活的需要，保持生理和精神的功能健全，從而消除年齡的歧視和刻板印象，確保老人重新獲得高度的自我價值。

目前我國公教人員退休平均年齡為54.9歲，根據民國九十九年

的統計，國人男性平均壽命為75.8歲、女性為82.1歲，這些高教育水準之退休人力，如能重返校園協助學校推動認輔等工作，可提升弱勢學生學習成就。此外，學校或可延請社區中的耆老及傳統技藝師傅至學校，以社團活動的方式帶領學生認識傳統藝術，除了讓老人覺得有成就感外，更能增進代間的接觸機會，另外學校亦可辦理世代交流活動或體驗學習活動，藉由活動的進行讓學童更尊重老人。在企業職場方面，經營者亦可借重退休員工的專業知能，延請其重返企業職場，擔任顧問、講師或新進員工輔導員等職務，除可協助企業傳遞工作經驗，並可藉此將豐富的人生閱歷傳遞給新進員工，有助於提升企業的形象及員工向心力。

(五) 開創適應老年的家庭與社會生活

以家庭生命歷程來看，老年期是人生最悠閒的黃金時期，而且與家人的互動最頻繁，提供老年家庭生活教育的活動，可幫助老年人經營家庭中的人際關係，提升對於老年家庭生活的滿意度。另可辦理祖孫的代間家庭親子活動，促進家庭三代或二代之間的交流。

(六) 於正規教育中融入成功老化觀念

高齡教育的施行對象除了老人外，更涵括各級學校學生，為重新喚起我國「敬老尊賢」的優良美德及建立無年齡歧視的社會，在學校正規教育部分，應落實將老化知識列入課程內容，並因應高齡化的人口結構，調整部分學科或增設相關系所。

(七) 積極辦理世代間教育及交流活動

運用地方文物館、圖書館、社教館、博物館、家庭教育中心等社教機構，辦理老化知識宣導活動及代間教育學習活動，可開

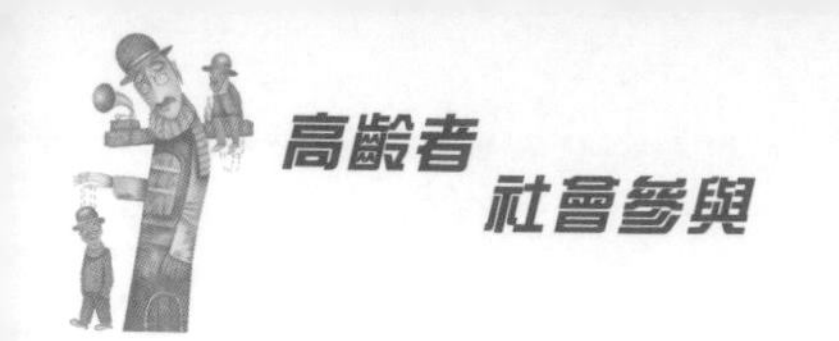

關討論空間或成立老人說故事團體，讓老人的豐富經驗與文化能夠傳承給下一代，增進民眾瞭解老人，並可定期辦理高齡教育學習成果展、發表會及交流活動等，除增強學習者的成就感外，更可強化老化的正面意義及價值。

(八) 增設教育學習場所建立學習據點

為提倡「在地老化」理念，應鼓勵各相關單位於社區內增設高齡教育學習場所，以確保老人學習的便利性。例如協調地方政府釋出因少子女化造成正規學校閒置的資源，包括場地、師資、軟硬體設備等，並加設無障礙設施，轉化為「社區高齡教育學習中心」。又如社教機構、社區大學、老人福利中心、長青學苑、安養機構、農會或廟宇等場所，皆可作為老人的學習場域。另外，縣市政府、文化中心、地方藝術中心、圖書館等公共場域，可提供老人學習成果的展示空間，有助於老人學習的動力及增進他們學習的成就感。

(九) 提升高齡教育人員的專業素養

高齡教育的教學方式並不同於一般教學，必須瞭解老人的學習需求及配合其生理及心理的狀況，才能設計適性的學習課程。研發適性的教材及培植高齡教育專業人力，有助於高齡教育專業化。因此，應針對老人相關機構人員，建立適當且專業的培訓及再教育的機制，並將此一專業師資人力進行整合及建置，提供相關機構辦理高齡教育活動所需。

(十) 建置高齡教育學習資訊網站

電腦網路已成為終身學習的必要工具之一，彙整及分析各機構辦理高齡教育活動型態及性質，建置高齡教育整合型資料庫，

提供教學與教材研發之應用，並建置溝通平臺網絡，有效分享、交換及創造高齡教育之成果，讓學習者可即時獲得高齡教育最新訊息。

(十一) 建立教育評鑑及獎勵的機制

為落實高齡教育政策的施行，中央機關及地方政府應研訂相關評鑑辦法及獎勵措施，評估及獎勵各機關、民間團體及個人辦理高齡教育之成效，透過評鑑的機制，確保高齡教育的適當性與優良性；透過獎勵的方式，使民間團體、企業、非營利組織等共同投入資源經營高齡教育工作。

四、推動方式

學習的態度是學習型社會的關鍵因素，也是一個人永不落伍的最佳保證；最近新加坡政府將各級學校的課程內容大幅度修正，其主要的理念是記憶性的學習在現代社會中很快就落伍了，強調學習的重心不在記憶性知識，而是教導學生學習的方法，將來能自行學習最新的知識，永保不落伍。同時，現今的知識社會所需的是創新、思考的能力，調整傳統教學方式，將有助於創新、思考能力的增進。因此，學習如何學習是各教育階段的重要內容，尤其是以下的幾項學習技能是每個人不可或缺的：

1. 有效的學習：在所有的學習技能中，確定自己最有效的學習方式，並且利用這些方式學習是學習技能中最重要的一部分。所有感官都可以被運用來學習，而不同的知識、技能也可能有不同的學習方式，但每個人最有效的學習方式也不同，有人適合聽講學習，有人喜歡自行閱讀，有人喜好上網

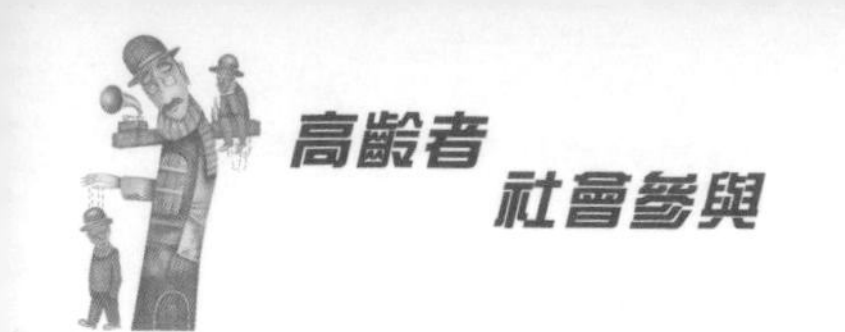

學習，有人從自省中可以頓悟，有人從做中學效果最好。從眾多的學習方式中，經過驗證，確定自己最有效的學習方式，並且利用這些方式學習，將使人終身受用無窮。

2. 聽講的能力：雖然新的學習型態逐漸增多，但傳統的講授（lecture），如課堂上課、演講，仍是最常使用的學習方式。如何聽講、如何掌握重點、如何做筆記，都是必須學習的重點。
3. 視讀的能力：現代社會中媒體多元豐富呈現，廣播、電視、網路、光碟、書本、雜誌、報紙等蓬勃發展，如何從諸多的媒體中選擇適合的資訊，是學習的一部分。
4. 網路的學習：網絡的快速與無遠弗屆，使得上網學習成為現代社會最時新、最有效率的學習方式，但有些人對電腦有恐懼感、排斥感，如何克服恐懼感、排斥感，進而有效的利用網路學習，是現代社會裡每一個人都必須學習的技能。
5. 圖書館使用：圖書館是知識的寶藏，尤其是現代的圖書館除收藏圖書資料的傳統外，視聽媒體、電腦網路都已成為圖書館的基本配備，如何有效利用圖書館中的各種資源，為學習重要的環節。
6. 多元的管道：除正規的學校教育外，由民間提供的非正規學習機會，如社區大學、職業訓練、補習班、研習會，也日漸增加；另外社教館所、民間社團也提供了許多的學習機會；而非正式的學習機會，如在工作崗位和休閒活動中，也時時刻刻皆可學習。在眾多的學習管道中，選擇最適合的管道，並有效率的學習，也是不可或缺的。
7. 時間的管理：發掘自己學習最有效率的方式、安排學習時間，亦屬終身學習的方式。

結語

老年人參加教育活動，有利本身透過學習進修的途徑，去保持思考和進步，使自己能在瞬息萬變的社會中，合群的保存既得的尊榮，不致被迫撤離社會。知識的爆發與半衰期的縮短締造了終身學習的社會，知識經濟突顯了知識更新、創新的重要性，在這兩股力量的擠壓下，個人的學習將不再侷限於學校內的正規學習，生涯發展及生活所需的技能隨時隨地都必須更新。為因應這種趨勢，並且讓每一個人均具備終身教育的理念以及自我學習的能力，除了結合家庭、學校、社會教育的全方位終身教育體制必須盡速建置外，唯有每個人均瞭解終身教育的重要性同時具備自我學習的能力，學習型的社會才能建立，終身學習的時代才會真正的來臨。

綜觀世界各國對高齡社會的關注及高齡教育所提出的多元因應政策，為了因應高齡社會的來臨，唯有靠教育的力量，才能使民眾瞭解臺灣的社會正面臨快速老化的嚴厲考驗，也唯有靠教育的力量，才能使民眾具備正確的態度來看待老化的現象，並具備適應高齡化社會的能力。因此，研擬具前瞻性、務實性的高齡教育政策，藉以宣示政府擘劃高齡教育政策的藍圖，勾勒終身學習社會的願景，是臺灣社會發展上刻不容緩的一項重要政策規劃。因為教育是人類面臨高齡化社會的良方，高齡教育的發展是高齡社會對策的核心，因此高齡教育是迎接高齡社會挑戰的不二法門。

問題與討論

1. 請說明高齡人口教育的意義爲何？
2. 請說明高齡者教育的必要性爲何？
3. 請說明日本高齡教育政策的內涵。
4. 請說明美國高齡教育政策的內涵。
5. 請說明我國高齡教育政策推動的內涵。

第8章　我國高齡者就業

壹、高齡人口的就業困境

貳、高齡社會的就業對策

參、銀髮族重返就業市場

肆、高齡就業人口的對策

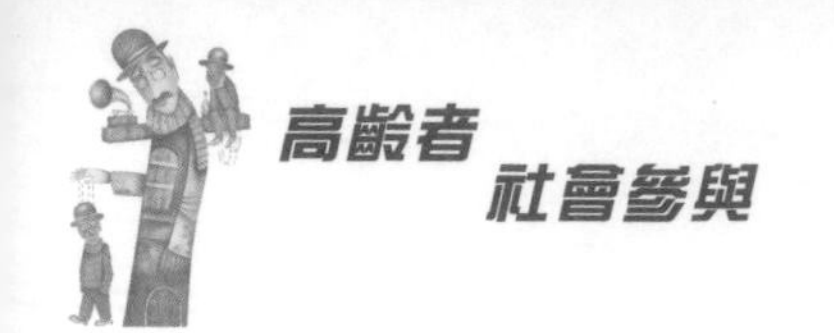

前言

無論富國窮國，全世界都在老化。養老時間越來越長，退休的概念即將終結。未來我們都會用工作來養老。但是政府、企業與個人做好因應準備了嗎？一八八九年，德國宰相俾斯麥為70歲以上的工人推出了全世界最早的退休金制度，當時德國人平均壽命只有45歲。一九三五年，美國推出社會安全制度，領養老金的法定退休年齡是65歲，比當時美國人的平均壽命多出了三歲。過去，各國政府的退休金制度，是為了讓少數健朗的老人安享短暫的晚年。如今，人類壽命越來越長，百歲人瑞以往很少見，現在光在美國就有10萬人。有些歐洲國家的平均退休養老時間更超過了二十五年。一九五〇年，OECD國家平均每七個成年人負擔一個65歲以上的老人，今天這個比例是4：1，預計到了二〇五〇年會變成2：1。各國政府的「隨收隨付」退休金制度，所產生的潛藏負債，未來勢必造成社會財政危機。而且不只工業國家，開發中國家將來也會面臨同樣的老化問題。全世界都在老化，從個人、企業到政府，現在就必須設法因應。養老時間越來越長，所產生的衝擊意味著退休的概念即將終結，人類將重回俾斯麥之前的世界：工作再也沒有正式的停止時間。

隨著社會、經濟急遽變遷，臺灣地區人口出生率持續下降，國人平均壽命逐漸延長，國內中高齡人口之比率乃逐漸升高。對於高齡者參與工作的解釋，主要有「參與理論」和「撤退理論」兩大觀點。前者觀點認為人生唯有樂觀才可以快樂生活，樂觀的人多參與，參與多的人因為互動的刺激也就更樂觀，腦部的多巴胺（dopamine）分泌也更旺盛。處處撤退的人往往以「等

待」為生活重點，習慣於「被動接受」，難免會消極、退縮與無助。有些人視退休後的老人為「撤退人口」（disengagement population），並認為他們的工作是多餘的。但是專家評估表示，老年人仍然需要工作，主要理由包括：經濟需求、自我實現、寂寞排遣、人際接觸、心理補償、老化延緩、自尊維護、精神寄託等。所以社會應把老人也當做一份社會資源，不要因其漸老，就將其放棄或摒棄，而應積極地將老人組織起來，使此一資源得以投向生產。例如有文教專長的老人可輔導其進入民間機構從事社會工作或文宣策劃；住在社區中的老人可向工廠包攬工作；另外也可以為老人舉辦職業訓練或成立老人人才中心，讓老人能尋求機會以充分發展潛能，過著具有生命尊嚴及彩霞滿天的晚年生活。

壹、高齡人口的就業困境

時序今日，臺灣地區已進入高齡化、全球化，傳統三代同堂、兒孫繞膝景象不在，取而代之者係以父母及未成年子女間經濟依存、情感依附的核心家庭為主，老年人已非核心家庭結構成員；家族支持功能逐漸喪失，老年人日益有賴自助他助以承擔風險。老化是一種過程，是身體和心智無可避免的退化過程，老年時期因為生理與心理狀態的退化、經濟來源與工作所得的減少、社會地位與人際關係的變淡、家庭組織成員的減少。雖然老年人因體質衰退而往往要脫離經濟活動，但仍然有不少老年人從事直接的生產或服務行業，如清潔或看護等較低階的工作。因此，老年人、老年人與退休、老年人與工作等就形成錯綜複雜的概念。在這個講求生產力的社會裡，一般人到達退休之年便被「請離場」，離開生產機制。但是，工作是代表了很多東西，老年人還能依靠什麼東西來建立他們的地位或尊嚴呢？無怪乎大多數老年人看自己是「越老越無用」，或有「年老便只是等死」的態度。另一方面，若有些老年人重回生產線，他們卻多會面對不公平的待遇，淪為「二等勞動市場」（secondary labor market）的勞動力。這些變化的困擾，使老年時期發生難以調適社會生活的現象，加上老人缺乏適應遽變環境的能力、身體功能逐漸衰退，加上因喪偶、寡居、退休、感官的失落、疾病、死亡的陰影衝擊著老人，以致現代社會對老年，存在「貢獻貶值化」、「價值邊緣化」、「生活偏見化」、「角色標籤化」四種負面概念（如表8-1所示）。

由於傳統上對老年「貶值化」、「邊緣化」、「偏見化」、「標籤化」的結果，以年齡為老年定義，年滿65歲即屬老年，

表8-1　現代社會對老人的刻板印象

事　項	內　涵
貢獻貶值化	由於老年易呈現退縮、痴呆、身體機能衰退的現象，常被視爲無生產競爭力；老年如同貶值年代，是「四體不勤」者，屬缺乏經濟價值的階段。
價值邊緣化	社會中老年人已非居於社會的主導地位，亦非社會消費的主流；老年時失去工作，同時失去尊嚴；當商業廣告、消費趨勢、社會需求完全不以老年爲重心，而以創新、時尚、新穎爲特色，老年人形同消費市場、社會經濟的邊緣者，亦屬價值遞減人口。
生涯偏見化	老年時期生理方面由於身體器官的老化，慢性疾病逐漸出現；心理方面，智力、記憶力的減退，容易造成適應不良，表現出無助和依賴，易被認爲生活自理功能不佳的人口。
角色標籤化	在標籤化的結果下，對65歲以上仍於職場者，形成強制退出的壓力，容易造成老年真實需求與內心感受不被尊重。

（資料來源：作者整理。）

直覺上容易使人誤認，老年退出職場失去原有工作收入，又無法避免費用支出，將形成「貧窮老年」，同時在事物決定過程易遭到忽略，老年的真實需求遭受漠視。貶值化的概念，忽略老年是生命週期的一部分，老年人口在過去工作時期的貢獻，及老年經驗的累積，在世代傳承中，有不可抹滅的貢獻。然而隨著時勢的推移，專業智能的快速變化，使企業對於高齡求職者的接受度也普遍偏低。儘管對高齡求職者的接受度低，然而，高齡員工的穩定與經驗對於企業有一定的價值，專業經驗、流動率低、抗壓性佳則被認為是高齡員工的最大優勢。同時，經濟市場常以社會需求、消費趨勢為導向，但事實上老年安養、照顧每年有相當龐大的消費市場，若是能以健康銀髮族服務高齡者，則當可促進在高齡化社會中，老人是消費主流的觀念，扭轉社會對老人的偏見。

為了因應未來健康的老齡人口激增以及各年齡層的人口比例不平衡，加上人人親身經歷貨幣一再貶值，銀行利息也一減再減，不必各國政府制定政策，每個人從生活中已有所體驗，並設法自救。要不就把工作年限延長，要不就做多幾份工準備養老。為了應付長壽歲月的時間和終身消費，下世代的老人消費群終身持續的再培訓、再工作也不稀奇。彼得・杜拉克（Peter F. Drucker）在一九六九年的《斷裂的時代》（*The Age of Discontinuity*）一書中，已經深入探討資訊與資本全球化、知識社會、科技、人口變化等問題。到了二〇〇三年的《下一個社會》（*Managing in The Next Society*）中提及：「新社會的主導因素是老年人口的快速成長，年輕人口迅速萎縮，政治人物仍然承諾要挽救現有的退休金制度，但他們和選民都非常清楚，只要健康許可，以後大家必須工作到75歲左右。」

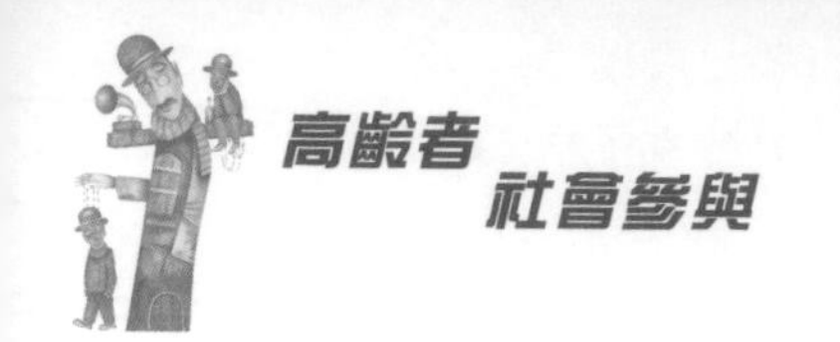

貳、高齡社會的就業對策

老人福利工作需要充分結合政府與社會團體的共同力量。例如健康照護問題，需要衛生醫療單位的配合；老人的保護工作，需要司法單位介入；唯有各部門之間相互協調整合，才能發揮整體性的最大效果。老人的安養並不限於身體的照護，老人心理的發展與尊嚴的維護更不容忽視，因此老年人力的運用也有助於老人對自我價值的肯定。隨著人類社會的變遷，在「後工作社會」的概念中，工作並沒有一定形式與標準，一些目前已成形的工作型態，如個人工作室、電傳勞動、在家工作、網絡營銷等，是為「後工作社會」來臨的體現，也以此為後工作型態存在的依據。工作再也沒有一定形式與標準，但工作是一個人表現價值與交換價值事物的過程，所以進入「後工作社會」後，一個人透過終身學習，為下一個工作做準備。「後工作社會」的概念對高齡者是個新的嘗試。其中受知識經濟影響的後工作社會的個人自主性將更強調，管理方式趨於智能化而且超成熟的工商業和服務行業，亦已經是來到不完全根據勞力與工作時間獲得薪資的時代，才智和人際、外交與權力、個人知識等，都可能是累積財富的資本。這麼一來，高齡者能終身學習，亦能與青壯年在事業上共同貢獻專業。這也意味著未來的時代，只要是確保環境友善與個人健康，可預見高齡者能擁有的不一定是退休規定；知識能與年齡成正比，就代表著高競爭力。其實，參考美國未來學專家舒瓦茲（Peter Schwartz）《未來在發酵》（*Inevitable Surprises*）一書，會發現它早已總結不少前人觀點，論及未來世界將是老齡者當

家，使得退休的定義也將重新改變。因此，在未來即使是資深員工從職場退下，也不一定像過去和現在的人們面臨劇烈的生涯轉變。屆時，工作與退休的界線將不再涇渭分明。

活動理論針對社會撤離理論所提出的老年人因活動能力下降和生活中角色的喪失而願意自動地脫離社會的觀點，認為：

1. 活動程度高的老年人比活動程度低的老年人更容易感到生活滿意且更能夠適應社會。
2. 老年人應該盡可能長久地保持中年人的生活方式以否定老年的存在，用新的角色來取代因喪偶或退休而失去的角色，從而把自身與社會的距離縮小到最低限度。活動理論對老年社會工作的意義在於，無論從醫學和生物學的角度，還是從日常生活觀察表明，「用進廢退」基本上是生物界的一個規律，因此社會工作者不僅要在態度和價值取向上鼓勵老年人積極參與他們力所能及的一切社會活動，而且更需要為老年人的社會參與提供更多的機會和條件。

面對高齡社會所帶來的衝擊，不少先進國家提出高齡社會的因應對策，有的以立法方式，有的則是以訂頒對策大綱、研擬計畫，發表宣言、制定白皮書的方式呈現。日本在一九八六年提出「長壽社會對策大綱」，分別對「就學及所得」、「健康及福利」、「學習及社會參與」，以及「住宅與生活環境」等四大領域提出因應之道；一九九五年又訂頒「高齡社會對策基本法」。英國的高齡社會對策，也提出「盎格魯—法蘭西聲明」、「高齡教育權利論壇」、「高齡教育憲章」等，協助老人再就學、擴充退休前教育活動及推動高齡教育等。美國為因應高齡社會的來臨，也陸續頒布「禁止歧視老人法案」、「綜合就業訓練」、

「志願服務法」、「高齡教育法」等。綜觀各國及專家學者所提出的高齡社會就業因應對策（如表8-2）。

德國社會政策學者蕭伯納（G. Bernard Shaw）有一句名言：「我們並非因為年老而停止工作。我們因為停止工作而變得年老」。他指出當我們自己覺得時不我予，我們便會做出相應的行為。隨著全人類的壽命越來越長，他們不得不多儲蓄、多規劃。

表8-2　高齡社會就業政策

事　項	內　涵
鼓勵勞動	鼓勵更多適齡工作者持續工作，以擴張勞動力，並可從輔導就業，減少失業或延長工時的方式入手。此外，鼓勵婦女就業，提高就業率，也是增進勞動力的可行方案。
延後退休	延後退休，可以降低依賴人口，更能補充勞動力，減少勞動人口日漸下滑的人力不足問題。避免因高齡社會對於財政的負擔，其中不少國家提出延後退休、津貼延後發給、降低每年的給付數額、縮減福利，以及對當事人進行經濟調查，以爲因應。
鼓勵生育	有鑑於在國家發展中認爲低生育率將會帶來經濟、福利的威脅，甚至是攸關種族的存續。近年來先進國家因應高齡化社會的重要策略，是鼓勵適當生育，培養高素質的生產力。
健康照顧	老年人口的增加，老人病的病患勢必加多，醫療部門需做適當的擴充與調整，例如增加老人病床、醫護人員及照護服務等，從業人員的培養也應及早規劃。
休閒規劃	老人的休閒旅遊成爲一項新興的熱門行業，老人已完成家庭和工作的責任，大部分的時間都是自由時間，休閒旅遊成爲高齡者偏好的活動，因此，對高齡者的休閒旅遊應妥爲規劃。
社會參與	社會參與是維持老年人人際關係脈絡的重要支持體系，包括教育的參與、志工的參與、政治的參與、組織的參與、宗教的參與，以及其他各種社會活動的參與。其中教育的參與及志工的參與，更值得關注。老人社會活動的參與越多，其人際關係較佳，生活滿意度較高，而且健康也較爲良好。

（資料來源：作者整理。）

但是貨幣的一再貶值說明儲蓄的觀念並不可靠，眼前的最好辦法應該是看出自己是人力資源，盡力投資在自己身上，儲存人力資本；使自己保值事小，讓自己增值事大，提升可雇用價值，才能確保自己隨時可以被雇用。所以保健之外，所謂的終身學習之所以被提出，目標是為了人的增值。人，尤其是壯年後，要不斷取得新的知識。這是彼得・杜拉克在一九五九年《明日劃時代事件》（*The Landmarks of Tomorrow*）開始論及的知識經濟問題；在一九九〇年的《未來的管理》（*Managing for the Future*）和一九九三年的《後資本主義社會》（*Post Capitalist Society*），他已經提出過不少教育理念的反省。延緩退休、打破退休年齡限制的確已成了趨勢。其中，英國不僅把退休年齡下限定為65歲，還計劃取消限制，以防範雇主以年齡作為強制員工退休理由。如此趨勢的知識世紀，不能不由60歲以上的人群組成龐大的社會生產力，也成為人多勢眾的消費群。關鍵就在確保他們有能力迎應。

參、銀髮族重返就業市場

在倒金字塔人口結構下，國家財政赤字必然日益擴大，政府解決問題的方法，不能停留在工業社會增加預算的思維，因為未來沒有足夠的工作人口來繳交國家所需的龐大費用。自人類發展的歷程中知悉，退休制度是到工業社會後才形成的，由於工業社會大多數人進入企業或組織工作，造成勞資關係與相關社會問題。為保障勞工及離開企業後的生活，各國相繼立法訂定福利制度及退休制度。受到人口結構的變化，在現有條件不變下，預計一百年後，臺灣人口將只剩下800萬人。從人口結構快

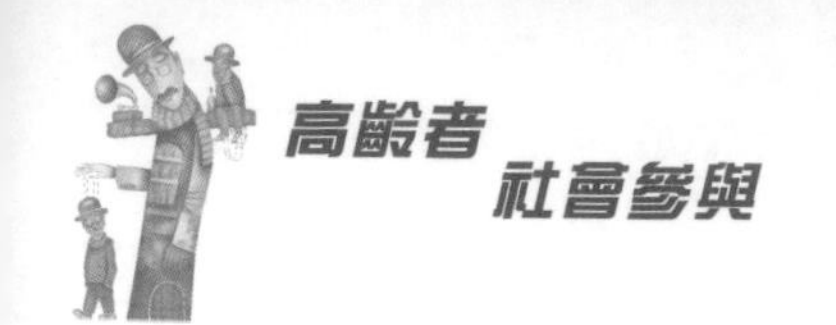

速成為倒金字塔形狀來看，許多福利保險制度將會崩解。這也是為什麼我國勞保年金出現龐大的虧損黑洞，健保巨額負債達五百一十一億。另外，國民年金於九十七年十月才開辦，內政部評估，民國九十九年財務會短缺約八十億，民國一〇〇年則短少超過二百億。這告訴吾人，未來政府財政無法承擔這些福利措施。為應付此一變局，需要新的生涯規劃。我國現在平均壽命約78歲，從民國九十年至九十六年平均退休年齡約為55歲。也就是說，退休後要準備好二十三年的生活費用。如果未來勞保、健保不再有保障，那退休後的生活費加上醫療費用更是沉重負擔。依此，高齡者的就業是本著「讓自我生涯獲得保值，更要能追求增值的成長。」因此提出，每個人都要為自己的一生做準備，好好規劃一生的旅程，不要讓自己成為兒女或社會的負擔。要如何達成此一目標？這是很簡單的推算，退休後所儲存的金錢，能養自己到人生終點。由於人類壽命持續增長，故必須推動以下兩項方能竟其功：其一，延緩退休時間，增長勞動年齡；其二，規劃多項專業，達到「本行能在行，非本行不外行」的多元能力。延緩退休是必然趨勢，延緩退休有兩種情況，一種是在原來的公司或組織繼續工作，另一種是更換工作，不管屬於哪一種，其精神就是繼續工作，亦即是「終身工作」。當下提出的「銀領族」概念就是在此情況下應運而生。然而，不是你要工作就會有工作，所以要持續培養社會所需的專長，才能找到工作。如果將退休後準備的費用，要夠用到人生終點來看。假如平均壽命達80歲，那一般收入的人，可能要工作到75歲才能退休。不管你喜歡與否，「終身工作」時代已悄然來臨了。

告別退休，其實倒也不是壞事。許多企業不喜歡雇用老人，認為老人動作慢又不會新科技，但熟齡員工不一定得做原來的工作。例如在日本，日立等大企業就找出了方法，重新雇用已經退

休的員工，但提供的是不同的工作，薪資也大幅降低。另外包括沃爾瑪超市、英國B&Q、麥當勞等零售餐飲業者，現在也開始雇用退休老人，因為他們對客人更友善、殷勤。在德國，近年因為工程師不足，也迫使企業必須找回老年員工。工業國家的勞動力將在二〇二〇年開始走下坡，屆時會有更多企業回雇老員工。許多老年人都有意願在退休後繼續工作，只要工作不太繁重，老人們的身心都可獲益。許多嬰兒潮世代的人都說，他們從來不想在老年完全不工作，但會希望工作時數少一點。因應老化，各國政府近年已推出不少政策，包括可攜式福利、引入移民、鼓勵私人儲蓄、改革醫療等。有些企業也開始取消強制退休年齡、讓員工分階段逐步退休。最重要的是，政府必須延長領取退休金的法定年齡，光是延到68歲還不夠，延到70歲會更理想。目前只有丹麥政府跨出了前瞻的一步：依據平均壽命的增加，自動延後法定退休年齡。

根據英國國家統計局的統計資料，二〇〇五年半數以上的新就業機會，都是由屆齡退休的銀髮族取得，退休族重返就業市場，除了顯示雇主願意雇用年長員工，從另一個角度來看，主因是許多銀髮族面臨嚴重的財務壓力。因此隨著人們的壽命越來越長，退休的銀髮族如果想要有足夠的財務能力安度晚年，就必須延長工作時間。另外，許多銀髮族也擁有年輕上班族所沒有的長期生活歷練與技能，這也使得有些雇主願意雇用有經驗而且穩定性較高的年長員工，包括特易購（Tesco）、Sainsbury等超級市場都特別指定雇用年長的員工，以服務同樣老化的顧客群。

根據英國國家統計局的統計報告，一九九〇年代英國65歲以上男性及60歲以上女性銀髮族，就業率在7.5%至 8%之間，但二〇〇八年就業率提高到10.4%。報告指出，二〇〇八年，英國到達退休年齡的人數達130萬人，較前一年增加85,000人，其中新增

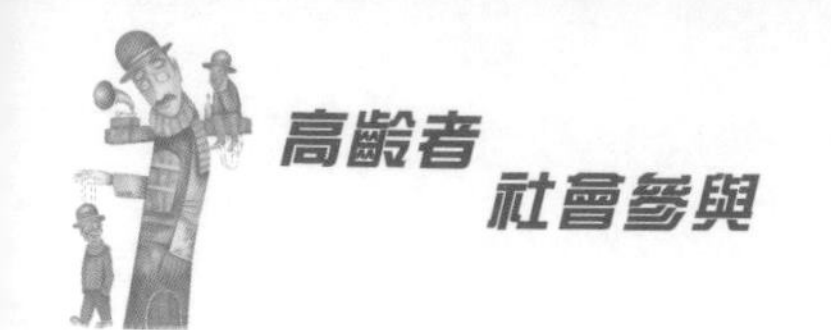

147,000人重返就業市場，都是由屆齡退休人口取得，不僅如此，年齡在50歲到退休年齡仍就業的人數增加57,000人。究其原因，除了雇主傾向願意雇用年長員工，許多銀髮族面臨嚴重財務壓力也是重要的原因之一。因為平均壽命提高後，銀髮族為了有充分的金錢「安養天年」，被迫延長工作時間，滿足「退休」後的生活需求。

隨著老年人口快速增加及生育率下降，高齡社會將衍生許多問題，參酌日本、南韓和新加坡等國，都以延長強制退休年齡來因應高齡社會，未來將扮演更積極的角色，協助中高齡人口就業，臺灣如要延後退休年齡，必須提出完整的配套措施。政府對於雇用中高齡者的企業應給予補貼獎勵，並且建議政府積極發展銀髮族產業。韓國65歲以上的老人勞動參與率為31%，遠超過臺灣的8%。高齡問題越晚因應，所付出的成本越高，因此最好及早正視這個問題。福利先進國家多以漸進式的退休，取代全然的退休制，例如退休者可以從事與老年生活型態結合的工作類型，或以兼職取代全職工作。日韓兩國的中高齡人口就業，很多都是選擇部分工時或人力派遣的工作。是以，臺灣應重視非典型雇用型態改變的事實。當然，選擇繼續投入就業市場的年長者，也必須重新適應新的職場倫理，放下身段，接受主管比你年輕的事實。同時，應推動跨世代的交流，將年長者的技術經驗及價值觀傳承下來，同時年長者也要試著欣賞年輕人的優點。同時，身體健康、經濟無虞的年長者，退休後也可以擔任社福團體或公家機關的志工，繼續服務社會。至於有經濟壓力的高齡人口，退休後可以再尋找職業的第二春，但政府必須加強職業訓練與職務再設計，以符合高齡人口的體力、經驗以及期望。

肆、高齡就業人口的對策

老人的社會地位幾乎等於傳統社會的主權掌控階層，是以有「作之親、作之師、作之君」的說法。然而，老人的社會地位一旦鞏固成受人尊重的控制權，社會流動（social mobility）無疑也會遲滯不前，老人遂成為封閉的社會階級（social class）。因而，老齡者也就可以長期高高在上地在各領域當權威。如此演變出的效果，一方面會拉長了人與人之間的距離，另一方面也使社會秩序封閉保守得有條有理。在一般的常態情況下，年輕一代也只能在老齡者跟前謙和恭敬，聽取安排，減少鬥爭。如此社會型態的好處是人事有秩序和各守本分的和諧，壞在容易演變成僵化、頑固、食古不化的思潮與態度占據主流。然而，現代社會的開放，令社會流動也加速了，也縮短了社會差距的幅度。老人不能再高高在上。但是，這一代和未來的老人參加社會的需要比以前的老人多、活著的時間也較長。因此，老人不能不學無術。最近幾十年來，全球退休型態有了重大改變，提早退休人口的比率不斷增高，這種現象在已工業化國家尤其普遍。面對人口快速老化以及提早退休的趨勢，政府及企業有必要為高齡者提供更好的就業機會。老年人對企業、經濟及社會提供具有相當潛力的價值。遺憾的是，他們經常被認為是未開發的人力資源，並受到差別待遇，甚至許多公共政策措施或私人工作場所的習性，對於高齡者擔任有給或無給工作均造成嚴重障礙。這些政策或工作習性有許多是過去年代遺留下來的產物，實有必要超脫傳統刻板印象來看待老年人，以嘉惠人數逐漸成長的高齡者；況且如有適當的政策或工作，許多老年人亦將選擇更長久的工作。有鑑於此， 經濟合作發展組織（OECD）的「就業、勞工及社會事務委員會」（Employment, Labour and Social Affairs Committee）於二○○一年檢視各會員國有關活絡高齡勞動者之供給及需求面勞動市場相關政策。這項「高齡化及就業政策」（Ageing and Employment Policies）的報告，包括對各國造成老年勞工就業主要障礙的調查；對現有處理這些障礙的適當、有效措施的評估；並對各國官方及社會伙伴提供未來行動方案的建議。有關高齡化及就業政策之主要建議內容說明如表8-3所示 ：

表8-3　國際高齡化及就業政策

事　項	內　涵
活絡勞動力市場的移動	1. 為提高求職者尋職的意願並鼓勵積極求職，有必要對原本求職者一些義務的免除規定，再做檢視或改革。 2. 增加各類積極性勞動市場計畫彼此間的合作，以改善整體實施的成果，對於高齡者的失業問題，需要建立職業訓練等配套措施。 3. 為了使已經領取退休金的人重返勞動市場，應推動積極性的措施，例如復職計畫、提供適當的工作機會提供予退休勞工等。
鼓勵高齡人口持續就業	1. 為能讓漸進式的退休制度更吸引人，再增設附加的權益，以吸引高齡勞工接受。 2. 持續降低提早退休的可能性，考慮透過加重徵稅等方式，以減少提早退休的可能。 3. 依據人口趨勢，提高法定退休年齡，使其與預期平均壽命將提高維持一致性，以提升高齡者的勞動力參與率。
增加雇主雇用老人意願	1. 鼓勵政府制定反年齡歧視的立法，包括廢止強制退休年齡，限制強制退休。 2. 實施員工於機關內部及外部的職務輪調，以增加員工的工作歷練。 3. 放寬就業保護法，太過嚴格的就業保護法將影響雇主雇用高齡勞工的意願。 4. 對於高齡勞工的就業服務，除包含尋職服務、職業訓練、技能檢定、尋職津貼外，可提供雇主或勞工適度的工資補貼，以提高高齡勞工的就業比率。

（續）表8-3　國際高齡化及就業政策

事　項	內　涵
排除高齡者就業的障礙	1. 宣導高齡工作者經驗的價值，透過採取「肯定年齡運動」（Age Positive Campaign）以改變雇主、勞工，以及民眾對高齡者的觀點。 2. 增加退休基金財務的穩定及相關收益，唯有確保勞工於選擇延長工作後應得的權益，並能獲得額外的利益，如此才能吸引及鼓勵高齡勞工繼續工作。 3. 採取進一步的措施以預防與失能有關的津貼被變相用爲提早退休的管道、採行更廣泛的復健與職業訓練方案等，以防範這種透過領取失能津貼來達到提早退休目的之現象。 4. 檢討依照年齡或服務年資的薪資制度，建立技能薪資制度。避免由於薪資隨著年資提升，致高齡勞工易被逐出勞動市場，因此按年齡及服務年資計算之薪資制度，對高齡者就業有負面影響，調整按技能給付薪資乃有其必要性。
提高勞動者的受雇能力	1. 加強及擴展老年人口的職業訓練。 2. 彈性調整老年人口的工作時數、改善工作條件及工作安全，使其適合於高齡勞工的身心狀態，以發揮其寶貴的工作經驗及價值。 3. 建立對年過45歲勞工訓練目標的監測，避免訓練資源被閒置或浪費，以確實達成提高高齡者就業能力的目標。 4. 爲高齡勞工開拓及積極尋找更多之工作機會，並加強與其他對高齡勞工積極性的就業措施之合作，協助高齡的尋職者返回職場。 5. 提供雇主對資遣或離職員工之求職諮詢和再培訓費用免稅之優惠。如彼得．杜拉克所說：在本世紀，許多先進國家的社會保險與退休制度都會崩潰，大多數人需要工作至75歲才能退休。如果人人有此體認，國家與企業也調整勞動市場與退休制度，則養老問題即可獲得紓解。

（資料來源：作者整理。）

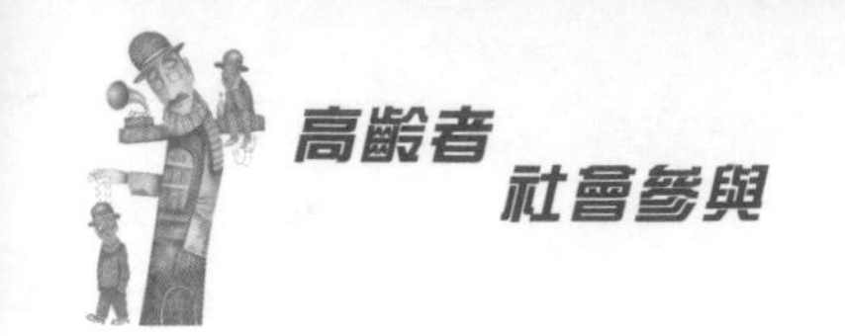

臺灣60至64歲高齡者勞動力參與率，在一九九三年為41.6%，二〇〇三年降為34%；降幅達7.6個百分點。另觀察65歲以上的勞動力參與率，二〇〇三年南韓為30.7%、日本21.8%、美國13.2%、新加坡11.3%，都比臺灣的7.8%高出甚多。基於我國人口結構逐漸老化、平均壽命延長、退休制度長期財務結構之健全，以及勞動倫理等因素之考量，上述OECD各項具前瞻性的建議可提供我國作為改革相關退休制度及研提促進高齡勞工就業政策之參考：

1. 我國現行所實施之勞工退休新制，長期而言，應有活絡勞動市場之效果，但相關單位執行宣導作業時，宜向雇主或一般大眾宣導對高齡者的肯定，對高齡勞工可適度提供工資或職業訓練經費補助，增加雇主雇用高齡勞工的意願。因應政府擴大使用中高齡勞動力，延長法定退休年齡，實施職級年金制，適度修改現有按年資累積增加的薪資制度，以免提高企業界的勞動成本支出。
2. 在公部門的退休制度方面，目前過早的請領月退休金的年齡，55歲退休加發五個基數的優退措施，對國家退撫負擔之長期財務產生負面影響，成為鼓勵高齡者持續就業的障礙。除考量組織改造、個人身心障礙等特殊情形外，應延後退休年齡並給予其他附加利益，以吸引高齡勞工持續就業。
3. 其他有關增加求職者適當之求職義務、建立技能薪資制度、增加勞動市場彈性等，均應與改革退休制度同步檢討及配套實施。對中高齡勞動政策的建議則有：因應政府加入國際貿易組織（WTO），大量農民必須轉業，參考日本等先進國家的做法，規劃出適合中高齡勞工從事的行業，加強推動這些行業的職業訓練與安全衛生教育訓練，以確保轉業農民的就業安全。

4. 對於某些確實不適合高齡者從事的作業，例如視野與視覺敏銳度會影響駕駛作業績效，且兩者都會隨年齡的增加而效用逐漸遞減，因此應針對飛機駕駛、公車駕駛等行業，訂出適任的年齡上限，供業者與勞工參考，及早進行轉業的規劃與訓練。對於勞心的中高齡勞工應加強教育訓練，實施工作豐富化與工作輪調；對於高齡體力勞動者則應設法改善其工作環境，減少快速度的操作以及不舒適的操作姿勢。
5. 政府多以獎勵方式促使企業多雇用高齡勞工，並為高齡勞工進行職務再設計。雇主依照「勞工健康保護規則」，定期為高齡勞工進行健康檢查。
6. 我國職災個案資料沒有記錄受害者的年齡，因此應改進職災記錄的表單並加強訓練檢查員，明確的記錄與職災發生有關的個人因素（如性別、年齡、病歷、其他特殊情況）、意外事故發生前，或發生時所在的位置與進行中的動作、工作環境與使用的工具設備，才能由職災個案資料歸納出具體的職災類型與防範對策。日本人口老化問題比臺灣嚴重且較早發生，因此有許多相關的資料值得參考，例如許多大規模的企業所採用的終生雇用制、中高齡勞工身心功能之測定、針對中高齡所做的工具、設備改善等。

《未來在發酵》一書中指出，高齡員工需要受的訓練比年輕人少，50歲以上者是擴張相當快的網絡使用族群，尤其擁有普遍的大專教育程度與主動接受持續教育的高意願；對於倚重員工判斷力而不是體力的企業，高齡員工的效率更佳，因此在未來，退休在人們眼裡的定義是可能只是休生養息的代名詞。高齡管理者、知識工作者皆有機會在第三人生的時期，把工作生涯藉由經驗、學問與才智從心所欲的發揮，在職場出入自如，經濟、社交

和健康狀況都會更有活力的提升質量。

反過來說，退休金和養兒防老都不足維持，不具專業能力，很容易就成了別人的負擔，生活上陷入困頓。

結語

根據美國勞工統計局（BLS）於二〇〇七年十一月公布的勞動市場推估結果，由於人口高齡化之因素，美國未來10年勞動力參與率（以下簡稱勞參率）將由二〇〇六年的66.2%，降為二〇一六年的65.5%，勞動力成長將較目前趨緩，其中高齡勞動力成長預估將為全體勞動力成長之五倍。我國近幾年由於少子女化及國民平均壽命延長，人口高齡化速度明顯較法國、瑞典等先進國家快速，因此在人口結構快速高齡化的趨勢下，我國勞動力之未來發展不容忽視。根據推估，若勞動參與意願不變，未來總勞動力參與率將呈下降趨勢，總勞參率為各年齡別勞參率的加權平均數，權重為人口年齡結構。也就是說，若某年齡層勞參率高，而該年齡層人口占總人口比例又大，則總勞參率會較高；反之，則較小。由於人口結構漸趨高齡化，未來我國高齡人口比重將逐漸上升，再加上高齡人口勞參率較青壯年低，因此我國未來總勞參率亦可能如美國的預測趨勢，勞動力成長也將呈現趨緩。惟若能提高勞動力與意願，以抵銷因人口年齡結構造成的負向效果，未來總勞參率仍能維持一定水準。因此，如何提升勞動力與意願，將是影響未來勞動市場人力供給之重要因素。同時、提升勞動力與意願，以維持總勞動力參與率趨勢。影響總勞參率變動的主要因素可分為「勞參率變動效果」（解釋勞動力與意願之變動）及「人口結構變動效果」（解釋人口結構比重之變動）。雖然我國

高齡人口占總人口比重逐漸增加，但自二〇〇一年以來勞參率反而止降回升，分析主要原因為25至49歲女性勞動力與意願提升之影響效果最大，其次為50至64歲中高齡者之人口效果。主要係因政府自二〇〇二年起陸續辦理各項促進就業措施，包括促進婦女人力資源發展及就業因應對策，及開發中高齡者就業機會，一方面給予婦女及中高齡者繼續留在勞動市場工作的誘因，另一方面也吸引更多婦女及中高齡者進入勞動市場，是此期間總勞參率提升之主要因素。

因應人口老化的就業議題，宜有的對策是隨著我國人口結構高齡化，若要提升勞參率，主要針對的對象仍應以婦女及中高齡者為主，除了持續加強人力培訓以提升勞動生產力之外，同時亦應思考如何創造可兼顧家庭與職場的制度，使有工作能力者均能進入職場。目前政府辦理的相關措施如下：

1. 落實保障婦女法令、減除婦女就業障礙、培訓婦女就業技能及強化就業服務，以促進婦女就業並提升婦女就業之穩定性。
2. 辦理「縮減高齡者數位落差計畫」，以提升老年人口的就業能力。
3. 重新評估退休年齡及退休津貼制度，激發中高齡者就業動機。
4. 修正現行鼓勵提早退休制度，提高法定退休年齡，並增加延長工作年資權益政策，以吸引高齡者繼續工作。制定禁止年齡歧視法案，並提供雇用中高齡勞動力之獎勵措施，降低企業主雇用中高齡者就業之負擔。並且宜強化中高齡者職業訓練，提升其技能，促使其能持續就業，並排除中高齡者再就業的障礙。

問題與討論

1. 請說明高齡者仍然需要工作的主要原因。
2. 請說明高齡人口就業困境的主要原因。
3. 請說明高齡社會的就業對策內容。
4. 請說明銀髮族重返就業市場的方式。
5. 請說明我國高齡就業人口對策的內容。

第9章　高齡者社會生活實況

壹、高齡者社會生活迷思

貳、高齡者社會生活適應

參、高齡者生涯發展任務

肆、高齡者社會參與的需求

前言

隨著醫療衛生科技的進步，國人壽命延長，加上嬰兒潮世代逐步邁入高齡，未來我國高齡人口將持續增加，建構適合高齡者持續保持健康生活的多元化社會環境，將有助於高齡者的生活品質。經濟合作發展組織為因應高齡化社會的來臨，於二○○六年提出積極的因應策略：

1. 人口（population）策略：改善人口結構，生產人口的人口比例要增加，此時可以鼓勵生育或藉由移民政策等措施，藉以減緩高齡人口占總人口數的比例。
2. 生產力（productive）策略：則是鼓勵高齡者經由再工作，重新返回工作職場以提供工作參與經驗，並進一步地提高生產力。
3. 參與活動（participation active）策略：當高齡者越積極參與活動時，則可延緩依賴期的來臨，以長期而言，對於國家社會與經濟的發展亦有潛在的幫助。藉由多元活動的進行，使其退休生活得到發展與滿足。

爰此，法國為倡導高齡人口退休後仍可以保持有活力的生活，提出「活躍退休護照」（passport pour une retraite active）方案。鼓勵高齡者或退休者於退休生活開始之後，可以過一個有活力、有目標的退休生活。對於高齡者與退休者的鼓勵多參與活動。藉由志工活動或社團等活動之進行，以度過一個有品質、有活力的退休生活。

壹、高齡者社會生活迷思

無疑的，老人仍具有參與能力與學習意願，而他們對於各種社會活動及社會建設仍抱持興趣，期待有較多的社會參與機會。老人學習正是一種有意義的社會參與，透過繼續學習，老人得以繼續維持良好的精神狀態。在德國針對高齡者推動「生活世界導向」的參與方式，所謂「生活世界」指的並不是自然世界或客觀現象，而是一種主體對世界的認知方式，在概念世界中所顯現的知覺。生活世界是充滿意義的世界，包括了個體的期待、情況意義、重要關連等均與生活世界導向的參與過程關係密切。根據生活世界的理念，強調老人的「自主性」與「社會性」為兩大主要目標，在生活世界中提供更多的參與。

基於社會變遷、科技革新、經濟轉型、知識迅速成長與衰退等多重因素的影響，老人必須社會參與，已無疑義，然而一般社會對於高齡者參與仍存在著一些迷思，這些迷思主要列示於表9-1。

就我國而言，必須破除上述迷思，發展高齡者教育須符合老人的學習需求，瞭解老人心理及學習行為，將青少年的教育模式移植至高齡者教育，將降低他們的學習意願與樂趣。因此，方能具體實現高齡者參與的理想。若以世界各國高齡者參與發展的情況觀之，高齡者參與的積極推動乃是社會重視高齡人口權益的具體作為。雖然部分先進國家已建立了一些宏規與典範，然而發展高齡者教育，提升老人的生活品質與生活滿意度，仍是當前各國一致努力的目標。

表9-1　對高齡者社會生活的迷思

迷思	內涵
老人學習是事事難學好	誤認老人的身心狀態衰退，已失去參與的能力。事實上，老人仍具有學習潛力，若學習內容與經驗相結合，則學習效果往往更爲顯著。
學習是一種辛苦的差事	將老人參與視爲一件辛苦的工作。事實上，老人可以透過參與內容的自我選擇與決定，進而從中獲得參與的喜悅與滿足。
老人是爲了學習新技能	老人參與的意義不在於獲得新技能，而是多元化的，可以是技藝性、知識性，和具有情意性。目的在於促進生活的美滿，心靈的豐富以及生命的愉悅。
是一種社會資源的浪費	發展高齡者教育，不能視爲社會資源的浪費，而應視爲社會年齡層平等的表徵與展現。從社會成本與投資報酬率的觀點而論，認爲社會資源應重在投資兒童、青少年、成年、壯年者，而非高齡者。然而，唯有健全的老人參與，才有健全的社會。
是成年參與模式的翻版	高齡者教育須依據老人的教育程度、家庭狀況及身心健康狀態等各種差異性專門規劃與實施。

（資料來源：作者整理。）

聯合國世界衛生組織（WHO）於二○○二年即已對高齡社會來臨提出一個「活躍老化」（active ageing）的政策（參見表1-1）。

隨著戰後嬰兒潮即將退休，加上醫療科技的進步，未來眾多的退休人口可能有長達二十至三十年的生活需要規劃，如何創建一個更有品質、充滿活力及滿懷希望的高齡社會，是大家對新政府的期待，唯有高齡者能享有尊嚴且被重視的生活，持續的對社會產生貢獻，未來社會所要投入的照顧資源才能有效的控制。

貳、高齡者社會生活適應

人口結構高齡化已成為全球趨勢，世界衛生組織（WHO）在二〇〇二年即已提出「活力老化」的政策框架，以促進高齡者「健康、參與及安全」的生活；經濟合作發展組織（OECD）亦於二〇〇九年提出「健康老化」報告，建議各國高齡化政策應針對維持高齡者生理、心理及社會各方面最適化，使高齡者可以在無歧視環境中積極參與社會。

在歐、美、日等先進國家，對於高齡者的生活更是重視，而臺灣也逐漸進入高齡社會，從安養中心、醫療機構與長青學苑的發展，不難看出高齡者的生活也越來越受關注，然而，臺灣的高齡者參與近年才提倡，還有很大的發展空間，除了可以借鏡先進國家的方法，我們也能設計並發展出適合臺灣社會的模式。考量老人生活需求的滿足成為家庭與社會關懷的重心，故當我們在規劃各類高齡者教育方案時，除了在衣、食、住、行、育、樂等六個生理方面滿足高齡者的需求，更應協助高齡者探索瞭解生命的真相、體驗回顧生命的記憶、規劃未來的生命歷程、圓滿如意的完成人生旅程，妥善滿足高齡者在生理、心理與靈性的需求。

高齡化成為全球趨勢，政府為因應高齡社會來臨，已陸續針對高齡者需求規劃推動各項因應政策，呼應OECD所提出的「健康老化政策」建議，我國提出「建立健康、安全及友善的社會參與環境」的架構，以營造讓國人在邁入高齡後，仍可以延長保持健康狀態及享有自主獨立的良好生活品質環境，此舉將有助於減少對醫療照護及福利資源的依賴。

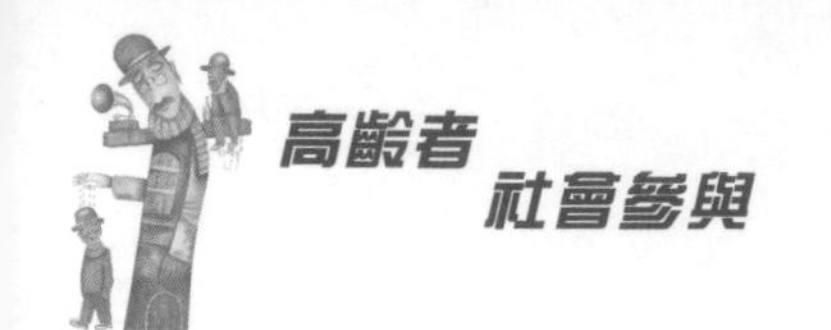

社區為民眾生活的主要單位，在邁向人口高齡化之際，應該關注未來高齡者的社會參與趨勢，瞭解高齡者的參與特質與方向，經由系統規劃及設計，探討與設計高齡者參與的模式，讓長者對高齡社會參與有充分的認知。借鑑「國際老人年」的主題與目標為「邁向不分年齡、人人共享的社會」（towards a society for all ages），為具體實現這種理想，聯合國特分別擬定了四項「概念架構」（conceptual framework），希望整個世界在「國際老人年」期間，能對此形成良好的共識，以促進各種世代間的團結與社會的和諧（如表9-2）。

表9-2　國際老人年的概念

事　項	內　涵
老人處境	考量到各種老人族群的差異情況，他們處在不同的情境中，有不同的需求，因此發展完善的老人政策，須保障老人的生計及收入，照顧老人的經濟情況，是關懷老人的重點。
終生發展	法國教育家保羅．朗格藍（P. Lengrand）認爲，將人的一生分爲教育和工作兩部分是毫無根據的，學校教育只是人受教育過程中的一個階段而非全部。終生發展應該是一個人從出生到死亡，持續進行的全部過程，是一生中所有的發展。
代間關係	代間關係的發展是以家庭爲中心的親子關係，一個成人組成家庭養育子女以後，代間關係成爲成人發展中重要的一環。而代間關係是一種以親情爲基礎的人際關係，除了親子之情外，更要重視相互的尊重與溝通技巧。家庭是代間關係的第一個且最親密的層面，對每個人而言，家庭是首要資源與最終依靠。代間關係在社會的發展應受到重視。在現代與傳統生活型態交替的過程中，可以促進代間的溝通與良好關係的發展。
社會發展	人口老化影響到了就業、社會安全、社會福利、教育與健康照顧，而投資、消費與儲蓄的方式，基於個人及社會永續亦需要重新做調整。整個社會與國家的發展對個人權益的彰顯與維護益爲重要，社會保險、養老金及相關老人政策的實施，有益於良好的個人與社會關係的建立。

（資料來源：作者整理。）

參、高齡者生涯發展任務

生命的老化是一種終生持續進行的過程。個人的發展涵蓋各個生命階段，同時需要個體的積極開創與環境的促進。高齡者有其特殊的生活經歷與發展任務，促使高齡者以不同於其他年齡階層者的態度來面對並開創對人生的詮釋。高齡者社會參與的重要課題，應是在於提供適合高齡者需求的社會參與內容，協助高齡者獲得適性的能力，以解決身心靈的種種問題，圓滿順心地完成人生任務。

高齡者從嬰幼時期至今度過許多的人生階段，有過種種成功與失敗的豐富經驗，過去的經歷成為現今高齡者規劃與完成未來生活目標的基礎，強烈地影響高齡者對自己的信心與期望。以下從心理分析觀、人文思維觀及社會文化觀等層面描述高齡者生涯發展任務的特質（如表9-3）。

表9-3　高齡者生涯發展任務

觀　點	內　涵
艾利克森（Erikson）的心理分析觀	提出心理社會發展期八個階段的觀點，認爲高齡者處於第八個人生檢討的階段，必須反省即將瀕臨生命的終結，思考其意義與重要性，達到生命意義的統整，若是對自己過去所做的選擇與結果感到滿足，則將擁有超越感，若是對自己的一生不滿意，會對失去的機會感到深沈的惋惜，而對即將來臨的生理生命結束感到無奈與失望。

（續）表9-3　高齡者生涯發展任務

觀　點	內　涵
佩克（Peck）的心理分析觀	擴充艾利克森的理論，認爲老年期發展任務的內容有三項，強調高齡者爲了心理發展順利，必須解決三大危機：(1)自我價值感統整與工作角色偏差；(2)身體超越與身體偏見；(3) 自我超越與自我偏見。尤其是第三項，自我超越是指接受死亡，對人生最終的旅程不憂不懼，視爲生命不可避免的結局，積極計劃未來，超越死亡的界線；自我偏見是表示老人拒絕承認即將到來的死亡，沈溺於目前的自我滿足。健全心理發展的高齡者必須坦然地面對死亡的事實，超越現時、現地的自我，肯定死亡的必然性，成功地適應對死亡的預期與準備。
馬斯洛（Maslow）的人文思維觀	人文觀者認爲高齡者自己是生活的主宰者，高齡者經由選擇、創造、價值判斷和自我實現等健康正向的方式來完成自己的發展任務，認爲充分發展的自我實現者具有以下特徵： 1. 認清現實。 2. 接受自我、他人與外界。 3. 主動自發。 4. 具備解決問題的能力。 5. 自我導向。 6. 超然並需要隱私。 7. 能欣賞別人。 8. 具有豐富的情感反應。 9. 頻繁的高峰經驗。 10. 能認同他人。 11. 與他人建立多樣、滿足的關係。 12. 民主的性格結構。 13. 富有創造性與高度價值感。
舒恩（Schein）的社會文化觀	認爲老人面對退休後所帶來的衝擊，如果有良好的心理建設與周全準備，將能坦然的面對自己的一生。舒恩提出老人共同與個別面對的許多課題與任務，老人面對的共同生命課題包括：

（續）表9-3 高齡者生涯發展任務

觀 點	內 涵
舒恩（Schein）的社會文化觀	1. 調適身心功能與社會角色轉變的轉換與不確定感。 2. 處理衰退的身體與能力。 3. 面對配偶的死亡。 4. 面對依賴他人的需求情境。 5. 準備自己的死亡。 而老人必須個別面對的特定任務包括： 1. 學習改變生活型態。 2. 適應減少與外界接觸的情境。 3. 適應生活水準下降，處理新的經濟問題。 4. 學習以經驗、判斷、圓通的方法來彌補體力衰退的困擾。 5. 做好自己死亡的準備，立遺囑與安排葬禮細節。 6. 完全接納自己與他人，沒有失望，達到統整的境界。 7. 平靜地離開人世間。
哈維格斯特（Havighurst）的社會文化觀	社會成員的角色定位若依年齡來劃分，強調個人在生命全期中扮演的角色，並非階梯式的遞升而是線型的結構安排，社會文化的發展階段區分是由「標記事件」形成的，這種社會文化的發展事實上是個體需求與社會要求的交會，人生發展至老人時期時，將會涉及許多防衛策略，維繫高齡者幸福健康的生活感受，此時期的學習目標有五項重點： 1. 適應退休與收入的短少。 2. 適應配偶的死亡。 3. 與自己的年齡群建立親近關係。 4. 負起社會與公民的責任。 5. 建立滿意生活安排，考慮自己的經濟與家庭狀況，重新安排居住環境。

（資料來源：作者整理。）

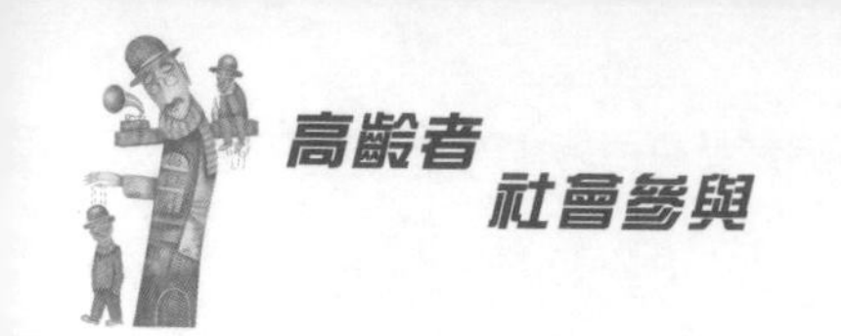

聯合國為關懷高齡者的生活境況與生命品質，於一九八二年制定了「國際老化行動計畫」（International Plan of Action on Ageing），作為老人人權的重要內涵。一九九〇年聯合國大會將每年的十一月一日定為「國際老人節」（International Day for the Elderly），以示對老人的尊敬與重視。一九九一年頒布了「聯合國關懷老人原則」（United Nations Principles for Older Persons）。以建立一個不分年齡、人人共享的理想社會。這十八項原則可歸納為獨立、參與、照料、自我實現與尊嚴等五大層面（如表9-4）。

從聯合國關懷老人原則中，可以明顯看出，高齡者教育的推動與落實，對於建立一個不分年齡、人人共享的社會具有重要的影響。該原則明確指出，老人應獲得適當的社會參與，以充分發展他們的潛力。

肆、高齡者社會參與的需求

管理大師杜拉克預言：「下一個社會是個高齡化社會，足以改變任何已開發國家的市場、就業型態及政治面貌。」高齡者社會特性的重要概念之一為角色轉變，由個體角色的變化來看，經由成年期擔負多重的社會角色，直到高齡期，因生理老化歷經退休或失去親友等因素，使得高齡者面臨角色之喪失等角色轉變，促使高齡者成為一個「無角色的角色」狀態。退休並非隱匿、撤離，也非抽身而退、倏忽中止；因此退休是第二次的人生機會，是重新開啟一段嶄新的生活。退休並非迷人的無所事事或坐享清福，而是人生目標與方向的再整理、再定位。哈維格斯特（R. J.

表9-4 聯合國關懷老人原則

主 張	內 涵
獨立（independence）	1. 獲得適宜的食物、水、居所、衣服與健康照顧。 2. 獲有工作或收入的機會。 3. 參與決定何時與何種方式退出工作。 4. 獲得適當的教育與訓練課程。 5. 生活在一個安全、個人喜愛與合適自己的環境。 6. 能如其所願長期居住在家。
參與（participation）	1. 能積極參與與老人福利相關政策的討論與推動，並與年輕的世代分享他們的知識與技能，以促進社會統合。 2. 尋找與開創社區服務的機會，根據自己的興趣及能力，自願爲社區提供服務。 3. 具有能力組織老人運動或社團。
照應（care）	1. 根據每種文化價值的社會體系，獲得家庭及社區的照顧與保護。 2. 獲得健康照顧，以協助他們維持或恢復最理想的身心狀態及情緒的安定，並預防或延遲疾病的發生。 3. 獲得社會與法律服務以提高自主性、保護與照顧。 4. 在具有人情且令人安心的環境中，運用適宜的公共照顧措施，以獲得保護、復健、社會與心理的激勵。 5. 無論身處何種情境，均能享有人權與基本的自由，包括他們的尊嚴、信仰、需求與隱私權的充分尊重，以及決定有關他們的照料與生活品質的權利。
自我實現（self-fulfillment）	1. 增進充分發展潛力的機會。 2. 獲得教育、文化、精神與休閒等社會資源。
尊嚴（dignity）	1. 生活在尊嚴與安全中，並自由的發展個人的身心。 2. 無論年齡、性別、種族、能力、經濟貢獻一律平等對待。

（資料來源：作者整理。）

Havighurst）於提出的活動論強調，退休不是因為不中用或無價值，而是個人為生活奔波數十年後的暫停，如此個人才可以追求

年輕時代想達成卻礙於現實環境無法實現的目標與理想。高齡者希望參與社會活動，藉由補充非正式的角色，就角色轉變而言，高齡者在生活的過程中，可視為學習者的角色，退休並非退出，而是社會再參與的開始；退休並非結束，而是人生另一個生活階段的開始；並藉由此一角色替代某些已經喪失的角色，減少高齡者因失去義務性角色所造成的失落感。

老年期是最容易在經濟上、行動上、社交上、體能上、精神上發生最多困難的時期。高齡者有關醫療保健、心理社會及經濟、理財與生活照顧問題與需求，應受到重視，以促進營造健康、健全的生活。最重要的原則係瞭解其需求，提供重要資訊並進行分析，使能充分瞭解後做決策。

一、保健需求

老化係生物性功能退化，如應變能力降低、視聽覺退化、血管神經纖維化與彈性差、免疫功能下降，而且生殖、泌尿、肌肉、骨骼系統功能也減退，易罹患疾病且復原能力差。老人罹患之疾病依序為關節炎、風濕症、高血壓、心臟病、白內障、青光眼、胃腸潰瘍、糖尿病、老人癡呆症、腦中風等，使高齡者對健康有高度需求。是以，老人福利法規定，「老人得依意願接受地方主管機關定期舉辦之老人健康檢查及提供之保健服務」。快速增加的高齡人口，加上疾病型態的慢性化，使得老人對長期照護的需求遽增。慢性病老人之照護應結合社區資源，其服務內容應包括早期發現問題及提供預防性、連續性之照護；同時，此種照護應普及每位應接受照護的老人，使老人在自己的社區內安享天年。老人醫學證實：以往認為人只要年齡到達或進入一個階段，其智力必然開始退化，但這並不一定正確，智力之增進與衰退與

生活方式及生活品質有極密切關係，不斷學習可繼續增長智力，且經驗與智慧累積愈多，使思考、洞察力與判斷力日增，此即結晶型智慧，教育程度較高的老人罹患老人癡呆症之比例較低。

二、醫療需求

老人醫療保健需求是老人福利中最重要的一項，其核心概念應兼顧健康與有疾病的老人。因為老年人生理上的改變使他們對疾病的抵抗力普遍降低，因為老化過程中各器官的最高生理功能大幅降低，對外來的刺激反應變得遲鈍而緩慢，使他們對外界變化之適應力亦降低，同時生理修復功能也減退。老人的憂鬱症及自殺必須特加關切，且其自殺率有攀升的現象。在美國有40%的高齡者曾跌倒過，意外事件是高齡者嚴重的問題。其他如味蕾因老化、牙齒欠保健影響營養攝取、失去口渴的感覺以致水分攝取不足、便秘、腎功能差及孤獨憂鬱，常使胃口不佳等造成營養不均衡的問題，在文獻上亦常報導。再者，必須重視提升免疫功能以防治感染性疾病。慢性疾病將繼續挑戰醫學，包括惡性腫瘤等，均可藉營造與實施健康生活方式而預防其發生或控制病情。

三、心理需求

心理健康是身體健康的重要前提，重視老年人的心理特點，理解和滿足老年人的正常心理需求，對穩定老年人的情緒變化，促進健康長壽有著很重要的意義。老年人需要溝通，希望自己孤獨的心有個歸屬，所以希望家人能夠多多理解老人，滿足他的心理需求。個人自認為老了沒用而失去信心、寂寞、不被需要與失落等即所謂的「空巢症狀」，親朋好友之逝世，使老人惶恐或由

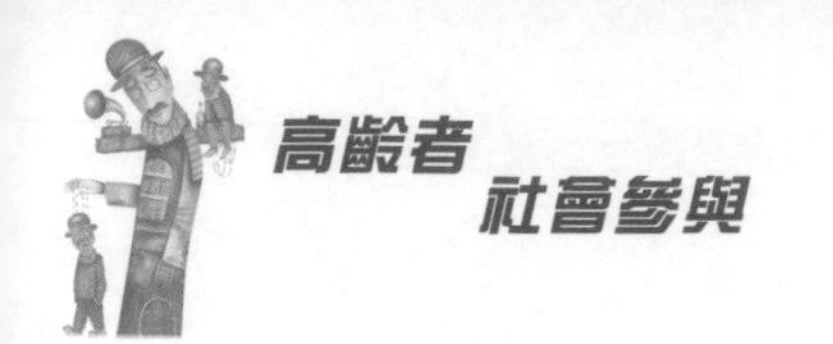

於退休、工作、經濟能力等降低而自我價值感減低，在家庭、社會的權威性降低，孝道日趨式微或社交、生活領域圈減少而感到孤獨、沮喪、鬱卒等。

心理健康是身體健康的重要前提，重視老年人的心理特點，理解和滿足老年人的正常心理需求，對穩定老年人的情緒變化，促進健康長壽有著很重要的意義。孤單、寂寞、抑鬱、疾病纏身等折磨而求解脫是老人自殺的原因，家人關係不協調、老人常被當成出氣筒也可能與老人的自殺有關。而缺乏關愛的老人常以病痛博取關愛。

四、社會需求

高齡者屬社群中的類群之一，其具有社會需求，包括：

1. 親情互動：老年人希望自己有一個和睦幸福的家庭環境，不管家庭經濟條件如何，只要全家和睦，鄰里關係融洽，互敬互愛，互相幫助，老年人就會感到溫暖和幸福。
2. 尊敬需求：老年人離開工作崗位後可能會情緒低落，如果再得不到家人的尊重，就會產生悲觀情緒，甚至不願出門，長期下去，則會引起抑鬱和情緒低沉，為各類疾病埋下禍根。
3. 依存需求：強調人到老年，精力、體力、腦力都有所下降，有的生活不能完全自理，希望得到關心照顧。作為子女，唯有孝順，才會使老人感到老有所依。
4. 支配需求：老年人原來多為一家之主，掌握家中的支配權。但由於年老後社會經濟地位的變化，老年人家庭地位、支配權都可能受到影響。這也可能造成老年人的苦惱。因此，晚輩們應適當滿足老的人一些支配權。

5. 工作需求：退休的老年人大多尚有工作能力，驟然離開工作崗位肯定會希望再從事工作，體現自身價值。

五、經濟需求

老人經濟收入少，有捉襟見肘的感覺，家庭能提供的支持減少，老人需要經濟以滿足生活需求。行政院主計處調查顯示：老人與子女同住比率由民國七十五年之70%降至民國九十五年之64%；在民國九十五年臺灣地區農業基本調查中，農家戶口抽樣調查62.44%的老人由兒女提供生活費，24.26%靠自己工作收入，4.9%靠儲蓄，大部分農村老人勤儉刻苦，或多或少均有積蓄，且有福利津貼，如理財得宜，經濟生活方能得到保障。

依據「老人福利法」的規定，老人經濟生活保障除採生活津貼、年金保險制度方式逐步規劃實施外，為保障老人經濟生活，針對罹患長期慢性病且生活自理能力缺損，需專人照顧，未接受收容安置、居家服務、未請看護（傭）之中低收入老人，發給中低收入老人特別照顧津貼，以彌補因照顧家中老人而喪失經濟的來源。

六、照顧需求

臺灣已步入高齡化社會，在國人之健康生活充足、平均壽命延長之情形下，老人退休之後的生活安排，顯得格外重要。除了部分老人投入再就業市場之外，隨著年齡的增長，適合老人的休閒、文康活動也與年輕時不同，且老人對於提升精神生活的重視度也益加提高，故對於老人精神生活之充實將著重益智性、教育性、欣賞性、運動性並兼顧動靜態性質活動，以增進老人生活之適應及生命之豐富性。高齡化社會的來臨，引發許多新的需求與問題，已成為社會大眾及政府共同關心的議題。高齡者實應以能獨立自主與自我照顧為傲，並作為努力的目標。

以「聯合國關懷老人原則」為參考目標，綜合心理分析觀、人文觀、社會文化觀的觀點，提出規劃高齡者社會參與的內涵（如表9-5）。

聯合國除了強調「關懷老人原則」外，更進而期盼建立一個不分年齡、人人共享的理想社會。借鑑世界先進社會為迎接高齡化社會的來臨，集全國之力開始發展高齡學的研究與關懷老人的社會福祉。建構包括：「長壽醫學」、「介護照顧」、「經濟保障」、「社會參與」等措施。臺灣目前正面對著人口老化的發展趨勢，亦可參考他國的經驗，發展高齡者社會參與，增進老人的身心健康與關懷老人的社會福祉，並落實「聯合國關懷老人原則」的精神與內涵，以促進社會對於高齡者的重視與關懷，以及各代間的和諧與家庭和樂，以邁向一個不分年齡、人人共享的理想社會。

表9-5　高齡者社會參與的內涵

事項	作為	原則	內涵
推動策略	擴充高齡者教育機會。	二十世紀的科學與技術革命，導致了知識與資訊的爆炸，這些持續發展的科技亦加速了社會的變遷。在很多社會中，老人經常扮演著傳遞訊息、知識、傳統與精神價值的角色。	1. 老人的社會參與是一種基本人權，不應該有差別待遇。政策應該考量到老人權這項原則，提供他們充分的資源與適宜的方案，鼓勵高齡者參加。 2. 根據老人的能力採用適當的參與方法，讓他們可以公平的參與，進而從教育中獲益。 3. 辦理退休人員的交流，並鼓勵持續成長與進修，投入社會服務工作，創造自我價值並促進社會繁榮。 4. 個體在人生早期即應接受關於老化過程的教育，以對於老化是一種自然過程有充分瞭解。

（續）表9-5 高齡者社會參與的內涵

事項	作為	原則	內涵
規劃方向	協助老人超越化解自我偏見。	老化是一種終生持續進行的過程。個人的發展涵蓋各個生命階段，同時需要個體的積極開創與環境的促進。	1. 由高齡者口述其生活史，而由其他年輕學生記錄，而後大家共同根據這些已發生過生活事件，以戲劇方式演出。 2. 大眾媒體應致力於宣導老化過程與老化本身的積極面。
	促發社會省思瞭解老人需求。	個體展可視爲個人與社會交互作用且彼此受益的一種過程。人口老化影響到就業、社會安全、社會福利、教育與健康照顧，而投資、消費與儲蓄的方式，亦需要重新做調整。	1. 要滿足老人超越的需求應規劃的課程包括：(1) 提供一些有智慧者對於人生意義的看法；(2) 詮釋不同年齡、文化之間生命意義的異同；(3) 提供溫暖、支持性的回顧環境；(4) 促進精神的活動以取代生理的限制。 2. 提供從文學、宗教、哲學、戲劇、音樂、醫學、社會學、心理學、倫理學、經濟學等學科探討高齡參與的相關課程，使老人透過文化與其他時代人文精神的探索，獲得有關生命的啓示，協助老人瞭解其生命意義，建立老人對生命歷程的正向價值觀。
	獲得積極處理生涯發展課題知能。	自我發展須透過終生教育，以提升個人技能與生活品質。經由政府機關、非政府組織、教育機構及企業組織的合作，透過資訊活動的整合與推展，瞭解老化的相關議題與措施。	1. 運用老人可教的時機，安排課程活動讓老人在適當的時期學習解決其發展任務的問題，包括：(1) 提供退休、自願工作者有關老化的知能；(2) 財務管理訓練；(3) 健康照顧課程；(4) 宗教的探索；(5) 處理孤獨與寂寞；(6) 死亡教育與臨終關懷；(7) 解決問題的創造性能力；(8) 壓力處理、心智控制腦波技術、鬆弛技巧等。 2. 老人生涯發展任務包括健旺的身體機能、愉悅的心理感受、超越自我的靈魂修養、理性參與正信宗教的習性、生命歷程圓融回顧的知能等內容。

（資料來源：作者整理。）

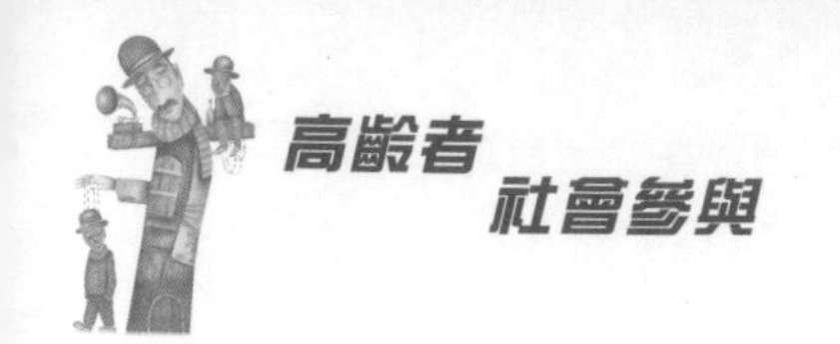

結語

老人在老化的過程中，經濟、政治、社會地位將因自身的老化與社會環境的變化，逐漸由主角地位降為配角，且老人退休後，由於身分地位的轉變與角色的失落，人際互動逐漸減少，人際關係日益淡薄，使老人常有被遺忘而產生與社會隔離脫節的感覺，且恐懼喪失權力，缺乏安全感，形成精神上的孤立與心理、社會的危機感。

聯合國於一九四八年發表的「世界人權宣言」及「人權公約」，強調「老人人權」應包括：

1. 維持基本生活的所得。
2. 有合宜的居住環境。
3. 有參與勞動市場的機會。

一九九一年所公布的「聯合國老人綱領」中，特別強調老年人應有工作的機會，以確保老年人在生活上獲得適當的需求滿足。高齡社會的到來，帶動已開發與開發中國家傾力於建構老人福利政策與制度，老人福利服務的提供牽涉到福利的社會分工（social division of welfare），包括政府部門、非正式部門、志願性部門與商業部門門，也就是社會福利服務的提供部門。高齡者社會參與，內涵方向應涉及生理、心理、靈性多個層面，以建立一個老人生活無障礙、生命有尊嚴的社會，這有待我們共同努力，迎向老年社會的到來。

問題與討論

1. 請說明高齡者社會生活的意涵。
2. 請說明高齡者社會生活的內涵。
3. 請說明高齡者社會生活的功能。
4. 請說明高齡者社會生活的目標。
5. 請說明高齡者社會生活的趨勢。

第10章　高齡者的休閒生活

壹、高齡休閒的重要性

貳、高齡者休閒的類型

參、高齡者休閒的價值

肆、健康銀髮生活規劃

前言

隨著人口快速老化以及平均餘命的延長，老人福祉成為各界討論議題，又由於老年時期可運用在休閒活動的自由時間增加，加上近年來醫學進步、衛生保健之提倡、退休與各種福利、津貼等制度的建立等，促使老人得以追求更活躍的晚年生活，而積極參與休閒活動對於成功老化有正面的效果，爰此，老人的休閒參與逐漸受到重視。隨著年紀的增長，自身的問題也就越來越多，而這些問題不外乎生理功能和心智功能的衰退，然而兩者的困擾對於老年人的生活影響相當大，肢體的衰退減少了與外界的接觸和與他人的互動；心智的衰退則減弱了生活自理及解決問題的能力。老人們心裡的孤單和人際關係上的脫節，往往容易造成生活的苦悶而活得不快樂，藉由充實社區老人休閒娛樂各項設施，提倡正當休閒活動，充實其精神生活，增進老人休閒生活情趣，促進老人身心健康，俾以聯絡彼此間的感情，進而提升社區老人生活品質，以落實社區老人福利政策，充實社區居民精神內涵，豐富人生情趣，進而美化人生，促進心靈改革，提升人文素養，活潑祥和的社會，讓生命過得更有意義且充實。

「老化」為「隨著時間流逝所發生結構與功能等所有改變在排除歸於病況外之匯總綜合」；這些導源多發性成因改變使得生物體的健康功能變差，最後導致生物體死亡。因此，可以進一步說，「所有隨時間發生之結構與功能性變化及交互調適，面臨壓力時存活（surviving）能力減低，甚至死亡等所有複雜、奧妙、不一致性變化的總和」。傳統觀點認為：學習是兒童與年輕人的事、工作是中年人的事，而退休則是老年人的事。新典範則挑戰

此種看法，要求福利政策與計畫方案支持終身學習，使老人能順利投入或離開勞動市場，並在生命歷程的不同時間點上擔負照顧提供的角色。在創造一種新的、更積極的老化意象上，老人本身與大眾媒體均扮演著重要角色。政治意識與社會認知必須肯定老人的貢獻，而老年男女主導地位的融入將支持這種新意象，也有助於去除負面的老年刻板印象。教育年輕世代認識老化、重視老年問題，並維護老人權利，將有助於降低或消除老年歧視與老人虐待。先進國家面對高齡社會的來臨，所提出的高齡社會對策包括延後退休、鼓勵生育、適齡工作者加入職場、增進勞動力、加強老人健康的照護、加強老人休閒活動的規劃及促進老人的社會參與等六項。

壹、高齡休閒的重要性

「休閒」一詞的英文 “leisure” 主要來自拉丁文中的 “licere”，其意義為「從工作處獲得自由」，亦即從日常例行性事務中暫時脫離，使身體與精神兩方面得到完全的休息、恢復和重整。先進國家老人休閒政策研訂的影響人口老化是一種普世的現象，「高齡社會對策大綱」，以「創造高齡者的生命意義」作為支柱，提出要使高齡者過健康、有意義的生活，應重視高齡者本身主動參與學習、志工與就業等社會活動。提供休閒活動及休閒服務設施，對老年人而言是相當重要且值得去省思重視的。「休閒活動」（recreation）則是指在休閒時間裡，個體從事自由積極並且有益生理、心理以及社會健康的活動，並且在活動過程中，個體能獲得滿足、愉快以及自我充實感的休閒狀態。休閒活動有多種功能：生理健康的功能、心理健康的功能、社會健康的功能、智

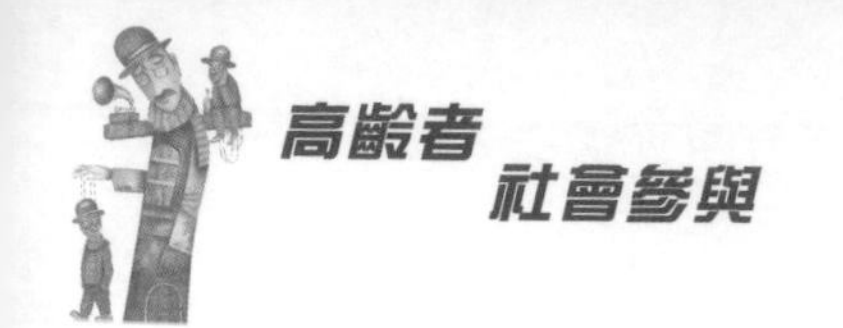

能發展的功能，藉由休閒活動，將可帶給老年人生活上之充實及滿足感，休閒活動對老年人而言是有助於身心發展的活動，也可以解決老年人壓力，讓老年人更顯活力朝氣。推動高齡者休閒的內涵，包括資源整合與共享、機會普及與擴充、活動優惠、實施退休前教育、重視老人活動特性與偏好、預算保障、經費補助、設置高齡社會服務中心、推廣志願服務、老人人力再運用、訂定政策的評鑑機制、提供資訊或社區服務及專案工作者的訓練等。為提升老年人休閒服務，除生理上的考量外，首先必須瞭解老年人的心理層面。

老年人口的增多，因老化現象的產生，將導致老年人在生理、心理層面產生重大的改變，將會帶來老年需求及問題的產生，為了因應老年人所帶來的社會現象，因而產生老人休閒。社交與表現自我是各年齡層的普遍需求。有給工作後的時間被許多人看做是較少涉及財務責任或撫養子女的時間，也經常被老人視為有機會可從事先前沒時間完成之活動，例如旅遊、嗜好與休閒活動等的生命階段。對於從事日常活動與維持良好生活品質來說，老人機能的好壞是非常重要的關鍵。機能健康越好，就越可能免於生活情境的機能限制。老年休閒生活的參與關係到老年生活的適應，若安排得好，老年生活將更加充實，並可減少孤獨與寂寞感，而不論是在社會接觸或人際關係的提升，以及身體活力或心理健康等方面都可以因隨著休閒活動的作息而獲得滿足。根據世界衛生組織（WHO, 1998）的說法，生理活動是打破機能下降的最佳方式，也是轉向漸次改善的一種管道。基本上，這有助於老人調適與強化其獨立，並提升其從事娛樂與休閒活動的能力。

休閒活動在老年期的生活調適上占了很大且正面的功能，可以協助老人提升自我認同感、對日常生活的掌握感、安全感及獨處能力等。人們隨著年齡的增長，在身體結構和功能等方面均

呈現衰退的現象，高齡者休閒產品也應在適用性上做特殊考量。健康並可自行活動的老人不需要高密度的照顧，但需要好的活動空間，傳統在思考高齡者的需求時，常會將高齡者與行動不便畫上等號，也會認為高齡者就是活動力不足，甚至認為高齡者不想動，在這樣的觀念下，過去將高齡者的活動休閒思維限縮在就近的小規模的社區公園，或是辦理旅遊、長青活動，這其實是可以修正的。高齡者參與休閒，可以打發時間、減少疾病的發生、精神有所寄託、提供完成事情的機會、啟發創造力、擴展生活接觸面，獲得新的生活經驗。高齡者一旦從事規律的休閒活動，非但能夠提高自我的肯定和情緒的紓解，並可增強體能、減緩身體機能衰退的速率、增進生活品質和減少醫療支出。高齡者與其他年齡層民眾一樣，都需要學習性、豐富性、趣味性的休閒場地，這樣的場地只要有適當的交通規劃，並且有良好的經營管理和服務品質即可。

根據高齡者的身心狀況，其不適於太緊張或壓力過大的活動或課程，因此高齡休閒最常舉辦的活動包括體育性、文化性與休閒性兼具的活動，其偏重於休閒與娛樂性質。高齡者藉由活動的參與，有利於找到其在社會中的地位。因為幫助高齡者維持與外部環境的關係，使高齡者的生活更加充實與豐富。為高齡者提供一個活力退休生活的場所，並藉由機構提供適合的活動，以滿足其在學習、社交、休閒、政治、維持身心健康，以及社會整合的需求。休閒功能上又將可幫助我們身心健康、拓展人際關係、實現自我等功能。值得注意的是，當高齡者缺乏與其他代間的互動，亦即高齡者的同伴均是與自身條件相仿的高齡者。在此過程中，他們缺乏與其他代間族群之間的溝通與互動，以致於容易陷入缺乏活力、缺乏其他代間的學習同伴的情境。因此，當他們面臨同伴生病、進入依賴期，失去自主能力時，甚至死亡時，所

受的衝擊將甚難調適，所需的恢復期勢必需要較長的時間，甚或在心理上或生理上受到不良的影響。在此期間，若有其他代間的人，例如其他的家庭成員或青年人的介入或幫助，將會促使他們在生活上有一個積極的轉換，而不沉浸在消極的回憶中。因此，應極力推廣休閒活動，讓每個人都能得知休閒活動之益處良多，所以休閒服務設施的落實是相當重要的。

貳、高齡者休閒的類型

有工作時，常常計劃著未來退休之後要好好的享受。但是，從職場崗位上退下來，沒有舞台、沒有頭銜，心中不免惶恐不安。例如擔心退休金不夠、生活及交友圈縮小、生活沒有重心。以上的危機是許多退休的中老年人最大的挑戰，若能透過快「樂」又充滿「活」力的終身學習，加上親人、社會的支持，退休中老年人的智慧傳承必能發光發熱。第五大取向樂活方案已有許多民間團體、非營利組織正在進行課程的規劃與執行，提供退休者良好的學習管道。退休時光如何有效運用，並活出精彩人生，是高齡者休閒的重點。退休者樂活方案，包括養生健康、投資理財、人際關係、休閒旅遊等主題之工作坊，目的為提升退休者的生活品質。

老人生活福祉已是世界各先進國家關注的焦點，也成為高齡者所追求的目標。社會心理學家艾利克森（E. Erikson）以人生八大階段論著名於世，他提出：老年期的主要發展任務為「自我整合與失望」，當老人們回顧過去時，可能懷著充實的感情與世告別，也可能懷著絕望走向死亡。自我調整是一種接受自我、承認現實的感受、一種超脫的智慧之感。老年人的核心危機是「統

整或破滅」凡是感覺沒有白活的人都是完成自我統整者，他們的一生較有生產性與價值感，能夠適當地應付各種失敗和考驗，較不執著於人生非擁有什麼不可，對現有的一切心滿意足，所以能坦然接納死亡為人生歷程的一部分。強調人們在這個階段必須反省其一生的經歷，並且思索生命的意義與重要性。他所強調的重點在於老人是否能夠自我接納，是否能接受自己過去一生的經歷與抉擇，並且認為自己的一生是有意義的。因此，一個人若能坦然接受過去的失敗以及種種的抉擇與後果，並能對自己的一生感到滿意，遂達到所謂「統整」的境界；反之，若老人始終無法尋得生命的意義，且無法接受生命將盡與機會已逝的事實，則無法達到統整，同時陷入「失望」的處境。哈維格斯特（Havighurst, 1972）提出老年人所要面對的適應問題如表10-1所示。

休閒是自由選擇的愉悅活動，亦是追求快樂和探索生命意義的過程。近幾年包含德國、日本都開始有新的福利思維出現，美國也在二○○九年的振興經濟方案中看到了這樣的思維，強化銀髮族的健康壽命，縮短被照顧的時間，那麼照顧的負擔自然會降低。然而從休閒層面的觀點來探討，參與休閒活動則會為老年人帶來許許多多的益處，如放鬆心情、充實生活樂趣等。從「疾病壓縮論」的觀點來看，在生活品質、醫療健康水準提升的條件下，一個人活過65歲之後其實還很健康，疾病、失能並不一定會隨著年齡的增加而隨之逐次呈現，而是壓縮在生命的最後一段時間。老化現象的產生導致老年人在生理及心理層面重大的改變，也使老年族群之養生及健康議題引起各國之重視。休閒可提升老人之士氣及心理慰藉，參與休閒活動可以幫助個體釋放能量，並抑制情緒、舒解潛藏壓力。顯見老人社會參與、休閒生活的意義與重要性。面對高齡者的生活以前是延長平均餘命，現在要延長健康壽命！高齡化的臺灣，使老人晚年的休閒生活越顯重要。

當老年人從職場退出，原本忙碌於工作的時間空出之後，休

表10-1　老年人所要面對的適應問題

項　目	內　容
身體健康的衰退	身體的衰退狀況多爲視覺與聽覺功能的衰退，再加上健康大不如前，因此必須隨時瞭解生理狀況，並且適時保養。
退休後收入減少	由於很少老人在65歲以後還繼續工作，因此大部分老人的生活，除了是靠自己的退休金之外，仍必須倚靠養老金。因而必須慢慢節制平常的花費習慣，甚至改變消費方式。
配偶死亡的問題	對老年人而言，配偶死亡是一個嚴重的心理打擊，夫妻雙方在長期的共同生活中養成對彼此的依賴感，當一方配偶先行離去，對另一位而言，都是一場情何以堪的慘痛經驗。
與團體建立關係	老年人所從事的休閒活動多爲整理花圃、看電影、散步或參加社團活動等休閒活動，活動的地點與項目多半偏好鄰近地區以及一些不花腦力的工作。因此，與同儕團體建立親密的關係就顯得特別重要。
滿足身心的狀況	由於每個人對於老年期來臨的適應並不相同，老人從嬰幼時期至今度過許多的人生階段與危機，有過種種成功與失敗的豐富經驗，過去的經歷成爲現今老人規劃與完成未來生活目標的基礎，影響老人對自己的信心與期望。

（資料來源：作者整理。）

閒便可能成為老年生活的重心。老人休閒活動以促進老人生活的充實，提高老人知識、增進老人健康及生活樂趣為目的。除了幫助自己打發時間外，且可以提供許多精神上的報償，並且使自己的手腦並用而不易老化。休閒是生活最高的價值，它描繪出一種理想的自由狀態和對精神上與智力上的機會啟蒙。凡是為生存而做的一切活動都不具備休閒的性質，所以吃飯和睡覺不能算是休閒活動；而野餐性質就不同，因為野餐除吃飽外，還包含了交誼和遊戲，意義自然就不同了。高齡者休閒的類型如表10-2所示。

表10-2 高齡者休閒的類型

特性	內涵	實例
學習性	退休後不必像工作時那樣過日子，生活規模可以小一點、需要可以減一點，如果想要越多，就會感覺越貧窮。退休者可以認識到退休是一種「慢活」（downshift），給自己不一樣的生活觀，用另一種方式實踐自我，也可以創造出「富有」的退休生活。	手工藝、繪畫、插花、園藝、讀書、衛生保健、醫療常識等。
娛樂性	隨著退休者的自由時間增加，也可以選擇對自己有興趣的活動做深度的投入。深度休閒是指有系統地從事一項或多項業餘活動、嗜好或志願服務活動。休閒投入者不僅能在追求的過程中獲得充實有趣的經驗，並且還能展現技巧與技能。況且，邊旅遊邊學習是最佳的成長方式，透過導遊的介紹可以深入認識當地文史，或者帶領者也可在旅途中引導心靈相關成長課程和最新的趨勢。瞭解成人在深度休閒投入過程中的學習經驗，將有助於退休者在個人、家庭、人際互動與社會中的發展。	舞蹈、詩歌、音樂、動物飼養、旅遊、茶道、老人趣味教室、戲劇、藝能、作品展覽、民謠、書法、口技、相聲等。
健康性	高齡者餘暇時間活動很多，但若違反善良的風氣、習慣、道德時，就不能列入休閒活動，建設性的活動是指有益身心，而又能獲得快樂滿足的活動。	體操、打拳、登山、散步、早起會等。
服務性	休閒活動是一種奉獻服務，老年人可依自己的時間、能力、經驗、興趣等，自願參與無薪報酬的工作，如協助社區整理環境；參與自然資源及文化財產之維護保存；到各地的民眾服務社、育幼院、醫院等貢獻智慧心力，都是好的服務項目。可以藉此擴大生活圈，增加與社會的接觸。	採訪臥床病人、獨居老人、訪問仁愛之家等慈善機構或感化教育機構等。
信仰性	參與各種宗教活動，使身心靈得到提升，提高精神生活。透過關懷好友和分擔他人的重負，對值得尊敬的人物、道德價值抱持信任的態度，樹立信仰的目標。	慈濟功德會、法鼓山團體、佛光山宗教團體。
運動性	動的強度及時間要依個人的體能慢慢地增加，做到「有點累又不至於太累」」的程度，不可做到「喘得說不出話來」的地步，每週維持至少三至五次，每次20至30分鐘。其優點爲增加肌力、耐力、柔軟度及維持關節的活動度。可降低血壓、減輕心臟負荷量，增加心輸出量以及最大攝氧量，體能因而獲得改善。	元極舞、外丹功、太極拳、韻律舞、社交舞、快走、騎腳踏車、游泳、慢跑、爬山。

（資料來源：作者整理。）

參、高齡者休閒的價值

休閒活動的參與對退休老人的幸福感扮演了重要的角色。我國古代雖有「活到老，學到老」的說法，但此種說法一直停留在理念的層次，並未轉化為有系統的學習行為。近年來由於社會的變遷、科技的發展、經濟的改善、醫藥衛生水準的提高，使得人類的壽命不斷地向後推移，從人口結構的演進來看，由於高齡人口急遽增加，高齡者休閒的需求強烈，高齡休閒產業也因此迅速的發展。休閒參與量是個體參與某種休閒活動的頻率，或個體所參與之休閒活動類型的時間長短及活動總數。因應老年人不同的休閒需求，休閒內容與活動應包括：

1. 退休者的生涯規劃與退休前教育。
2. 代間休閒活動。
3. 多元休閒的提供，如數位活動的參與、經驗交流的拓展、養生保健的推動、身心調適的活動、生命教育的課程、藝術與公民素養活動、心靈安頓的活動等。

休閒活動參與中的社會關係因素更扮演了維繫個人幸福感非常重要的角色。藉以提升社會參與能力，除了可以降低照顧的產生，亦可以增進銀髮經濟的發展。協助退休老人與人際之間維持良好互動關係，將是協助退休老人維繫其幸福感的重要關鍵。

休閒可以調劑身心，充實生活內涵，讓生命更有意義，為了滿足老人學習動機，必須做休閒和社會參與的規劃。休閒活動的投入對年輕人可能只是工作之餘的一種調劑，但對退休者則是生

活的重心，甚至是生活的全部。休閒是生活最高的價值，它描繪出一種理想的自由狀態和對精神上與智力上的機會啟蒙。依據休閒活動的性質，退休者經常參與的休閒可區分為五種型態：(1) 消遣性的休閒；(2) 嗜好性的休閒；(3) 運動性的休閒；(4) 知識性的休閒；(5) 服務性的休閒。其中，服務性的休閒是指貢獻己力、服務利他的休閒活動，如志願服務、照顧兒孫等。休閒活動對退休老人來說非常重要，其利用閒暇時間參與自己感興趣的休閒活動，不僅可增強身體健康，更能夠讓退休生活充滿快樂。休閒活動有助於退休者享受回饋的樂趣，並肯定自我的價值，達到休閒活動與人生價值的體現。

依照估算，從職場上退休後尚有長達二十年的人生歲月，其中除部分高齡者再度就業、協助家庭事務或從事義工等活動外，一般而言，多數高齡者尚擁有大量的空閒時間可資利用。加強老人的「社會參與力」，能夠延長老人的健康壽命，而且社會參與力越強的老人，經濟活動力也越強，這種自發性消費力的產生，對經濟的效果比政府投入大筆資金發展「銀髮產業」或是「促進消費」還要來得更有效益；藉由休閒活動的參與，可協助高齡者適應和維持生活滿意度、提高自我的肯定以及情緒的紓解，並可增強體能、減緩身體機能的衰退。社交能力越好的老人，身心機能均比同年齡的老人來得健康，能關心他人、參與社會或是學習成長的老人，致病、致殘疾病產生的時間也較其他老人來得慢；這些研究驗證了傳統的俗諺與觀念裡面常說的一句話：「活動活動，要活就要動」。越常出外活動、參與社會、關心他人、能長保學習心境的老人，活得健康的時間比別人更長，醫療與照顧的使用也能夠比別人少。將這個觀點應用在社會政策的制定與推動上，能夠積極投入促進老人社會參與力的提升，有效運用高齡人力價值，消除高齡者參與力的障礙，當老人因社會參與促進健

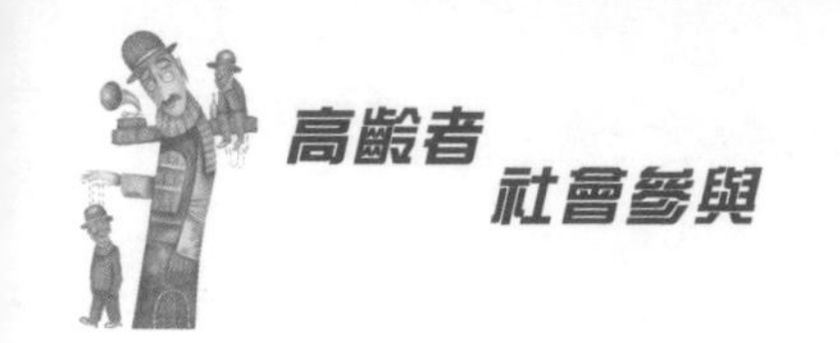

康，依賴照顧將有效減少，這在趨於高齡的現在與未來，是一個積極的規劃。推動高齡者休閒活動將裨益於表10-3之事項。

高齡者面臨的是人生極大的轉折點：第一、生理的機能開始走下坡，開始感受到身體老化的壓力；第二、子女離開家庭或另組家庭，面臨空巢期的壓力；第三、在職場崗位上，縱然位居主管的位置，仍得面對長江後浪推前浪的壓力，逐漸感受到世代交棒的壓力。然而，退休老年的人生歷練是非常豐富的寶藏，若能化危機為轉機，必能讓退休老年者對於自己的後半生更有信心。對退休老人而言，從職場退出，重新回歸家庭生活的適應過程是最主要的一項衝擊，如何重新安排退休後的生活，將成為退休老人必須慎重面對的議題。

肆、健康銀髮生活規劃

由於不同的生命週期具有不同的階段性任務，每個人從個體經驗中所衍生的生活方式與價值觀亦不相同。隨著生命發展週期的變遷，階段的轉換變成個人生活再適應的挑戰。大多數退休的中老年人都需要面對家庭、經濟或個人健康問題，老化程度是影響老人階段生活品質的主要關鍵，唯有成功老化才能確保良好的生活品質。退休代表個人對生活具有更多的選擇權，能夠有機會做自己想做的事，不需要再為生活奔波忙碌。成功的老化包括以下四個要素：(1) 較少的疾病；(2) 較高認知和身體的功能；(3) 積極生活以及 (4) 經濟獨立和財富自由運用。退休生活是經營新的社會舞台，發揮新的角色與價值，在與人互動的過程中，探索年輕時未曾被發現的世界和自己。

表10-3　推動高齡者休閒活動裨益老人生活

事　項	內　涵
增進人際關係	增進老人的社交互動，更可在認知上有持續的學習。使老人們活到老學到老，延續認知的發展而不中斷，也能增進與外在社會的接觸，增進人際發展。
推動休閒旅遊	休閒活動能給予高齡者心靈上的歡樂及滿足。因此推動退休者休閒，讓退休者提升生活到另一種具有意義的境界。
推動創意樂活	在毫無拘束的生活中，推動退休者創意樂活工作坊，透過此學習團體激發彼此的想像力以及新的體驗，爲自己創造不同的退休快樂生活。
推展生活美學	鼓勵退休者找到自在舒適的節奏，以及自得其樂的方式，不論是繪畫、讀書、旅行、看畫展、觀賞表演，和老友聚會，都是讓生活過得更美的方式。
開展多元智能	在退休者的工作經驗中，一定有著許多的智慧值得傳承，而在面對退休生活中，也需要學習新的智慧。把寶貴的經驗留下來，並且發展出新的智慧，增進其生命潛能。
推行生活藝能	老人不僅有參與這些活動的機會，也可能在這些藝術與相關文化活動領域上擔任志工。透過藝術、歷史與其他慈善活動，老人也可以貢獻社會。
發揮藝術鑑賞	推動藝術鑑賞工作坊，以提升生活美學的境界，帶領退休者懂得欣賞生活中美好的事物，甚至是博物館導覽與藝術品鑑賞等活動。
開展戲劇展演	爲了在退休後能夠達到爲自己活，調整重心回到自身，建立重心去瞭解他人，透過戲劇的互動，開展對自己與他人新的認識。
穩定情緒發展	推動情緒智能發展工作坊，以降低退休後生活的焦慮或憂鬱，達到掌握自己情緒，以及多元智能的學習。
開拓創意書寫	爲傳承生活的寶貴經驗，以及開發對自我的深度認識，故推動生命敘述與創意書寫工作坊，讓退休者得以運用智慧，透過新的創意書寫，達到嶄新的生活狀態。
促成心靈成長	推動心靈成長與生命轉化工作坊，讓退休者得以提升心靈，並經由觀念的轉變，學習「生活也要快活」的態度，開展出退休者不一樣的生命力與生命轉化。

（資料來源：作者整理。）

與其他年齡團體一樣的，老人也有相同的休閒與娛樂需求。它們的主要的差異在於：休閒活動的服務提供如何滿足這些團體需求，以及滿足這些團體需求的服務供給是什麼？對於老人而言，娛樂與休閒活動可能受到個人不同的生活經驗、教育、環境、技能、健康情形與特殊需求的影響。對於年輕人來說，休閒可能只是工作之餘的一種生活調劑，但對退休的老人而言，則可能是生活的重心，甚至是生活的全部。根據休閒活動的性質，服務型休閒係指盡自己本分、貢獻己力與服務利他的休閒活動，例如照顧孫子女與志願服務等。這種型態的休閒活動不僅讓退休老人享受回饋的樂趣，也使他們獲得自我肯定的價值。

休閒是自由選擇的愉悅活動，亦是追求快樂和探索生命意義的過程。老人退休後會多出許多空閒時間，所以退出職場邁入老年之轉變可以說是一個重新創造生活意義與價值的時刻。表10-4提出幾項方便且實用的生活規劃方法。

一個良好的娛樂與休閒活動計畫方案必須能提供各種不同的活動，因為並沒有一個計畫方案能普遍滿足所有的老人需求、興趣與能力。在促進老人生活品質的方法上，可考慮鼓勵他們參與藝術與文化活動。其實，推動生活藝能工作坊，透過學習插花、攝影、繪畫等藝能活動，可以調劑退休後的身心狀態，並開發退休後的生活樂趣。在傳遞社區文化知識與技能上，老人因具有豐富經驗與寶貴智慧而扮演重要角色。對於企業界來說，未來它們有機會以較符合某種目的與需要的產品來滿足這種日益擴展的市場需求，尤其是在藝術與文化活動上，更存有這樣的一個落差。企業界與社區組織也有機會瞭解到：老人有時間並具備專門知識與技能以有給或志願服務的方式提供援助，以推動或增進老人的旅遊、娛樂與休閒活動。

老人休閒的目的，在於擴增老年人知識與技能，以增進其應

表10-4　健康銀髮生活規劃

事　項	內　涵
安排家庭聚會	舉行家庭聚會，邀請重要的親友來家裡聚聚，不僅使家裡常有熱鬧的氣氛，也讓老人們不感到孤單，且能有與親人溝通增進情感的機會。此功能即在於協助老人的社交人際發展，使其不與外人脫節，不感到孤單。
積極走出戶外	鼓勵老人走出戶外，到附近的公園或者是鄰居家走走，除了避免每日待在家中，也可以讓老人有新的社交發展空間，甚至可以跟其他的老人們泡泡茶、下下棋等，不僅增加彼此間的感情，更能使其活動手腳、腦袋。此功能即在於讓老人能「動」，使其肢體動作不衰退且藉由與人的認識互動，增進人際發展且在認知上不退化。
培養喜好娛樂	很多人在退休後一圓少年的夢想，全力投入某個專業領域裡，像是做地方文獻誌、收集老歌、做導覽員等等，退休者可以活得非常帶勁，並且爲自己打開一片新天地，還有追求更高層次的價值感，這樣的動力來自一顆願意嘗試和學習的心。
參加休閒團體	鼓勵老人參與休閒團體，可以是互動類型的，也可以是學習性質的，譬如參與社區性質的舞蹈、太極、下棋等互動團體；也可參加些學習性的團體，如插花、歌唱等等。因此，推動退休者人際關係工作坊，除了鼓勵退休者走出家中與人互動，也可以一併成立退休者的互動團體與互助社群。
注重健康養生	健康是一切之本，有健康的身體才能有自主自由的行動，以及具有活動力和愉悅的心情，然而，健康老本必須從年輕時就開始儲備。起碼在準備退休前就挑選喜歡的運動，並且開始投入，因爲任何運動要達到精通、享受樂趣、有健身效果，都需要長時間的練習。如果在退休後才開始，可能很難突破運動初階的「無聊期」，不容易引發興趣，但如退休前就有一定的基礎，退休後有更多時間投入，就能精益求精，快樂享受。飲食習慣也是如此，很難要求一個人退休、進入高齡後「立刻改吃健康餐」，畢竟一個人的口味很難在短時間內改過來，但無可諱言，當人進入到退休階段，意味著身體機能逐漸趨緩，許多年輕時可以做的事、可以吃的東西，這時候可能就有些禁忌，需要做一些調整。

（資料來源：作者整理。）

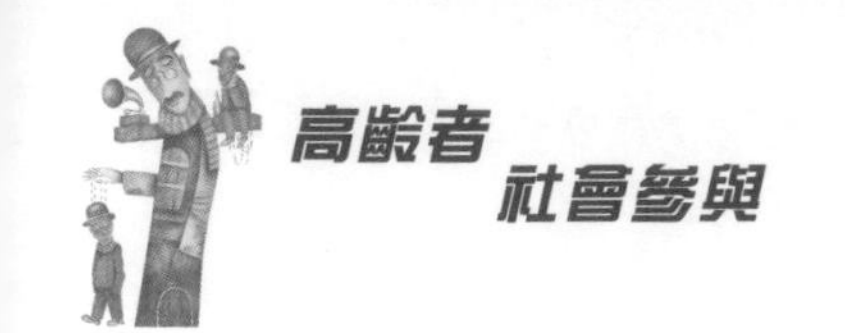

付問題與適應社會的能力。老人休閒的實施，可以結合老人的基本需求，促使老人自我實現，改善生活的品質，達成其基本的需求，包括：成長需求、表現需求、貢獻需求、影響需求、超越的需求。而退休人士必須面對老化與生命等課題，為高齡化社會注入一股強大的力量，有助於整體社會素養。爰此，老人休閒的發展需朝向：

1. 保障老人休閒權益，提升老人生理及心理的健康，以促進成功老化。
2. 提升老人退休後家庭生活及社會生活的調適能力，並減少老化速度。
3. 提供老人再教育及再參與機會，降低老人被社會排斥與隔離的處境。
4. 以正確的態度看待老化現象，建立一個對老人親善及無歧視的環境。

基於終身學習之社會發展趨勢與世界潮流，培養退休者自助、互助以及積極參與社會之知能，並提升退休者健康、快樂、自主與尊嚴之生活品質，是因應高齡化社會之重要工作與目標。這些目標可以透過有系統的學習活動來達成，以社區或社群（community）之概念，透過經營高齡者生活園區，作為推動退休者生活之基礎。健康銀髮生活圈有二個概念，首先是將銀髮族的活動範圍從家庭、社區，擴展至大範圍區域，因為擴大生活的活動範圍，身心都能有不同層次的成長與健康；進一步則希望整體區域，從住宅、社區、鄉鎮到縣市等，從點到線，以至全面性都能適合銀髮族的生活與活動。

一、建構多功能的銀髮示範生活園區

「銀髮生活幸福園區」是將「主題公園」結合「設施規劃」的新結合體。包含交通規劃，以及步道規劃、休閒規劃、活動規劃，銀髮學堂、時光學室，以通用概念之設施設計，考量老人使用之需求性。設置範圍必須要周密、規劃必須整體，成為區域指標性建設，帶動產業群聚效果。可以讓老人家早上出門，搭上公車，以度假般的愉快心情享受充實的一整天。示範生活園區服務內涵為：提供食、衣、住、行、育、樂、郵電、保健、行政等生活方便性，滿足一天不同需求。整體規劃：銀髮示範園區中必須有交通規劃、活動設計、休閒安全、學習傳承、健康保健等缺一不可，加上良善之經營管理，讓高齡者擁有一個尊嚴，學習，參與的優質幸福空間。良好的設施與活動豐富的園區，安全且注重人性需求的空間，方便、可近性高的照顧資源，週邊環境品質可獲得提升，區域房地產與產業連帶發展，人民幸福感亦隨之提升。

二、改善公共空間建構高齡者友善園區

規劃交通路線，設置無障礙公車，連結醫療、購物、休閒、活動等高齡者生活空間。規範公共空間，改善公共空間符合通用設計，包含路標設計、進出口步道規劃、輔助行走設施規劃、空間動線規劃等等，消除行走障礙。路口設置高齡者安全設施與輔助設施，包括暫憩座椅、標誌燈控制器、行走紀錄設施等。推廣友善服務認證，鼓勵營業單位、公司行號等投入高齡者友善服務。

三、建構多元化照顧設施提高照顧服務

推動創新科技服務，裝置遠距照顧系統，結合醫療、社區照顧單位，提升居家慢性病照顧服務。普遍設置失能日間照顧中心。連結高齡者社區高頻率場所，如醫院、農會、老人會、機構等等，規劃設置日間複合式服務設施。

退休不被看成是「從此以後不再是家裡經濟供應者」的消極無所事事，而是應該將之視為一段美好時光，因為從此多了很多時間，不必再像過往的拼搏度日，能充分享受親情、友情，可以讓生命更豐富。

結語

隨著資訊時代的到來，二十一世紀的老年人，與二十世紀的老年人在生活適應、心理調適與社會關係上有所不同。現代社會的老人有休閒的必要，我們可以從四個層次加以探討，包括：

1. 以個體發展而言，老人退休前後都必須休閒。
2. 退休後家庭生活成為老人生活重心，老人及其家人都必須學習。
3. 培養對休閒的正確認知，協助老人成功老化。
4. 營造對老人親善的高齡社會，全民都需要學習。

退休後要面對的社會角色改變及生活的再適應等，這些都可能引起退休者參與生活上的衝擊，學習藉由休閒活動的參與，使

退休後的生活幸福美滿，才能達到我國邁向高齡社會老人休閒政策之願景：「終身學習、健康休閒、自主與尊嚴和社會參與」。

問題與討論

1. 請說明高齡者休閒生活的意涵。
2. 請說明高齡者休閒生活的內涵。
3. 請說明高齡者休閒生活的功能。
4. 請說明高齡者休閒生活的目標。
5. 請說明高齡者休閒生活的趨勢。

第11章　高齡者的社區參與

壹、高齡者社會參與需求

貳、高齡者社區參與服務

參、高齡者社區參與類型

肆、高齡者在地老化措施

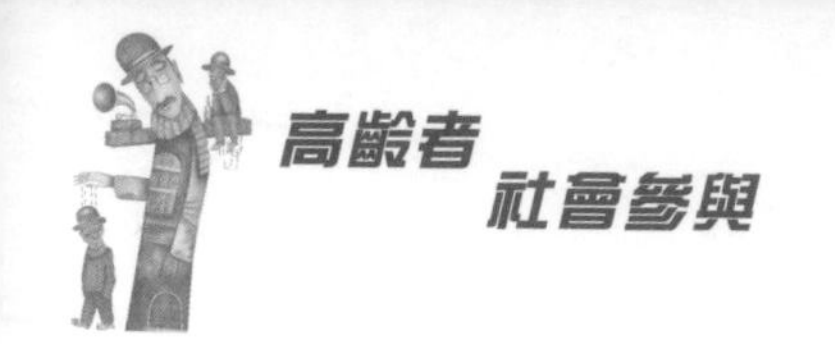

前言

在高齡化社會中，不但要使高齡者能享受快樂生活，還要思考如何活用其長年的知識、經驗與技術來貢獻社會，讓他們感受高齡生命的價值，過著充滿健康活力的生活。以往將老人視為健康情形不佳、社會功能退化的依賴者，因此許多年輕老人屆齡退休後面臨未來數十年的生涯，產生無角色或社會角色喪失的恐懼，其實在醫學發達及資訊流通的今日，老人不僅身心健康且仍對社會參與有期待。低估了老人的潛能，忽略為廣大的長者提供發揮所長的機會，長遠而言是社會的損失；人們隨著年齡增長承受不必要的心理壓力，甚至不自覺地落入社會預設的老年負面形象框架，養成了未老先衰的心理、虛度晚年，是個人和家庭的損失。所以除了從社會、心理、經濟及醫療各方面去倡導「老人權」，並讓大多數的健康老人肯定他們的生存價值外，進而用社會工作中「充實權能」（empowerment）的概念，激發老人本身的力量，使其能根據自己的想法和意念採取行動，提高掌控自己生活和命運的程度，甚至成為有「社會產能」的人口群，才能發揮「活躍老化」的真正意涵。

壹、高齡者社會參與需求

在高齡化社會中，高齡者參與已被先進國家視為一項不可或缺的社會福利，許多推行老人福利較為積極的先進國家，均將

「促進老人所得安全」與「高齡者社會參與」，列為社會政策中有關老人福利的重要目標。此外，馬汀利（Mattingly）指出，參與有助於高齡者成功地因應發展任務之挑戰。藉由活動的參與，亦將有助於高齡者學習扮演新角色（例如退休者、祖父母）所需的技能。

高齡者的社區生活參與有其特色，必須考量到他們從勞動市場退休後，需要哪些的學習活動，其內容須依其個別化來設計多元性的學習課程。生活品質的概念已應用在許多實務、理論發展與研究領域。世界衛生組織（WHO）提出，生活品質應具備身體健康、心理狀態、獨立程度、社交關係、環境，以及靈性、宗教或個人信仰等多個層面，實施高齡者社會參與的重點如表11-1所示：

表11-1　高齡者社會參與的重點

權益	內涵
生存價值	有學習的機會及發揮學習成果，認識其自我存在的必要性，提高其有用感。
增進健康	爲提高高齡者生存的價值及增進其自我健康，而規劃生涯學習的相關課程，有助於減少醫療費用的支出。
提升能力	高齡者必須在變遷快速的社會中，學習適應社會，遇到事情需冷靜正確的判斷及選擇，能在安全及安心的保障下行動、學習。
活化社區	鼓勵高齡者參加社區志工或擔任公共事務的推手。在高齡社會中，如統合規劃教育、保健、社會福利、志願服務是邁向高品質社會之路。
積極參與	高齡者有許多社會的經驗及知識的累積，可以傳承給下一代，因此可運用高齡者本身的知識，回饋並提升社區教育的內容。例如社區文史工作室的參與。

（資料來源：作者整理。）

教育部於高齡教育政策白皮書對於個體發展、退休後家庭關係、退休後社會參與的知能與營造對老人親善的高齡社會具有重要性。參與活動不只是協助高齡者因應晚年生活的挑戰，更強調高齡者參與活動的意義：

1. 生活於社會中的每一個人，都必須繼續不斷的學習。
2. 高齡者藉由繼續學習，以促進自我成長與自我實現。
3. 高齡者參與的規模及組織都將隨著社會需求而擴大。
4. 提供高齡者參與需求的方式與內容越來越趨多樣化。

新時代高齡社會的來臨，以正面積極的態度與做法，讓高齡者發揮原有的技能，繼續活躍於社會活動中，才不會浪費仍有活力、體力、心力的一群人。老人的社會權與一般成人的社會權並無二致，只是當他們年老體衰，可能被社會強勢的主流族群所排斥，而淪落為邊緣角色，喪失了作為一個人的基本權利。高齡者參與的理念應是「老有所用、老有所長、老有所樂」。不單只是年老還能有其用處，而且也能自我成長、快樂學習才是。社會權是一種由生理的需求和安全的需求所構成的生存權；社會行政學派認為社會需求乃是社會福利服務的需求，其社會權著重在福利權。功能學派的社會需求著重社會系統的維持與調適，因此有關社會參與的需求，包括政治參與、就業參與、教育參與、宗教參與與公民事務參與等，皆屬於社會權的重要組成部分。社會參與是一種終身的追求── 追求心智的開展與豐富的生活。聯合國於一九九九年公布的「國際老人人權宣言」中，揭示「創造尊嚴、安全、快樂、不分年齡、人人共享的社會」的理想，宣言所倡議的便是老人社會權的主要內涵，此宣言將老人社會權分為四大項（江亮演，1998），如表11-2所示：

表11-2　老人社會權

權　益	內　涵
生存權	經濟保障、醫療保健、居住處所、安養設施等。因此，老人年金、老人安養、健康保險、老人保護與老人住宅皆有必要充分提供。
勞動權	保障及促進高齡者的就業、創業與職業訓練輔導等措施，以及社會服務工作的安排等。
參與權	政治投票選舉權、藝文活動參與權、宗教信仰自由權、休閒娛樂自主權與社區鄰里事務參與權等。
教育權	進入正規學校接受教育權、社區學院進修權、社教機構自由進出權，以及提供老人學習的必要研究設施等。持續參與社會或學習活動，乃是晚年生活充滿活力的重要關鍵，因爲藉由這些活動的參與，能讓高齡者有連貫性與整體性的感覺。

（資料來源：作者整理。）

俗語說：「家有一老，如有一寶」，針對退休人員仍具有生存目的的意義和對家庭與社會關係的維繫，另一方面也是對自己生命價值的一種肯定。高齡者參與學習即能發揮「退而不休」之精神，追求「老有所用」之境界，並「活到老，學到老」，達到「終身學習」。同時，擔任志工是相當重要的管道，以恢弘生命的意義、發展生命的潛能、建構生活的價值。因此，參加志願服務，一方面是對服務對象生命價值的一種尊重，確信提供適切的服務，必能協助其發揮自助的潛能，成為有用之人。每個人都會有進入高齡的一天，因此無論是經濟、醫療及家庭，乃至於老人的居家生活、休閒、安養及社會適應等需求，都需政府、家庭或個人投入相當資源，為迎接高齡社會做好準備，也為自己高齡生活做準備。

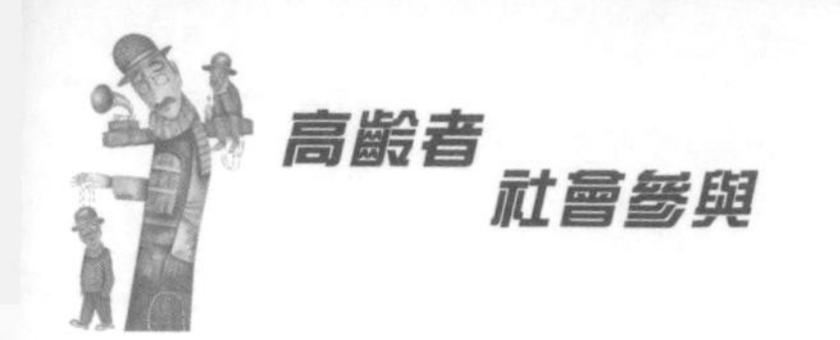

貳、高齡者社區參與服務

社區發展工作已經由過去政府主導、主辦的角色，轉型為社區民眾自治、自覺的投入，公部門成為扮演輔導、共創資源、社區總體營造的角色，社區及民間的社團參與規劃，承辦經營和依本身需求設計的多元化社區方案，從而共同營造精緻、永續、高度滿足地區性需要的社區軟、硬體建設。如此更必須加強社區居民自動自發、獨立自主的精神，培養社區幹部規劃執行的能力，運用社區本身的人力與社會資源來解決社區問題，使社區發展工作能更落實推行。

高齡者社區參與內涵層面分為以下六個層面探討，其各層面定義如下：

1. 人際關係：係指參與有關與家庭生活人際互動方面相關的議題，包括：家庭安全的知識、祖孫相處、婆媳相處、結交新朋友，以及處老人際問題等方面的學習需求。
2. 養生保健：係指參與有關老年期養生與保健方面的知識，包括：認識疾病與預防、保健運動、養生飲食、醫療常識，以及用藥安全等方面的學習需求。
3. 休閒娛樂：係指參與有關休閒娛樂參與嗜好方面的活動，包括：運動類、民俗技藝類、旅遊、音樂類、舞蹈類、自然科學類，以及易經風水類等方面的學習需求。
4. 社會政治：係指參與有關國內外社會與政治的情勢、法律常識，以及時代潮流趨勢方面的知識，包括：瞭解國內外政治情勢、國內外社會發展、投票，以及時代潮流趨勢等方面的

學習需求。

5. 生命意義：係指參與有關自我實現與生命意義的課程，包括：參與志願服務、晚年生活價值、語文進修，以及死亡教育等方面的學習需求。
6. 退休適應：係指參與有關退休生涯規劃與心理調適的課程，包括：退休生涯規劃、退休心理調適、再就業技能輔導、高齡期財務規劃，以及老人福利與服務資源的瞭解等方面的學習需求。

高齡者在參與活動前、參與活動中，甚至參與活動後皆可能遭遇障礙。因此，若這些阻礙在參與活動前未能排除，將可能放棄參與，例如與個人對參與活動的信念、態度或價值觀有關的因素，自認為太老無法參與、不喜歡參與等；或是因為機構所引起的阻礙，致使高齡者不能或不想參與學習；又或者是在參與過程中無法克服，將無法持續性地參與學習，進而導致中輟的行為；乃至於在參與學習後遭遇阻礙，亦將影響其未來參與學習的可能。參與阻礙因素與人口變項及個人特質有關，如低收入、低學歷、社經地位低、少數民族、年長族群等均多趨向不參與學習活動。（如表11-3）

在高齡化社會中，強調高齡者應積極地參與活動，因此勢必在高齡者學習的場域中，要針對高齡者特殊的生理及心理等方面的需求，在課程方案、活動空間等方面要有妥善的的規劃。

聯合國於一九五五年即倡議「藉由社區發展獲致社會進步」，運用社區參與、社區建設，提供基礎性、支持性與預防性的健康關懷與照顧。以社會福利為主軸的社區化服務，如要體現與達到預期目標，就必須將「以人為本」的原則貫穿於服務活動之中。這不僅表現在應以最大限度滿足社區成員日益增長的物

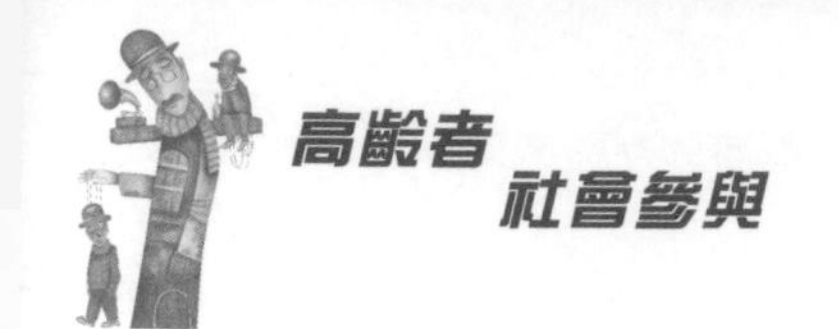

表11-3　高齡者參與活動的障礙

事　項	內　涵
情境阻礙	與個人生活狀況有關的阻礙，如欠缺經費，沒有意願、交通問題、地區偏僻等。
意向阻礙	老人認爲自己已經喪失價值，缺乏自信，自認太老無法學習、對學習不感興趣、害怕失敗、缺乏鼓勵等。
資訊因素	資訊的不足，不知有哪些學習機會等；雖有參加教育活動的意願，但不知道是否適合自己，因而未能參加。
心理因素	態度上或心理上的障礙，亦即抑制參與有組織的活動之信念、價值觀、態度。
機構障礙	機構障礙可分爲五類：時間編排問題、地區或交通不便問題、沒有興趣或具實用價值的課程、繁雜的手續和固定的時間要求等。

（資料來源：作者整理。）

質、文化需求為立足點，以完善地強化人的整體素質，促進人的全面發展為根本目的，並注意從最低層次滿足其生存需求，即滿足其日常生活需求的照顧與生活服務著手，進而滿足其社會參與、社會交往、文化娛樂、醫療保健、心態調適等發展需求，使之逐步過渡到滿足其完善自身素質，發掘自身潛能以為社會多做奉獻等高層次需求之上，使社區服務進一步朝向為社區居民創造一個安全、健康、舒適、方便、優美的發展空間來推動。如此方能積極引導社區成員走出居室小天地，在家庭、鄰里、社區之間強化社會交往與聯繫，倡導、培育社區成員社會責任意識與社會發展觀念，發揚社會參與自助互助精神，從而提高其文明素養與程度，努力發揮自身優質潛能，為社會多所貢獻。所有這些活動，都應以社區成員主體對社區的歸屬感與參與度不斷強化及其主觀能動性最大限度發揮為基準。

面對一個嶄新而且充滿活力的生活層面，它充滿新的機會，

而且可以擴大興趣的範圍，結交新的朋友，以滿足個體內在的需要。為了安定老人生活，除了積極推動老人福利，也要適時推動更多新的觀念及做法。因此，高齡化社會的問題，相對於每一個人都是重要的課題。但每個時代所需的福利各不相同，所以老人福利政策應隨著時代改變而改變，並落實各項政策。

志工因為參與活動，使其精神生活更加充實。高齡者參與公共事務，培養社會參與技巧，建立組織網絡，促進公民社會發展，同時，志工參與社區有意義的活動，也有機會親自和社區居民交流，使其成為高齡化社會必備之重要資產。協助整合政府與民間資源，建構政策推動機制，並由教育、社區、環境、文化、健康等服務面向，推展社區志工多元服務方案，同時規劃建置長期服務點，搭建志工供需媒合平臺，引領服務團隊進駐服務，促成服務志業與未來職涯銜接，因此有些人把志工服務活動當做老年生活之生涯規劃。為提高人們對高齡化社會或是高齡者介護事宜之關心與理解，應當透過各級學校教育或社會教育、生涯教育等，灌輸國民相關的社會福利教育與社會工作訓練。老人大學、老人圖書館、老人用書、老人電腦、老人學習諮詢等服務皆有必要充分提供。並且積極營造志工活動、關心社會弱勢族群，尤其是高齡者之社會環境，以達福利社會之願景。

雖然參加志工活動者的人數越來越多，但是從未參加過志工服務者亦不在少數。如何促進志工全民化，除必須依賴各級學校教育、社會教育以及生涯教育的社會福利理念與實務之灌輸之外，各縣市鄉鎮市公所都應有志工相關團體，傳遞各種志工活動訊息，通知社區居民，使有意參加志工者都有機會參與活動。同時，要想成為理想的志工，必須從小開始，累積經驗之後才能成為一位訓練有素的理想志工。

參、高齡者社區參與類型

高齡者對社會的理解、態度和期待，因年齡、生活條件、生長環境及個人特質而有極大的異質性，不一定因教育背景及社經地位而有不同，依據特質可歸納如表11-4：

表11-4　高齡社區參與的類型

類　型	內　涵
積極型（the reorganizer）	生命力豐富，且充滿幹勁地處理日常生活，並且能在退休後重組自己的生活，以迎接新生活，將老年生活經營得多采多姿。
移轉型（the focused）	將力量集中於一、二種角色，並從中獲得滿足。例如以家庭角色爲第一優先，在家裡照顧家人含飴弄孫。
撤退型（the disengaged）	具有獨特的性格、自尊心強，活動量低。從原來喜好的工作或活動中退出，追求恬靜自得的生活。
固守型（the bolding-on）	自我期許強，認爲退化是生活中的一大威脅，不願意改變自己的生活型態，是鞠躬盡瘁、死而後已的履行者。
保守型（the constricted）	年齡漸長後所帶來的某些角色的喪失與缺陷，但不願承認老化，仍努力面對老化、活動程度適中，追求生活滿意度。
依賴型（the succorance seeking）	依賴性高，生活上有幾個值得依賴、能夠滿足自己生活需求的人，就能適應良好。
冷漠型（the apathetic）	個性被動，活動量低、對生活難以投入，要求不高，人格特質是屬於依賴被動型。
疏離型（the disoraganized）	對社會表現出排斥態度，憤世嫉俗，心理運作功能有所缺陷，情緒常常失控，生活能力較爲薄弱。

（資料來源：作者整理。）

海明威（Ernest Hemingway, 1898-1961）在一九五二年所出版的《老人與海》（*The Old Man and the Sea*），被視為頌揚人性的代表作品。小說主人翁聖第牙哥（Santiago）獨自一人在蒼茫大海上，既愛且憐地對待四周的飛鳥魚群，但是他也必須不卑不亢的狩獵、迎戰與受難。聖第牙哥敬重生命、敬重自然，但是身為漁夫，他不得不遵循自然的倫理；他採用古老的漁獵方式，獵殺既是兄弟又是敵人的馬林魚和鯊魚群。就像一個敬重生命的平凡人，必須獵殺生命求得生存的意義。每位高齡者絕非單純屬於上述某一類型，許多反應是複雜且交錯的，只是以某種類型為主而呈現出特有的行為態度，有助於讓大眾瞭解，老年並非單一的概念，高齡者的多元及複雜性並不亞於其他年齡層，反之更甚。

隨著對於生命週期概念的改變，高齡者能在生命週期中開啟第二年齡新階段的發展。由於不同的生命週期具有不同的階段性任務，每個人從個人經驗中所衍生的生活方式與價值觀亦不相同，「第三年齡」一詞來自法國（參考第5章「高齡教育的國際借鑑」），係指一個人離開工作場所（主要指全時工作）並且停止了家庭的責任，得以自由地滿足個人的想法及需要，其特性是屬於個人成就的年齡。因此，階段的轉換變成個人生活再適應的挑戰。倘若階段轉換順利，個人幸福感將不受到影響。有學者以「老化中的成長」一詞來顯示老年人所擁有的成長與發展潛力，因為他們有更多的時間和興趣去學習、領導及優游於豐富的文化情境中，並追求再創造許多知識及盡公民的職責。學習型社區的高齡者參與方向如表11-5所示（林振春，1999）。

鼓勵高齡者參與社會及自主活動是世界衛生組織近年推行「活力老化政策綱領」中的重要倡導議題之一，老人的學習動機主要為：求取新知、社群交際、服務人群及自我成長。隨著生活素質的提升，現今高齡者有三大特徵：健康良好、有經濟的保障以及教育程度高，與過去對老年人的刻板印象不同。營造使高齡

表11-5　學習型社區的高齡者參與方向

事　項	內　涵
組織社區參與志工團	1. 鼓勵社區高齡者參與終身學習志工團。 2. 針對高齡者的學習需求提供相關服務。
培訓社區參與的人才	1. 培訓社區高齡者成爲社區終身學習培力人才。 2. 成立高齡者學習班，並規劃高齡者學習活動。 3. 以志工精神由社區高齡者參與籌畫培訓工作。
建立高齡者人力銀行	1. 以社區學苑或高齡者圖書館作爲人力銀行的基地。 2. 透過志工團、種子人才、社區學苑、讀書會等方案建立人力檔案。 3. 透過終身學習資源與資訊中心傳播人力銀行的供需情形。 4. 鼓勵高齡者參與人力銀行的志願服務。
促進社區參與的動機	1. 求知取向：滿足學習新知的慾望，增進自己的知能，充實自己。 2. 社交取向：爲擴大生活圈，結交新朋友，拓展人際關係。 3. 服務取向：老人學習增進自己的能力，爲社會奉獻。 4. 成長取向：追求生活上的充實，避免枯燥乏味、一成不變的生活方式，在活動中得到一份歸屬感。

（資料來源：作者整理。）

者參與社會活動的機會與環境，提升老人生命價值，將老人角色從社會負擔的刻版印象中，轉而視老人為具生產力的社會資產之正向觀點。如何強化高齡者教育，在觀念上要先揚棄高齡者教育不符報酬率的想法，其次應瞭解高齡者確有學習的必要，才能因應生活需要。而銀髮族透過書刊、研習、網路、社團及自我省思，都可獲得良好的學習。由於高齡者參與社會活動有助於個人生活調適及成功老化，因此需要被鼓勵參與推動，方能有助於活躍老化目標之達成。

依據聯合國教科文組織的報告指出：老人參加越多的學習活動，就越能融入社區的生活，對健康與安寧產生極大幫助。隨著老年人口快速成長，社會面臨高齡化的問題益形重要，高齡者不只是學習型社區的消費者、享受者，更可以成為共同生產者、規劃者，而在參與過程中，更可以獲得實質的學習與成長。

肆、高齡者在地老化措施

「福利社區化」是將社會福利體系建構在社區服務基礎上，針對社區中有需求的對象或弱勢的族群，給予周全福利服務之必要性，並有效維護民眾基本福利權。著眼以「整合社區內外資源，建立社區服務網絡」為目標。福利社區化的核心價值在於「在社區照顧」（in the community）、「由社區照顧」（by the community）和「與社區一起照顧」（for the community）三個面向共同構成。「去機構化」就是希望人的需求可以在熟悉的社區裡被滿足，也就是「社區照顧模式」；「去專業化」就是期待人群服務可以由社區來提供，而非專業人員，也就是所謂的社區福利設施模式；社區照顧的終極目標，就是希望讓社區一起來關懷弱勢，成為他們重要的支持力量，此乃「社區服務網絡模式」的具體實踐。經過非常多年的社區發展、社區總體營造，到現在的六星計畫的努力，社區的凝聚力、服務能量正在一點一滴被培養起來，照顧社區裡的每一分子，社區應責無旁貸。

福利社區化的意義為：

1. 福利進入社區：運用分散化、小型化，以避免大型機構的無效率、疏離性、機構化。

2. 社區提供福利：促進社區內自助團體，並動員社區居民解決問題。

福利社區化的涵意是以「社區化」的策略或原則來推行福利服務。將福利服務體系或機構建構在社區基礎，與社區充分結合，規劃出社區服務體系，以整合社區資源，提升福利服務績效，而接受福利服務之對象亦能維持其家庭和社區生活，增加福利服務品質和效率。

福利社區化的理念是期待家庭與機構間，因著地利之便，而有深入的接觸與良好的互動，以建立更密切、更穩固的關係，使家庭能減輕照顧負擔，並使家庭成員間有更多正向的溝通交流，達到養護機構社區化、小型化、家庭化的理想模式。「福利社區化」可說是社會整體福利服務網絡的社區基層組織，是政府將社會福利輸送到基層的有效措施，並對社會福利資源能夠充分運用，對社會多元化的因應措施，可以有助於滿足民眾對於社會福利之不同需求。

一九七一年美國在「白宮老人會議」（White House Confrence on Aging）中，提出高齡者參與的五種需求（Peterson, 1983），包括：(1) 因應的需求；(2) 表現的需求；(3) 貢獻的需求；(4) 影響的需求；(5) 超越的需求。上述五種高齡者的參與需求，期望透過以介入的方式提高高齡者的生活品質。高齡者參與社會活動，可以發揮影響作用，進而獲得他人的接納和尊崇。（如表11-6）

高齡者參與社區共建「福利社區化」，除參與學習有助於高齡者因應瞬息萬變的生活環境；就參與學習有助於高齡者發揮智慧結晶而言，藉由繼續學習之參與，將有助於高齡者生活地更有趣、更有用且更能發揮功能，這些都能成為高齡者參與學習的理由。同時，可以促進社區居民對社會福利工作的參與，有助於社

表11-6 社會參與對退休生涯的功能

事 項	內 涵
適應生活	老年人有繼續活動的需求，在退休後延續參與社會活動及社會關係，將可獲得較佳的社會適應。
表現自我	參與喜歡的活動，表現能力，將會覺得生活有樂趣、人生有意義。
貢獻才能	將生活經驗貢獻他人，以獲得回饋社會和分享經驗的愉悅，並能體悟生命存在的價值。
影響社群	以自己的智慧和專長積極參與，藉由學習活動，有助於確認生命的意義與價值。

（資料來源：作者整理。）

區意識的增長。

「福利社區化」強調的是「在地老化」（ageing in place），在地老化為大多數高齡者追求的目標。在地老化一直為推動高齡者生活改善之目標。在社區推動上，政府與社區必須形成一種獨特的「夥伴關係」。政府要透過政策資源來支持社區成長，既要達成政策目的，又不能干預社區的成長步調，因此需要特別慎重規劃政策執行方式的設計。為「建構完整社會參與體系，保障社會成員能獲得適切的服務，增進獨立生活能力，提升生活品質，以維持尊嚴與自主」，福利社區化是政府將社會福利輸送到基層的有效措施，其特點為：

1. 可以促進社區居民對社會福利工作的參與，有助於社區意識的增長。
2. 可促進社區居民對社會福利工作的自助，有助於提升社區自治能力。
3. 可促進社區組織擴大，有助於取得社區內外的資源。

「福利社區化」源於西方福利國家運作出現問題，例如財政

負擔太大、官僚化、標準化管理方式等問題，民眾形成對國家福利資源的依賴無法自立。藉此可以促進社區組織擴大，有助於取得社區內外的資源。是以，將福利服務體系或機構建立在社區基礎上，與社區充分結合，規劃出社區服務體系，不僅可突顯社區發展協會的專業性，亦可整合社區資源，提升福利服務績效，而接受福利服務的對象亦能維持其家庭和社區生活，增加福利服務品質和效率。透過老人在宅服務、老人營養午餐、老人日托中心以及對於家庭照顧者的支持系統的建立，使家庭功能更為健全，甚至於透過宣導，重新建立現代社會新孝道之觀念，更使得在家庭中老化成為可能。

福利社區化乃具體將社會福利體系建構在社區服務基礎上，針對社區中有需求的對象或弱勢的族群，給予周全福利服務的必要性，並有效維護民眾基本福利權。藉此觀念，考量高齡者能不斷學習以繼續增長經驗與智慧，使思考、洞察力與判斷力日增，提供學習機會是提升生活品質重要策略。健康的生活方式可延緩老化衍生的問題，以終身學習與預防醫學理念規劃高齡者生活，改善工作環境，使高齡者的智慧經驗得以貢獻與傳承，成就其自我實現，輔導高齡者組成自主性的互助組織，以提供服務及建構社會支持網絡等皆為重要策略。

福利社區化的老人福利政策新導向必須有完善家庭政策的配合、社區政策的配合、社會保險政策的配合以及醫療體系的配合，才能使在地老化真正能落實執行，而不只是淪為一項口號，或是政府將老人福利推給家庭負責，推給社區負責的一種消極的政策。高齡者社會參與，乃發掘自身潛能，以達到為社會多做奉獻等高層次需求，使社區服務進一步朝著為社區居民創造一個安全、健康、舒適、方便、優美的發展空間來推動。在地老化積極性老人福利政策，須把握「福利需求優先化」、「福利規劃整體

化」、「福利資源效率化」、「福利參與普及化」、「福利工作團隊化」等基本原則。社區照顧是福利社區化的一環。尤其社區照顧是以社區中弱勢或失能者，甚或其家屬為照顧對象，福利社區化所含括的對象擴及所有具社會福利需求的社區居民，服務範圍自然較社區照顧廣泛。當可促進社區居民對社會福利工作的自助，有助於提升社區自治能力。

運用「福利社區化」增進有組織、有計畫的福利輸送，有效照顧社區的兒童、少年、婦女、老人、身心障礙者及低收入者的福利。並由機動性護理和醫師人士之參與，使老人同時在家人和專職外勞的協助下，引進機動性護理人員和醫師，使老人不離開家庭也可以做好居家安養、療養、醫療等，使在家老化更為延伸，自然可以節省醫療資源，使在家老化之功能更為提升，並可藉由強化家庭及社區功能，運用社會福利體系力量，改善受照顧者的生活品質。

福利社區化所實施的在地老化，為了讓老人在自己熟悉的社區中老化，為了落實執行在社區中老化的老人福利政策，首先必須建全社區功能。過去幾年來，政府推動福利社區化的工作，已逐漸落實在社區的基礎上，社區日托中心、社區老人活動中心、社區老人營養午餐，以及各種社區內老人福利服務工作，如老人運送服務，社區老人緊急救助體系，獨居老人社區服務等工作逐漸落實在社區基礎上。尤其小型社區或家庭式老人安養中心，社區老人護理中心，均可使在社區中老化的老人福利政策落實在社區的基礎上。這種在地老化政策，必須由政府主導以及有經費和專業的支持、社區的充分配合，以及民間資源的整合，才能使在社區中老化成為具體可行的老人福利政策。

未來會有越來越多具有專長的退休長者，只要建立無障礙、無歧視的環境，善加運用銀髮志工參與社會服務，對社會、長者及受服務者是個多方獲益的結果。社區組織扮演重要的角色，包括資源的支持者、服務的提供者、計畫的發起者、人力的動員者與資源的整合者，藉以增加社區的活力並提升社區居民的生活品質。社區發展係立基於社區居民因著自身的需求與自身的問題，應用社區內外在資源，必要時並配合政府協助及專家學者之指導，最終目的則以提高社區居民生活品質，改善社區問題為目標；然而雖然社區無法像專業機構提供專業服務，但社區最寶貴的資產，莫過於社區裡的人，人無法完全抽離所生活的環境，社區的人際網絡正是社區照顧的重要關鍵。社區的老人及身心障礙者大多是透過親屬、鄰居和朋友所提供的非正式服務來解決其照顧上的問題，而如此的照顧服務也就是所謂的社區照顧；但在社會結構急遽轉變的情況下，原有的支持系統亦逐漸衰退，因此，若能夠透過政府部門來加強原有的非正式支持系統，亦較能符合原有的文化支持系統，不致破壞原有的照顧支持系統，如此不僅能夠達到所謂由社區中的人來照顧社區中需要被照顧的老人及身心障礙者，還能夠提供就業機會，增進家庭收入，以整合社區內、外的資源，提供更完整的服務工作。

結語

面對未來高齡少子化的時代，若能從高齡者社會參與的活動脈絡中，找出具社會價值的角色，或可因此而開創出老人另類的生產力。高齡者除本身自有的人生經驗累積外，亦仍具有社會參與的期待，隨著高齡者的增加，該項需求是越來越迫切，因此在空間的提供、安排與規劃上，應滿足其相關需求，並應規劃如何將其人生經驗繼續傳承延續，因此社區參與平台勢必要盡速建立。

高齡參與者的學習準備度為因應社會角色的發展任務，亦即成人發展到某個階段時，該階段的發展任務會促使成人去學習與該任務有關的事物，期能協助個體有效地因應生活。若進一步依艾利克森（E. Erikson）的觀點而言，高齡者正處於成年晚期，且面臨自我統整與悲觀絕望之發展危機，艾氏認為，當成人進入生命發展的最後階段，應認為他們的生活是統整與一致的，且必須接受自己的生活並從中發覺意義。此外，持續參與社會或學習活動，乃是晚年生活充滿活力的重要關鍵，因為藉由這些活動之參與，有助於高齡者將危機化為轉機，進而讓高齡者有連貫性及整體性的感覺。

為求高齡者積極參與社區活動所採取之主要作為如下：

1. 主動發掘需要照顧與輔導的高齡者。
2. 輔導高齡者組成自主性的互助組織。
3. 開創社區資源以協助在宅安養制度。
4. 強化生活調適、情緒管理參與教育。
5. 強調預防重於治療及預防醫學做法。
6. 輔導理財促進經濟安全與尊嚴自主。
7. 促進高齡人才運用與志工服務開創。
8. 輔導參與運動、休閒、育樂等活動。

社區參與是動員並整合社區內的各項資源，提供各種福利服務，使老人能在熟悉的社區中，就近取得資源以滿足其需求，並獲得妥善的照顧，進而補強居家安養照顧的不足。政府透過與志願服務的結合，針對獨居老人或因行動不便，而其子女因就業問題無法提供家庭照顧的老人，辦理社區照顧服務，以落實健康老人協助弱勢老人，發揮高齡者社會參與的意義。

問題與討論

1. 請說明高齡者社區參與的意涵。
2. 請說明高齡者社區參與的內涵。
3. 請說明高齡者社區參與的功能。
4. 請說明高齡者社區參與的目標。
5. 請說明高齡者社區參與的趨勢。

第12章　高齡者志工服務

壹、志願服務的精神
貳、志願服務的內涵
參、高齡者志願服務
肆、志工的社會參與

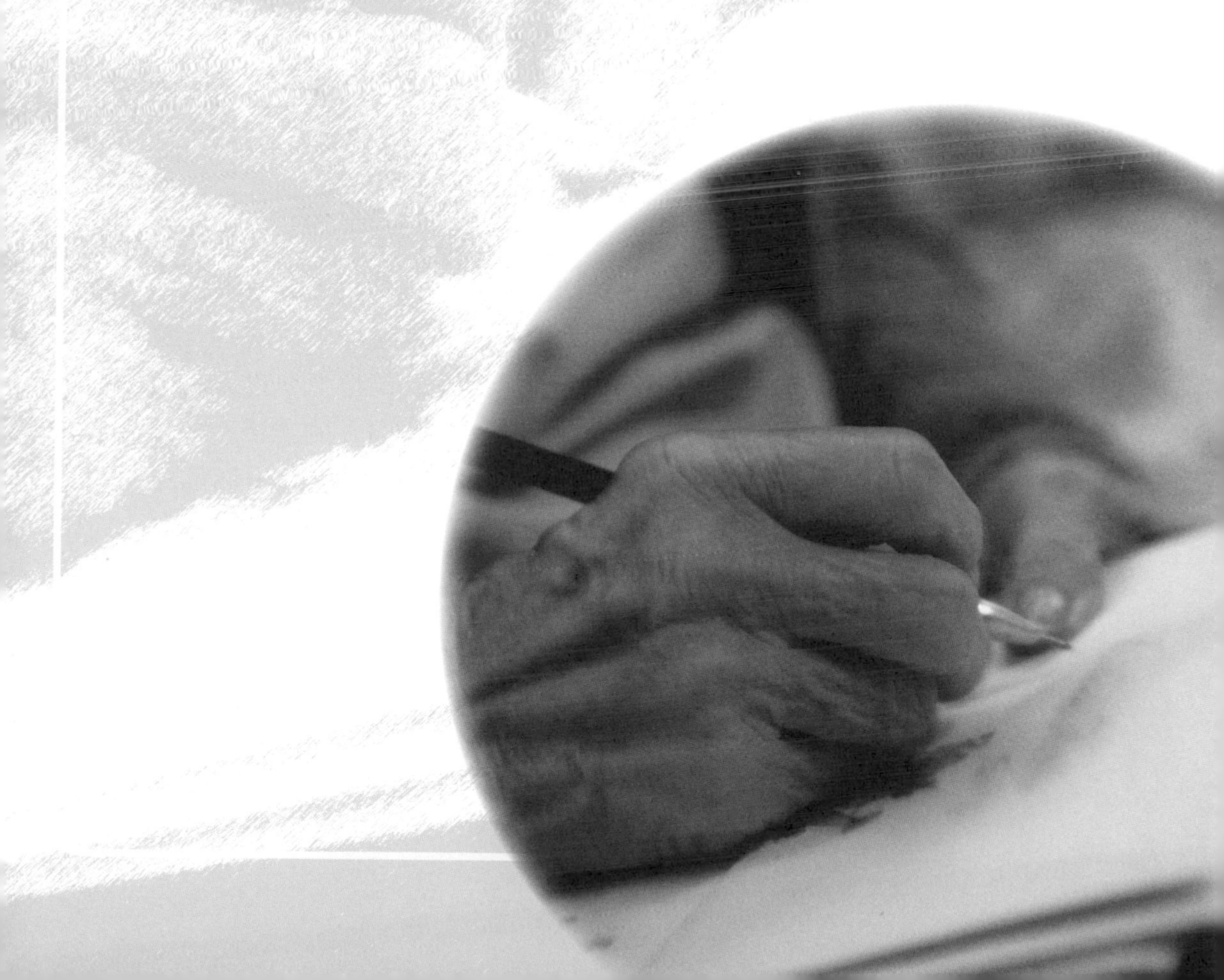

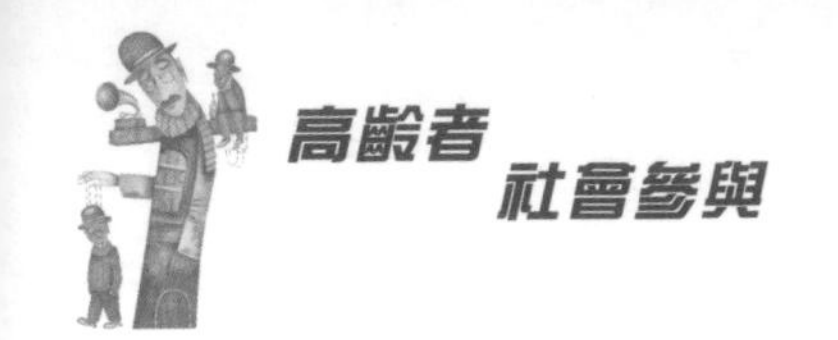

前言

隨著人類平均餘命的增加，退休後所帶來對個人的生理、心理以及社會的適應問題，也變得越來越重要。退休生涯一個人生的新歷程，經常是伴隨著喪失工作身分及意義、失去固定的經濟收入、閒暇時間增加、生活秩序變動、自我概念轉換與人際關係改變等。退休者通常需經歷十到二十年以上的「無角色的角色」生涯，假若無法善加規劃，將導致老人必須面對許多挑戰，包括身心健康、經濟獨立、家庭關係、社會互動及生存目的等。因此，高齡者參與志工服務將可以在此充裕的時間內，發揮生命的光和熱，安排休閒又有意義的生活，以創造高齡者個人、家庭、社區、社會的價值。

《孟子・籐文公上》曰：「死徒無出鄉，鄉田同井，出入相友，守望相助，疾病相扶持，則百姓親睦。」守望相助是鄰近村落之間互助合作、相互扶持，以發揮「人人為我，我為人人」的精神。志願服務被視為一種社會人力資源或社會資本建構，也是社會共同創造與成就的無形資產。志願服務的概念，以及構成積極公民權基礎的原則和社會參與，可以激勵潛在的志工。是以，退休者社會參與宜結合知識、生活和實踐，在社會參與的原則下，學習新事物，透過關注、作為和解決社區問題，藉由實際作為以社區服務創造生活的意義，形成社會的價值，尋求社會的接納與自我的認同等，提升參與能力，形成公民身分不可或缺的一環，裨益於建構良好的公民社會。

壹、志願服務的精神

當此邁入二十一世紀之際，臺灣社會急遽變遷，政治民主，社會繁榮，經濟富裕，教育進步，休閒時間增加，民眾對生活品質更為重視，帶動對社會的關懷，促進志願服務的提倡，使擔任志工成為普遍的風氣，為社會注入一股清流，使社會得以更祥和。觀諸聯合國將二〇〇一年訂為「國際志工年」（International Year of Volunteers, IYV），以肯定志工的無私奉獻與非凡成就，並進而促進志願服務發展。隨著公民社會的落實，志工服務成為普世的共同議題與重要活動。在每一個文化與社會當中，志工服務一直是一個社會向上提升的重要力量。志工是一種非營利、不支酬和非專職的行動，從傳統的人際互助到社區危機的援助等，志工無私的貢獻已能獲得社區的支持與高度認同。

我國訂立之「志願服務法」目的為鼓勵民眾主動參與志工服務，發揮自動自發的利他情操，並在社會福利的領域中，藉著志願服務者來提供協助，減輕政府在公共福利上的負擔。美國重視志願服務工作，是以分別於一九九〇年與一九九三年通過「國家與社區服務法案」（National and Community Service Act）及「國家與社區信託服務法案」（National Service Trust Act），並且依法成立「國家與社區服務委員會」。本此立法及政策精神，擴展了服務學習對象，包括兒童、青少年、老人的公民責任與服務內涵。綜觀其主要功能在提供退休及高齡者服務學習的機會，主要方案如表12-1所示：

表12-1　美國「國家與社區服務委員會」主要服務內涵

項　目	內　涵
祖父母領養照護方案 （Foster Grandparent Program）	提供年齡超過60歲之祖父母義務照顧有特殊需要的兒童與青少年的機會，其內容包括提供被虐待或忽視兒童的情緒支持、教導兒童識字以及照顧身體障礙與行動不便的兒童。
照顧獨居老人方案 （Senior Companion Program）	協助社區中無法生活自理的獨居老人居家照顧服務。服務內容包括：交通提供，家務照顧及情緒支持等。在服務過程中，高齡者可以對於有危機的家庭提供協助，並在協助的過程中也豐富自己的經驗。
高齡者服務方案 （The Retired and Senior Volunteer Program）	以具有獨特經驗或能力的高齡者，對於社區中關注的議題提供服務的機會，例如協助推動社區環保工作，提供新創業者諮詢，爲年輕媽媽示範照顧幼兒等。

（資料來源：作者整理。）

「志願服務」是指一群人本著服務的熱忱，及個人的意願不計報酬的付出時間、財物、勞力和知能，協助別人解決困難。這也是人類互助的具體表現，以公共利益為依歸，展現我國傳統社會的「急公好義」、「樂善好施」精神；亦與西方文化所倡議的「公民社會」（civil society）相符，其背後存在著一種社會參與的意涵和行動。義務工作被視為社會人力資源，是社會上共同生產與成就的無形資產。但是如果沒有足夠的訓練與督導管理，義工只憑熱心與愛心提供服務，並非一定是資產；因為有時反而讓機構花費許多資源去照顧義工的心理需要和工作，反而減少了機構服務的能量。怎樣招募適任且足量的義工、如何妥善做好工作安置、如何增進義工知能、如何降低機構志工的流失率或提升穩定性是非常重要的課題。志願服務是基於對人的關懷，以餘力去服務他人，從而肯定自我、發展自我、實現自我的工作。高齡者

參與志願服務的動機分為「自我關注」、「關係影響」及「理念實踐」三種。其中社會關係支持和角色的變動與失落，是影響高齡者參與服務的契機。而人際互動的影響和由服務工作產生的因素是使老人志工持續參與服務的動力。這也是高齡者與年輕人參與志工服務動機最大的不同。

根據我國「志願服務法」，其所揭示的志工服務精神是：「凡民眾出於自由意志，非基於個人義務或法律責任，秉持誠心，以知識、體能、勞力、經驗、技術、時間等貢獻社會，不以獲取報酬為目的，而以提高公共事務效能及增進社會公益所為之各項輔助性服務」。在以前的時代，志願服務是造橋、鋪路、捐米、救災、義診、濟助、施予、奉茶的慈善服務。現在範圍則更為寬廣，社會福利、環境保育、醫療院所、學校、政府部門都有志工。在社會的各個角落，只要需要幫助的地方，都會有志工的服務。同時，推動助人專業強調對於個人歸屬需求，以期創造生命的意義，協助他人、鄰里、社區以提供解決問題的方法。

在志願服務的過程中，個別公民事實上是在建構其地方社區。志願服務是存好心、做好人、做好事、說好話，是愛與關懷的自然行為。拉近人與人間的距離，減低社會存在的「疏離感」，強化人際關係的「歸屬感」。高齡者參與志願服務工作能結交朋友並肯定自我價值。即使在最貧窮的鄰里社區裡，它也是個人與組織擴展資源的方式。而且也發揚「服務社會、弘揚新風、幫助他人、完善自我」的志願者精神，倡導互相幫助、平等友愛、助人為樂的社會風氣。依此，社區可以是被志願者再建構的地方。公民社會使鄰里關係再生，因為當可用的地方資產彼此連結，並增強其權力與有效性時，社區發展因而產生。基本上，這是一種「資產取向的」（assets based）社區發展。雖然這種努力可能需要加以組織，但它卻是可透過志願服務的努力來達成。

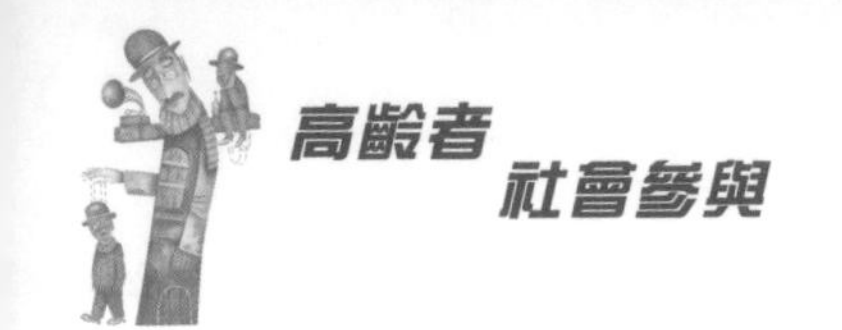

貳、志願服務的內涵

「出入相友，守望相助，疾病相救，民是以和睦。」（《漢書・食貨志》）對於退休老人而言，維持生存意義與維繫家庭和社會關係是生命的基本價值。臺灣人口結構快速老化，老年人口占總人口的比例已達10.7%，高齡者社會參與需求殷切，若能發揮志願服務「以人為本」與「尊重生命」的核心價值，將可以為臺灣建構成為一個具有「重倫理，尚關懷」的社會。俗話說：「家有一老，如有一寶」，也反映出老人擔任志工或從事志願服務是體現生命的重要方式。我們參加志願服務，一方面是尊重服務對象的生命價值，另一方面，也肯定自己的生命價值。在本質上，志願服務是一種助人與自助的工作。在志願服務過程中，它不僅使人有機會接觸到各種人、事、物，不致與社會脫節，也因有機會參加各種相關活動，而對自我成長與家庭生活具有正面的意義。國內的研究顯示：老人志願服務與整體生活適應有關，志願服務的程度越高，心理、生理、社會與生活適應越好。

社會參與主要有四種型態：(1) 宗教活動的參與；(2) 進修研習的參與；(3) 社會服務的參與；(4) 行政工作的參與。而社會服務的參與，在退休後奉獻自己圓熟的處世經驗和豐富的閱歷，志願參與各種社會服務工作，例如擔任環保、醫院服務台、社區成人教育教師、文化志工等，不僅可以滿足表現和貢獻的需要，也可以發揮影響，促使我們所處的社會更祥和與進步。

志願服務需藉由服務學習以拓展服務志工的助人專業素養，服務學習（service-learning）被視為社會參與以及改善教育的一種形式，是一個將整個社會資源轉變為學生學習場域的教學方法，

它豐富學習的對象、深度與廣度，也使得學習成效從單純的理論知識提升到全人生命的發展。服務學習可與有意義的社區服務經驗和學術的學習、個人的成長及公民責任養成相連結。「服務學習」就是「服務」與「學習」的相互結合，也就是在「服務」過程中獲得「學習」的效果，落實美國教育家杜威（Dewey）所提的「從做中學」（learning by doing）。也就是參與服務學習的個體參與社區服務，將服務融入學科，能使他們更有效的學習，並成為好公民。服務學習鼓勵學習者參與服務，符合世界推動志願服務的潮流。

就參與服務學習的對象而言，年輕人與高齡者均是社區志工的重要資源，高齡者參與志工已是推動服務學習重要的一部分。服務學習的目的，除在提供學生獲得實際經驗的機會，達到真正的學以致用，藉實際服務與知識技能的融合，得以促進自我的成長外，更經由服務社區，滿足社區之潛在需求，使得學校與社區的關係更加密切，彼此得以分享資源，共享進步；透過服務者與接受者雙方共榮共享的互動過程。藉由參加社區服務活動，增加與社會接觸的機會，可藉由發掘、瞭解與解決社會問題，發現生活的意義，並進而成為有責任感的社會公民。其服務學習在「施」與「受」之間，形成互惠的關係，可建立一個學習型社區。因此，如何開發與善用高齡者的人力資源，進而協助高齡者順利、成功的參與服務學習，實是開創高齡化社會重要的部分。

臺灣社會隨著經濟的發展、環境衛生與營養的改善以及醫藥水準的提高，延長了國人的平均壽命，加上少子化現象，人口結構產生急遽變化。我國自民國八十二年起邁入高齡化社會以來，65歲以上老人所占比例持續攀升，民國九十九年已達2,457,648人，占總人口的10.63%，老化指數為65.1%，較全世界之29.63%及開發中國家之20.00%為高，預估到民國一一四年，老年人口比

例將超越20%以上，進入「超高齡社會」。高齡化社會是世界的發展趨勢，受到高齡化和少子化的影響，老人福利政策應從消極的殘補模式，走向積極性、投資性及營利性的規劃和經營模式，這種發展性的老人福利政策，才能永續經營。高齡化社會現象除了生存權維護外，高齡族群的快速成長所伴隨的生活支援、健康照護及高齡者的社會參與、休閒生活、終身學習等各面向產生重大需求，值得社會各界多方重視與關注。

二○○一年為聯合國所倡議的「國際志願服務年」，我國亦同時訂頒「志願服務法」，以增進社會公益所為之各項服務。而「服務學習」則是一經驗教育的模式，透過有計畫安排的社會服務活動與結構化反思過程，以完成被服務者目標需求，並促進服務者的學習發展，反思與互惠是服務學習的兩個中心要素。

人口老化已是近數十年來全球的趨勢，有關老年健康與發展已是各國關注的焦點，我國自邁入老化國家之列後，對於老年人的問題益發重視。在此一趨勢下，如何使所有老年人的生活更健康、更滿足，更具參與性，已逐漸受到重視。而成功老化、活躍老化是全世界高齡社會所追求的目標，此為更具前瞻性的焦點。所謂的「成功老化」是指老年人能依照自己的特性去選擇和努力，調節出最適應自己年紀的狀況，以表現各方面功能良好與高度安適感。老化是大多數人所必經的人生階段，擁有美好的晚年生活品質（活得久、活得好、活得有尊嚴）是眾所期盼的。成功老化，其內涵十分廣泛，包括生活滿意度（life satisfaction）、長壽（longevity）、免於失能（freedom from disability）、擅長或成長（mastery/growth）、生活的積極承諾（active engagement with life）、維持高／獨立功能（high/independent functioning）、正向適應（positive adaptation）等。成功老化強調個體的自主性且包含多項要素，其定義為：具備價值觀、規範性（normative）的目

標，並且強調個人行為的可改變性，例如避免疾病與失能、維持認知和身體功能、從事社會活動等。倘若高齡者能培養自己成為「成功活躍的老化者」，不僅能夠自立立人也能自助助人，提供社會有意義的貢獻。高齡教育在成功老化所扮演的角色與任務為透過教育的機制與歷程，整合人類老化的知識與高齡者需求，使高齡者扮演有意義的角色、從事社會參與、增進身心與知識的成長、鼓勵其參與學習以利自我實現，從而經歷成功的老化過程。

志願服務著重在「服務」，其特色在強調自由意志且不求報酬，具有「人人可參與，處處可展開，事事可支援，時時生效用，物物可捐獻」的功能。志願服務為透過服務的歷程，將知識、關懷運用在實際生活情境，並建立互惠的公民意識。許多高齡者退休後便失去原本工作中的人際網絡，若未與子女同住，往往成為每天面對冰冷牆壁的獨居老人。事實上，持續與人接觸，建立穩定關係是高齡生活中極為重要的需求，透過志願服務，能提供積極而正向的人際互動、並試圖開展人際網絡、獲得社會支持，進而改善人際或代間溝通的技巧。高齡者經由學習獲得新的知識與技能，變成社會中參與個人發展活動，例如開始關心所處環境的議題、能對環境採取控制或行動，利人利己。為因應高齡化社會的來臨，教育部在二〇〇六年公布「邁向高齡社會——高齡教育政策白皮書」，以落實政策白皮書四大願景：終身學習、健康快樂、自主尊嚴、社會參與。

成功老化之觀點強調生理、心理和社會三者缺一不可，進而將成功老化定義為，個體成功適應老化過程之程度，強調在老化的過程中，在生理方面維持良好的健康及獨立自主的生活，在心理方面適應良好，在社會方面維持良好的家庭及社會關係，讓身心靈保持最佳的狀態，進而享受老年的生活。將「創新高齡教育多元學習內容」納入推動之執行策略，並將「創新多元、深耕發

展與在地學習」列入高齡教育的推動理念。美國國家和社區服務委員會（The Commission National and Community Service）強調，服務學習為「學習者透過積極參與完整而有組織的服務經驗中，得到學習和成長的一種方法」。成功老化的任務即在於與他人建立親密的關係，以及從事有意義的活動。根據上述，避免疾病和失能、維持認知和身體功能，以及持續從事社會參與乃是成功老化模式的組成要素。爰此，我國近年來辦理「老人短期寄宿學習計畫」及「樂齡學堂」，讓大學不只提供正規教育的學習，更可以其優越的師資及學習環境，提供老人最佳的學習場所，享受大學校園優質的教學品質。強調老化的正向特徵，以匡正社會大眾對於老化的迷思，積極地提倡敬老尊賢的社會風氣，期能在高齡化社會中充滿健康的老人、有經濟安全的保障，且願意積極主動地參與家庭生活。

參、高齡者志願服務

一個人在基本獲得滿足後，行有餘力，發揮愛心，服務他人，對人關心是做志工最基本的服務特質。退休者的挑戰是必須要去面對一個已活過大半人生週期，須整合智慧，以期能在日後剩餘的人生活出更美好的未來。至於能否合宜地處理「統整」與「絕望」之間的心理緊張狀態，大部分取決於過去其在每個年齡階段是否能在心理社會性緊張中取得均衡，也要視其當前對早先發展的基本能力能否彈性而堅持地再整合。不過，退休者對於最終統整與絕望的整合努力，並不是由過去生活方式所預先決定或抵銷的。在整合最後的兩股對立性格傾向時，用一種全新且持續屬於老年期的意願去回顧早年的經驗，是不可或缺的。退休對於

個人的影響如表12-2所示：

表12-2 退休對於個人的影響

項 目	內 涵
角色改變	就人際互動者而言，從有工作到退休，由於失去職場職務，因為不須投入工作亦不須負擔責任，若調適不好易形成傷害。職場往往是他們社交的來源，失去職業角色將導致易怒、抑鬱、心身症等。
所得減少	顧慮「貧賤夫妻百事哀」，許多人不願意提早退休，是因為害怕將來沒有足夠的儲蓄安度餘生，並增加適應上的困難，影響家人及社會的人際交往。
閒暇增加	退休帶來收入減少與休閒時間增加。若無妥適安排，非但無法從中獲得樂趣，同時會使健康不良及體能衰退，甚且惡化。

（資料來源：作者整理。）

志工本著自我意願，不計名利，不求回饋，發諸真誠，源自奉獻的作為，從事自由意志，毫無外力強迫的服務工作。義務服務是一種助人自助的工作，在提供服務的過程中，志工有機會接觸各種人、事、物，就不會與社會脫節；為了提升志工伙伴的服務品質和工作士氣，志工也經常有機會參加各式各樣相關的觀摩、研討、研習、聯誼活動，對自己的成長和家庭生活也有正面的助益。生活品質經常是從其關係領域的內部，以及他們覺得作為該團體成員而受到重視與尊重的程度來考量。由此觀之，志願服務的機會不僅為個人成長與發展提供有效的選擇，其實也有助於社區的成長與發展。

時序邁入二十一世紀，許多影響社會變遷的因素依然會持續的存在。譬如說，持續的科技變遷、頻繁的人口流動、不穩定的就業機會，以及政府、社區、個人與企業部門的變遷。接續的挑戰是：要對社會資本運作方式有更廣泛的瞭解，並且鼓勵跨世代連結，以使老人的豐富經驗能與年輕世代分享。強勢基礎的社會

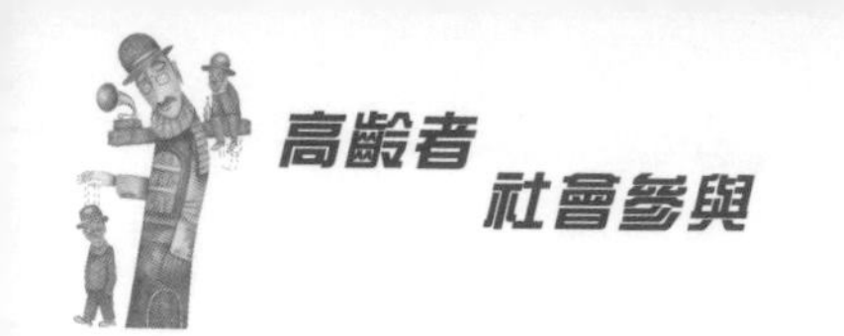

資本將較有助於未來人口高齡化與社會轉型，為促成此一結果，志願服務可說是很好的一種管道或方法。

高齡者參與志願服務的收穫，強調獲得心靈滿足與精神快樂。高齡者藉由志願服務的參與，有助於彰顯晚年生活的意義與價值，進而協助其邁向成功老化。在教育部頒布之「邁向高齡社會——高齡教育政策白皮書」中，提出對於高齡少子化社會未來政策規劃與行動方案。其中與高齡者服務學習概念最為相關的，在政策面為促進高齡者社會參與；其對應的行動方案，則包括培養高齡者樂於當志工的知能、鼓勵重回校園成為人生導師以及重回職場成為職業導師。由這些內容可看出，我國近來對於提升高齡者社會參與、擴大高齡者服務類型，可說已建立發展的基礎。惟白皮書定位多為宣示性質，在實質推動的配套與人力物力資源，仍有待進一步整合。此外，對高齡者而言，能獲得相關服務學習的資訊是必要的。目前我國在相關服務學習資訊的提供中，多半以朋友間口耳相傳，或是朋友就在該機構中擔任志工，因而造成志工資源分配不均。因此，建立志願服務資源整合的機構，協助高齡者培育志工知能，將高齡者與需要志願服務的機構、家庭或社區相媒合，方能將對於社會發展有更多貢獻。

志願服務在現代民主社會中，是一種極其普遍的社會服務活動。聯合國將二〇〇一年定為國際志工年，以鼓勵全球更多的民眾從事志願服務工作；我國亦在該年通過「志願服務法」，讓有心參與志願服務工作的人士得以在最大的保障及鼓勵下為社會付出。

人口結構高齡化已成為全球的趨勢，臺灣尤為明顯。建構適合高齡者的智慧型永續居所及打造高齡者休閒參與的環境也是未來社會規劃的目標，利用住宅更新設計，以滿足高齡者不同健康程度的需求，以提供更安全的家庭生活及休閒參與的環境。同

時可以結合少子化後的閒置學校及公共空間，依照學區範圍規範「學齡者」和「高齡者」共享的複合式學園，打造高齡者的「可近性」終身學習環境；設立「高齡者人力資源中心」，以作為專業傳承的智庫，同時活絡人力再運用，讓具有專業知識的老人可以重回職場。

當高齡社會來臨，老年人口是人力資源發展與運用的重要關鍵。人力素質的提升與人力資源的開發均與退休制度的良窳休戚相關，而退休人力的調整與再運用，亦為人力發展的重要課題。高齡人力資源發展的優點為：

1. 具有豐富人生閱歷及工作經驗。
2. 有較高的洞察能力和掌握能力。
3. 對事理的分析及判斷能力較強。
4. 處事較周密、待人接物較圓融。
5. 為事能本諸勤勉、努力的作為。
6. 有圓熟的工作態度，任事負責。
7. 做事較能專注投入，心無旁騖。
8. 工作較能主動積極和參與投入。

高齡者參與志願服務是指年滿65歲參與志願工作者，以達到成功老化，首賴提升高齡者的健康狀態及享有自主獨立的良好生活品質，以減少對醫療照護等福利資源的依賴，讓高齡者能提升自我價值感，營造有尊嚴、自我實現的生活。具體做法為：

1. 高齡者參與志願服務的類別多元豐富。
2. 參與時強調獲得心靈滿足與精神快樂。
3. 對於能成功老化強調健康層面的重要。
4. 有助個人彰顯晚年生活的意義與價值。

投入志願服務工作是公民參與的具體表現，不僅是國民參與公共事務的權利，也是社會責任。為增進高齡者的參與，宜建置學習機能，透過「終身學習」來達成，強調自主、參與、經驗學習、知識分享、合作學習的學習模式。健康的老人並非等到65歲才開始學習如何成為一個老人，除了發展退休人力運用外，也加強預防性的教育，將退休前的中年人納入，培養中老年領導人種子老師，透過種子老師的培養，散播更多健康、正面、積極、富行動力的中老年，讓他們先重建自我的生命價值、健全自己的生命之後，再回到自己的社群、工作崗位上，進一步影響周遭的人，建構完善的社會參與作為與文化。爰此，宜朝向：

1. 與公益團體共同宣導，鼓勵高齡者投入志願服務行列。
2. 強調積極參與各類社會活動，對於增進健康的重要性。
3. 善加運用退休人力，籌組多元的高齡志工組織與團隊。
4. 提倡年輕、健康的銀髮族服務年長、失能老人的作為。

人到老年，社會角色定型，生活圈和交友圈縮小，對於許多新事物的接觸較少，難以開展自己的生活。透過社會參與，投身活動，加上志工團體，擴大退休後的社會角色，藉以回饋社會，達到自助助人以豐富生命。為此，政府相關單位可以辦理下列志工培訓工作：

1. 辦理隔代教養輔導志工培訓：為鼓勵退休者分享他們身為父母的教養經驗或是教師的教育經驗，故辦理隔代教養輔導志工培訓，以協助其他隔代教養的祖父母，學習如何與孩子相處，以及適當教養的方式。
2. 辦理外籍配偶輔導志工培訓：為協助外籍配偶適應生活，故辦理外籍配偶輔導志工培訓，藉由退休者的力量與經驗，投

入擔任處理外籍配偶生活問題的輔導志工。

3. 辦理教育志工培訓：為加強教育的功能，故辦理教育志工培訓，讓退休者也能在退休後，為社會盡一份教育的心力。
4. 辦理海外志工培訓：為加強與海外的合作交流，故辦理海外志工培訓，鼓勵退休者走到海外服務，擔任親善大使。
5. 辦理永續經營志工培訓：為維護環境綠化、得以永續發展，故辦理永續經營志工培訓，以退休者組成環境守護隊的形式，不僅關心我們生活居住地，也採取實際行動來保護自然。
6. 辦理志工培訓活動：為活絡社會力量倡導社區參與，辦理志工培訓，以強化社區組織，鼓勵長者投入社區工作，共同營造居住環境。

一九八〇年代以來，「公民社會」成為社會重要的主流價值，並且擴大至生活世界。社會參與可以協助民眾在快速變化的環境中安身立命，並具備生活規劃以及公民素養。老人的社會參與或社區活動應被視為一種有生產力的社會貢獻。老人的無給工作包括提供照顧、參與社區活動，以及從事較正式的志願服務工作，它也是社會結構的一種基礎。事實上，這些社區活動的價值可從經濟角度加以測量，而且有益於整體社會的經濟安全與醫療保健之強化。再者，如果我們從社會資本建構的角度來看待老人的社會參與，那麼在更大程度上，老人的社會貢獻是可被肯定的。畢竟，對老人生活品質而言，一種平順運作與照顧的社會是相當重要的。強調積極參與及社群貢獻，將有助於提供老人更為廣闊的視野、合宜的參與，以及奉獻的機會，以迎接老齡化社會。

肆、志工的社會參與

志願服務工作是社會一股正義的力量，志工則是社會中豐富的有力資源，志願服務的特質具有：

1. 自主選擇：強調志願服務的自由意志。
2. 社會責任：志願服務是有助於他人的。
3. 不計酬勞：不是為了經濟上的原因而從事利他的活動。
4. 非屬義務：志願服務不是依法必須作為的事，以促進人們生活幸福為主要追求的目標。

每一位退休老年想要參與的主題不盡相同，但是共同面對的課題是如何統整自我生命。對中老年人而言，若能清楚瞭解自我生命的價值，找到自我靈魂的出口，才能再創人生的第二春。老年的生命從成人前期往上衝刺，爬上生涯的高峰。到達高峰之後，老年如何面對從高峰退下的心理調適呢？自我的生命又如何轉彎，才能柳暗花明又一村呢？隨著退休老年的交友圈越來越狹隘，生活的視野也可能受限。因而，可以透過社群來聚集更多老年加入志願服務，並且提升自我的生命能量。

志工社群的參與，可勾勒出三種社群模式：(1) 情感連結的情緒社群；(2) 共創利益的互助社群；(3) 打造夢想的社區實體。讓自己有更大的能力和社會接軌，創造自己無可取代的生存價值，並加入更多情感和利他的服務社群，讓具有不同需求的退休人員，可以找到屬於自己投入發展的社群。隨著全球化的趨勢所帶來的全新思考模式，從文化界到工商業，更擴及人民的居住觀念

以及社區生活。甚至人與人之間的關係以及互動都不再受到地理邊界的限制。而高齡者是社會的重要資產及志工的人力來源，除了對知識的追尋之外，還需要培養服務的熱忱及全球觀的視野。

從事志願工作可以為退休人員創造生命第二春，重新鋪陳生命的意義與價值。志願服務能增進生活適應能力，通常投入志願服務的程度越高，生活適應越好。而且志工小組聯誼是一般志工團體注重的活動，多元又有趣，不僅達到聯誼的效果也兼具知性成長，而且又能滿足退休生活的休閒性質，因此志工服務對銀髮族的意義深遠。

公民社會的模式強調在民主社會中，公民應積極參與公共事務，不僅是直接的服務，更應包含參與公共決策。而從事志願服務就是參與公共事務的重要方法，而且是創造社區意識所不可或缺的。從社會參與的角度來看，志願服務對於老人的意義在於：

1. 追求心理需求的滿足：藉由志願服務，老人可獲得自我成長、自我實現與社會肯定的滿足。
2. 形成次文化體系：透過協助他人，獲得同輩的扶持、增進自我肯定，並形成老人次文化體系。
3. 志願服務化解社會不平等的交換：透過志願服務，老人不僅建立自己的社會地位，也因滿足利他、助他的社會認可，化解老人無交換價值的說法。
4. 重建角色存在的意義：老人退休後，若無適當的活動填補，容易加速老人的心理老化。因此，志願服務可說是一種嶄新的、有意義的角色追求，不僅可彌補生活的空白、滿足自我實現的心理，也可重建生活角色存在的意義。

表12-3所呈現的是由社會參與的理論來看志工服務對銀髮族的意義。

表12-3　由社會參與的理論來看志工服務對銀髮族的意義

理　論	內　涵
馬斯洛（A. H. Maslow）的需求理論（Hierarchy of Needs）	強調人類的需求是有層次的，需求是人性，不同人在不同時間、地點會有不同的需求；不同需求具有不同高低的層級；先致力於滿足較低層級的需求之後，才會轉而追求更高層級的需求。
赫茲伯格（F. Herzberg）的滿足需求理論（Content Theory）	人類心理需求的滿足，除基本物質生活層面外，並有自我成長、追求社會重視、自我實現的層面。退休的人在衣食充足的生活中，可進而追求更高層次的心理滿足需求，例如藉由志願服務以達成社會參與及成長自我的滿足。
柯恩（L. Cohen）的活動理論（Activity Theory）	此理論提供聯結個人層次和社會層次的實務觀點，認爲保持活力的退休者身體才會健康、適應才會良好，並且認爲透過志願服務，退休者可尋得新的人際關係。老人從事志願服務可以滿足協助他人、影響他人、親和關係、社會認可等正面意義。
羅絲（Ross）的次文化理論（Subculture Theory）	是指在某個較大的母文化中，擁有不同行爲和信仰的較小文化或一群人。次文化通常以地域性、群體性、關心的主題、特殊行爲模式等，作爲分類的特徵，認爲透過彼此服務，退休者可獲得同儕的安慰與扶持，老人透過協助他人，來建立自己的地位，增進了自我肯定與精神生活的滿足。
霍曼斯（G. Homans）的交換理論（Social Exchange Theory）	認爲人與人之間的社會互動，是一種理性的，會計算得失的資源交換，「公平分配」、「互惠」是理論的主要規範及法則，將人與人之間的活動，視爲一種利益的過程。老年人較缺乏用來交換的價值，毫無利潤可言。因此，雙方互動就少，老人在社會就受到冷落。該理論認爲志願服務制度化解了不平等的交換，老人需透過協助他人來建立自己的地位。
米德（G. H. Mead）的角色理論（Role Theory）	依據此理論的主張，可知老年人從工作崗位退休後，因爲在生理及心理兩方面有逐漸退化的現象，如果沒有適當的活動來填補心靈上的空虛，就容易加速身心的老化，所以須尋求一個新的、有意義的角色，以彌補生活上的空白，重建生活意義，以及自我的認同。

（資料來源：作者整理。）

全球化帶來經濟上的互惠，自然而然全球化使得人們重新思考政府的角色。同樣地，文明社會存在的價值也被重新思考，志願服務領導階層也以新的角度看待傳統的分享觀念，以及新興的互惠精神。現代社會提供更大的空間讓人民參與他們自身的事務，在這種互惠的精神下，我們看到越來越多的志願服務，促進文明社會的可見度和瞭解。由於參與志願服務，對於退休者的健康、挫折容忍力、自我實現的滿足有正面意義。老人志工服務將可達成以下目標：

1. 提升認知：提升社會大眾對老年人參與的認同感。
2. 拓展機會：積極開拓老人的學習以及服務的機會。
3. 建構理想：建構一個老人關懷與奉獻的友善社會。

美國趨勢專家波普康（Faith Popcorn）倡議，二十一世紀將是志願服務的新世紀，社會將出現一種自我犧牲的新思潮，成年人會投入更多時間從事公共服務。藉志願服務以達到終身學習、健康快樂、自主尊嚴、社會參與的老人生活願景，共同推動一個不分年齡、人人共享的社會，並創造一個世代和諧共處的安祥社會。志願服務是一項世界潮流趨勢，其發展的方向將朝著「積極性、預防性、專業性、整體性與多元性」之發展，由政府與民間共同推動。在鼓勵長者從事志願服務方面，可朝向：

1. 辦理參與範例裨益推廣：為能讓高齡者社會服務典範與精神確實深入各社會角落，宜辦理社會推廣方案，引發推廣效應。設置諮詢學習網站，使其他長者可由此獲知參與志願服務的訊息。
2. 廣為宣導建立社會典範：傳播更多退而不休的精神與經驗交流，讓更多人能夠獲知高齡者投入社會的典範模式，引發相互學習與分享的氛圍。透過傳播媒體、社區、各類志工團體和講座宣導志願服務工作，鼓勵老人見賢思齊廣為參加。為引發起而行效，故選拔與表揚典範，建立示範標竿，也能鼓勵「老而不休」的精神呈現。

3. 建立學習社區服務地方：社區和民眾的關係最為密切，在社區組織終身志工團，培訓社區服務種子人才，建立高齡者服務人力銀行。
4. 提供誘因鼓勵積極參與：政府對有意願培育高齡者志願服務的教育機構、社會服務機構、老人團體、醫療院所、環保單位等多給予實質的鼓勵，並且提供各項資源和補助。
5. 成立專責機構統籌辦理：各退休志工單位，若各自招募、甄選，頗為費時，政府可針對各類需求成立一些專職組織，負責甄選、派遣、福利補助、連結的工作，用以提高效率。參考美國退休人員協會所成立的全國「志工人才庫」，以整合各類志工服務組織，善用志工服務人力。除了可充實高齡者的生活目標外，最重要的是提供更多的社會參與機會。
6. 推動社會導師方案：為提升退休者典範的功能，故推動社會導師（social mentor）方案，讓退休者實際成為生活顧問或社會導師，以協助解決周遭的問題。並為鼓勵高齡者開展不一樣的創意人生，建立長者典範的指標，以提供老人的努力目標與方向。

結語

老人福利政策與推動方案應該考慮的基本面向包括：

1. 確保健康生活與服務參與的機會。
2. 維持社會正義與世代公平。
3. 援助弱勢老人。
4. 認知與重視差異性。
5. 提供福利服務的多元與選擇。
6. 使有機會參與社區生活。

美國退休人員協會（American Association of Retired Persons）認為對於退休應予正面的評價：「面對一個嶄新而且充滿活力的生活層面，它充滿新鮮的機會，而且可以擴大興趣的範圍，結交新的朋友，以滿足個體內心的需要。」為迎接高齡化的社會，必須正視中老年人力退休的問題，因此如何提升退休人力的發展與運用是許多先進國家發展的重點工作。基於終身學習之社會發展趨勢與世界潮流，培養高齡者自助、互助以及積極參與社會之知能，並提升其建康、快樂、自主與尊嚴之生活品質，是因應高齡化社會之重要工作與目標。而這些目標，可以透過行動學習圈來達成。雖然退休者並不一定等於高齡者，但是退休者是會邁向高齡的，因此有必要為高齡生活做準備。

與過去對老年人的刻板印象不同，今日高齡者有三大特徵：第一、健康良好；第二、有經濟的保障；第三、教育程度高。而參與志願服務有助於高齡者的社會融合（social inclusion）、終身學習（life-long learning）、健康生活（healthy living）及活躍人生（active ageing）。是以，營造高齡社會的同時，老人的「學習與參與」成為社會必須發展的課題。

問題與討論

1. 請說明高齡者志願服務的精神意涵。
2. 請說明高齡者志願服務的內涵。
3. 請說明高齡者志願服務的功能。
4. 請說明高齡者志願服務的目標。
5. 請說明高齡者志願服務的趨勢。

參考文獻

呂寶靜（2001）。《老人照顧：老人、家庭、正式服務》。臺北：五南。

李瑞金（1996）。〈高齡者社會參與需求——以臺北市為例〉，《社會建設》。第95期，頁7-19。

李孟芬（1993）編。〈臺灣老人的非正式社會支持與生活滿意度之關係〉，《臺灣地區老人健康與生活研究論文集（第一輯）》，頁5.1-5.25。臺中市：臺灣省家庭計畫研究所。

李再發（2003）。《高雄縣市國小退休教師社會參與、社會支持與生活滿意度》。國立高雄師範大學成人教育研究所碩士論文。

李貞慧（2005）。《女性的社會參與——以監所讀書會之女性帶領人為例》。國立高雄師範大學成人教育研究所碩士論文。

何麗芳（1992）。《臺北市老人休閒活動與生活滿意度研究》。東吳大學社會工作研究所碩士論文。

余月嬌（2004）。《退休老人的社會支持網絡與生活調適之比較研究——以臺北和桃園地區為例》。實踐大學家庭研究與兒童發展研究所碩士論文。

林勝義（1993）。〈退休後休閒和社會參與的規劃〉，《成人教育》。第16期，頁24-27。

林惠生（1993）。「高齡人口結構的改變與其社會參與的需求」，臺灣地區人口變遷與制度調適學術研討會，頁73-96。臺中市：中國人口學會。

林振春（1999）。〈社區終身學習中的高齡者方案〉，中華民國社區教育學會編，《高齡者的學習權與社會權》，頁207-229。臺北：師大書苑。

林瑞欽（1996）。〈老人的心理調適與輔導策略〉，《社會發展研究學刊》。第2期，頁1-17。

林麗惠（2001）。《高齡者參與學習活動與生活滿意度關係之研究》。國立中正大學成人及繼續教育研究所博士論文。

林珠茹（2002）。《老人社區參與和生命意義相關之探討》。國立臺北護理學院護理研究所碩士論文。

江亮演（1988）。《臺灣老人生活意識之研究》。臺北：蘭亭。

邱天助 (1993)。《教育老年學》。臺北：心理。

吳坤良（1999）。《老人的社區參與動機、參與程度與生活適應之相關研究》。國立高雄師範大學成人教育研究所碩士論文。

吳明烈（1999）。〈一九九九國際老人年與聯合國高齡者教育〉，《成人教育》。第49期，頁2-7。

蔡文輝（1985）。《老年社會學——理論與實務》。臺北：巨流。

徐立忠（1996）。〈老人教育與老人社會大學之規劃與運作〉，《社區發展季刊》。第74期，頁139-148。

徐慧娟（2003）。〈成功老化：老年健康的正向觀點〉，《社區發展季刊》。第103期，頁252-260。

許坋妃（1997）。《高齡者社會參與動機、參與行為及參與滿意度之研究——以高雄市老人活動場所為例》。東海大學社會工作研究所碩士論文。

楊國德（1999）。〈老人學習及社會參與的新契機〉，《成人教育》。第48期，頁51-52。

郭麗安（1982）。《老人心理適應之調查研究》。國立臺灣師範大學輔導研究所碩士論文。

陳宇嘉（1985）。〈老人福利需求與社會福利制度〉，《社會建設》。第53期，頁77-91。

葉至誠（2010）。《老人福利服務》。臺北：揚智。

Costa, P. T., Jr., & McCrae, R. R. (1980). Influence of extraversion and neuroticism on subjective well-being: Happy and unhappy people. *Journal of Personality and Social Psychology*, 38, 668-678.

European Union. (1995). Teaching and Learning: Towards the Learning Society. *White Paper on Education and Training*.

Havighurst, R. J. (1972). *Developmental Tasks and Education* (3rd ed.). New York: David Mckay.

Longworth, N. & Davies, W. K. (1996). *Lifelong Learning*. London: Kogan Page.

Marshall, V. & Mueller, M. (2002). Rethinking Social Policy for an Aging Workforce and Society: Insights from the Life Course Perspective. Discussion Paper 18. Ottawa: Canadian Policy Research Networks.

Moody, H. R. (1979). Philosophical Presuppositions of Education for Old Age. *Education Gerontology*, I, 1-16.

Warburton, J. & Bartlett, H. (2004). *Economic Implications of an Ageing Australia: The Productivity Commission*. Brisbane: University of Queensland.

World Health Organization (2002). Active Ageing: A Policy Framework. Geneva, Switzerland: WHO.

實踐大學

高齡者健康促進叢書

高齡者社會參與

總 指 導／謝孟雄
總 審 訂／陳振貴
總 策 劃／許義雄
總 校 閱／林國棟
總 主 編／詹益長
著　　者／葉至誠
出 版 者／揚智文化事業股份有限公司
發 行 人／葉忠賢
總 編 輯／閻富萍
地　　址／新北市深坑區北深路三段 260 號 8 樓
電　　話／(02)8662-6826　(02)8662-6810
傳　　真／(02)2664-7633
網　　址／http://www.ycrc.com.tw
E-mail／service@ycrc.com.tw
印　　刷／鼎易印刷事業股份有限公司
ISBN／978-986-298-034-7
初版一刷／2012 年 03 月
定　　價／新臺幣 380 元

國家圖書館出版品預行編目資料

高齡者社會參與 / 葉至誠著. -- 初版. --
新北市：揚智文化, 2012. 03
面； 公分. -- （社工叢書）
ISBN 978-986-298-034-7（平裝）

1.高齡化社會 2.社會參與

544.81 101004249